社 会 的 養 護

Social Care

成清 美治
真鍋 顕久

【編著】

学 文 社

執筆者

＊成清　美治　神戸親和女子大学（第1章）

成清　敦子　関西福祉科学大学（第2章）

川下　維信　四天王寺大学（第3章）

＊真鍋　顕久　岐阜聖徳学園大学（第4章）

門　道子　神戸親和女子大学非常勤（第5章）

安田　誠人　大谷大学（第6章）

吉弘　淳一　福井県立大学（第7章）

渡邊　慶一　京都文教短期大学（第8章）

木塚　勝豊　大谷大学（第9章）

川上　輝昭　名古屋女子大学（第10章）

川上　知幸　金城学院大学非常勤（第11章）

西川　友理　京都西山短期大学（第12章）

（執筆順：＊は編者）

は じ め に

　本科目は，保育士養成課程における保育の本質・目的の理解に関する科目でその目標は以下のように定められている。

　1. 現代社会における社会的養護の意義と歴史的変遷について理解する。
　2. 子どもの人権擁護を踏まえた社会的養護の基本について理解する。
　3. 社会的養護の制度や実施体系等について理解する。
　4. 社会的養護の対象や形態，関する専門職等について理解する。
　5. 社会的養護の現状と課題について理解する，等となっている。

　社会的養護とは保護者のいない児童や保護者に監護されることが適当でない児童を，公的責任で社会的に養育し，保護するとともに，養育に大きな困難を抱える家庭への支援を行うことをいう。

　なお，本書の構成の特徴は，できるだけ平易な文章を心がけ，本文の内容を理解する手助けとして必要に応じて図表を用いると同時に各文中において重要用語を解説し内容の理解に努めた。また，各章末には「プロムナード」（コラム）と「学びを深めるために」の欄を設けて最近の社会福祉・保育の動向や話題並びに理解に必要な文献紹介を行った。

　執筆者については，新進気鋭の若手の保育研究者等による執筆陣を揃え，内容のあるものとなるよう努めた。

　今回の出版にあたっては，以上の主旨に基づいて企画を立案した。

　なお，各章の欄外の用語は成清美治・加納光子編集代表『現代社会福祉用語の基礎知識（第13版）』（学文社）を引用・参照している。

　最後に今回の同書の出版に際して，支援していただいた学文社代表の田中千津子氏に心より感謝する次第である。

2020年4月吉日

成清　美治

真鍋　顕久

目　　次

はじめに ……………………………………………………………………………… i

第1章　現代社会における社会的養護 ──────────────── 1

1　社会的養護とは ………………………………………………………… 2
2　社会的養護の基本理念と原理 ………………………………………… 3
　(1) 社会的養護の基本理念　3 ／ (2) 社会的養護の概念　3
3　社会的養護の現状 ……………………………………………………… 4
　(1) 現　状　4 ／ (2) 要保護児童数　5
4　社会的養護をめぐるこれまでの法律の制定と施策 ………………… 6
5　海外の社会的養護の現状─デンマーク ……………………………… 9
　(1) 社会的養護　9 ／ (2) 里親制度　11 ／ (3) 養子縁組　12

第2章　社会的養護の歴史的展開 ──────────────── 15

1　欧米における社会的養護の歴史的展開 ……………………………… 16
　(1) エリザベス救貧法の成立　16 ／ (2) 新救貧法の成立　17 ／ (3) 工場法の成立と児童保護　18
2　児童の権利をめぐる取り組み ………………………………………… 19
　(1) 児童観の変遷　19 ／ (2) 国際的な取り組み　20
3　わが国における社会的養護の歴史的展開 …………………………… 22
　(1) 戦前の社会的養護の展開　22 ／ (2) 戦後の社会的養護　24 ／ (3) 児童福祉法の成立　25 ／ (4) 児童福祉法の諸改正　25 ／ (5) 児童虐待防止をめぐる法制度の動向　26 ／ (6) 子どもの貧困をめぐる法制度の動向　27

第3章　社会的養護と子ども家庭福祉 ──────────────── 29

1　子ども家庭福祉の一分野としての社会的養護 ……………………… 30
　(1) 児童福祉から子ども家庭福祉への流れと社会的養護の位置づけ　30
　(2) 子ども家庭福祉における社会的養護　31 ／ (3) 「新しい社会的養育ビジョン」にみるこれからの社会的養護　32
2　子どもの権利擁護と社会的養護 ……………………………………… 33
　(1) 社会的養護における子どもの人権　33 ／ (2) 社会的養護と子どもの虐待　35 ／ (3) 子どもにおける人権擁護の課題　37 ／ (4) 社会的養護における保育士等の倫理と責務　39

第4章　社会的養護の制度と実施休系 ──────────────── 43

1　社会的養護の制度と法体系 …………………………………………… 44
　(1) 児童福祉法　44 ／ (2) 関連する法令等　46 ／ (3) 児童虐待の防止等に関する法律　49
2　社会的養護に関わる機関等の種類 …………………………………… 49
　(1) 児童相談所　49 ／ (2) 福祉事務所　51 ／ (3) 児童家庭支援センター　52 ／ (4) 母子健康包括支援センター　52 ／ (5) 要保護児童対策地域協議会 (子どもを守る地域ネットワーク)　53

第5章　施設養護の実際 ──────────────── 55

1　施設養護とは …………………………………………………………… 56

(1) 施設養護と要保護児童　56／(2) 施設養護における子どもの最善の利益　56／(3) 施設養護の形態　57

　2　大規模施設養護について ……………………………………………………………… 58
　　　(1) 社会的養護における施設養護の実施体系　58／(2) 大規模施設養護の現状と課題　60
　3　施設養護の種類とその役割 …………………………………………………………… 61
　　　(1) 児童養護施設の役割　62／(2) 乳児院の役割　64／(3) 児童自立支援施設の役割　65
　　　／(4) 児童心理治療施設の役割　66／(5) 母子生活支援施設の役割　67／(6) 自立援助ホーム（児童自立生活援助事業）の役割　68

第6章　家庭的養護の実際 ──────────────────── 71

　1　家庭的養護の基本原理 ………………………………………………………………… 72
　　　(1) 家庭養護の基本原理と推進　72／(2) 家庭的養護の施設種別　73
　2　家庭的養護における支援の実際 ……………………………………………………… 74
　　　(1) 日常生活支援　74／(2) 治療的支援　75／(3) 自立支援・自己実現等　76
　3　家庭的養護とソーシャルワーク ……………………………………………………… 77
　　　(1) レジデンシャルソーシャルワークの特質　77／(2) レジデンシャルソーシャルワークの日常生活場面での活用　78
　4　障害児施設 ……………………………………………………………………………… 79
　　　(1) 障害のある子どもの施設と養護学校設置義務制度　79／(2) 福祉型障害児入所施設と医療型障害児入所施設　82

第7章　家庭養護の実際 ──────────────────── 85

　1　家庭養護とは …………………………………………………………………………… 86
　　　(1) 家庭養護の背景　86／(2)「家庭養護」の言葉の意味について　87
　2　家庭養護の意義と位置づけ …………………………………………………………… 88
　3　里親制度 ………………………………………………………………………………… 90
　　　(1) 里親の定義　90／(2) 里親の種類（全国里親会，里親委託ガイドライン）　90／(3) 里親制度の課題と展望　93
　4　ファミリーホーム ……………………………………………………………………… 95
　　　(1) 小規模住居型児童養育事業（ファミリーホーム）　95／(2) ファミリーホームの課題と展望　95／(3) 地域とのつながりと連携　98

第8章　社会的養護とソーシャルワーク ───────────── 101

　1　ソーシャルワークとは ……………………………………………………………… 102
　　　(1) ソーシャルワークの目的　102／(2) ソーシャルワークの定義　103／(3) ソーシャルワークの方法と技術　104
　2　社会的養護におけるソーシャルワーク実践の意義と役割 ……………………… 106
　　　(1) 社会的養護におけるソーシャルワーク実践の意義　106／(2) 子どもの最善の利益と生活の再構築　106／(3) 社会的養護における「ケア」と「ソーシャルワーク」　107
　3　社会的養護におけるケースワーク実践 …………………………………………… 108
　　　(1) 援助関係の形成とバイステックの原則　108／(2) ケースワークの展開過程　110／(3) 社会的養護とケースワーク　111
　4　社会的養護におけるグループワーク実践 ………………………………………… 112
　　　(1) グループワークと社会的養護　112／(2) グループワークの過程　113／(3) グループワークとプログラム活動　114

第9章　社会的養護の実施者 —————————————————— 117

1　社会的養護の専門職の種別と実施内容 ……………………………………… 118
（1）社会的養護における対象施設等の職員及び対象児童について　118／（2）社会的養護に関わる職員等の基本的要件について　118

2　社会的養護の専門職の種別と業務内容 ……………………………………… 119
（1）児童指導員　119／（2）保育士　120／（3）母子支援員　120／（4）児童自立支援専門員・児童生活支援員　121／（5）心理療法担当職員　121／（6）医　師　122／（7）看護師　122／（8）栄養士　122／（9）家庭支援専門相談員（ファミリーソーシャルワーカー）123／（10）里親支援専門相談員（里親支援ソーシャルワーカー）　123／（11）個別対応職員　124／（12）職業指導員　124／（13）養子縁組里親・親族里親　124／（14）養育里親　125／（15）専門里親　125／（16）ファミリーホーム養育者　125／（17）ファミリーホーム補助者　125

3　任用資格と国家資格の存在 …………………………………………………… 126

4　専門職としての保育士の役割 ………………………………………………… 127
（1）保育士の専門性とは　127／（2）社会的養護における保育士の業務の役割と課題　127

第10章　社会的養護と地域福祉 —————————————————— 131

1　社会的養護及び地域福祉 ……………………………………………………… 132
（1）地域福祉の歴史的経緯　132／（2）高齢者や障害者を支える地域福祉　133／（3）地域福祉の事例　135

2　社会的養護施設と自治体の連携 ……………………………………………… 136
（1）自治体との連携　136／（2）里親との連携　137

3　社会的養護と各NPOとの連携 ……………………………………………… 138
（1）NPOの歴史的経緯と活動内容　138／（2）NPOの役割と課題　138／（3）社会的養護と各NPOとの連携　140

4　地域連帯におけるソーシャルアクション ………………………………… 140
（1）地域連帯の必要性　140／（2）ソーシャルアクション　141／（3）今後の課題　142

第11章　社会的養護の課題 ————————————————————— 145

1　施設等の運営管理 ……………………………………………………………… 146
（1）措置制度の意義と課題　146／（2）職員配置の課題　147／（3）安全・安心な生活環境作り　147／（4）支援の「個別化」を実現するための運営管理　149

2　社会的養護と倫理の確立 ……………………………………………………… 150
（1）子どもの権利と意見表明権　150／（2）倫理綱領と運営指針　151／（3）第三者評価　151

3　被措置児童等の虐待防止 ……………………………………………………… 153
（1）被措置児童等虐待防止の経緯　153／（2）被措置児童等虐待の定義　153／（3）被措置児童等虐待の現状　154／（4）発生要因と予防策　155

4　施設小規模化の課題と運営管理 ……………………………………………… 156
（1）小規模化のメリットとデメリット　157／（2）情報共有の仕組み作り　157／（3）ケースカンファレンスの充実と支援の見える化　158／（4）小規模化の目的とリスク（デメリット）の共有　159／（5）スーパービジョン体制の構築とミドルマネージャー養成　159

第12章　社会的養護の展望 ————————————————————— 161

1　児童養護施設の小規模化 ……………………………………………………… 162

(1) 代替養育のための施設の小規模化　　162 ／ (2) 地域小規模児童養護施設や小規模グループケアの増設　　162

2　家庭養護の推進 ……………………………………………………………………… 163
　(1) 里親制度の推進　　163 ／ (2) 小規模住居型児童養育事業（ファミリーホーム）の推進　165

3　施設入所措置・里親委託などを解除した後の支援 ………………………………… 165
　(1) 児童自立生活援助事業の可能性　　165 ／ (2) ケア・リーバーへの支援　　166

4　乳児院の専門化・多機能化 ………………………………………………………… 167

5　家庭的養育の推進に向けた都道府県養育推進計画 ………………………………… 168
　(1) 家庭的養護計画と都道府県推進計画　　168 ／ (2) 都道府県推進計画から都道府県社会的養育推進計画へ　　169

6　社会的養護の展望 …………………………………………………………………… 169
　(1) 代替養育　　170 ／ (2) 児童相談所改革　　171 ／ (3) 市区町村の子ども家庭支援体制の構築　　171 ／ (4) 自立支援（リービング・ケア，アフター・ケア）　　171 ／ (5) 子ども福祉の評価機構の構築　　172 ／ (6) 子どもの権利擁護　　172 ／ (7) 統計改革，検証，データベース構築及び研究調査　　172 ／ (8) 今後の社会的養護の方向性　　173

索　　引 ……………………………………………………………………………… 175

第 1 章

現代社会における
社会的養護

1　社会的養護とは

　社会的養護とは，保護者のいない児童や保護者から適切な養育を受けることができない子どもたちを公的責任で社会的に養育し，保護すると共に養育に大きな困難を抱える家庭への支援を行うことをいう。

　かつては貧困，保護者の死亡等が要保護児童に至る主な原因であったが，今日では，家族環境の悪化（不安定な夫婦関係・経済的不安・地域での孤立等），育児不安・困難（子育てに対するストレス），地域社会での孤立（近隣との関係）等による夫婦関係，親子関係が危機的状況に陥り，DVや児童虐待にエスカレートするケースが増加している。なかでも児童虐待は，子どもにとって生命の危機，人権侵害だけでなく，暴力等による本人の精神的・肉体的・情緒的発達に影響を与えるのである。児童虐待に対する発生の予防は家庭環境の安定，近隣における人間関係の改善等が考えられるが，公的な子育てサービスの充実が最も大切となる。その前提として，保健・医療・福祉等の施策の統一と各関係者の連携による養育支援—発生予防，早期発見・早期対応，保護・自立支援，法的支援—等が重要となる。児童虐待防止に関しては，「児童虐待防止等に関する法律」に基づく対策が，養育支援として，「児童福祉法」に基づく家庭訪問事業である「乳児家庭全戸訪問事業」（こんにちは赤ちゃん事業）や「養育支援訪問事業」等が行われている。家族・家庭支援はもちろんであるが地域を取り込んだ対策が必要となる。図表1−1は乳児家庭訪問事業と要保護児童対策地域協議会並びに養育支援訪問事業による児童虐待発生予防と早期発見・早期対応のための連携図である。この地域における連携により，児童虐待の予防と早期

> **要保護児童**
> 　児童福祉法第6条の3第8項にて，保護者がいない，または現に監護している者がいない，もしくは環境上虐待等の理由により保護者に監護させることが不適当であると認められる児童をさす。

図表1−1　発生予防と早期発見・早期対応のための連携

※乳児家庭全戸訪問事業、養育支援訪問事業、地域子育て支援拠点事業は、平成21年4月より法定化・努力義務化

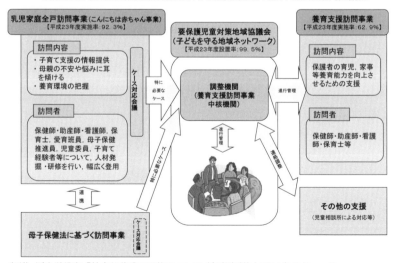

出所）厚生労働省「社会的養護の現状について（参考資料）」2014年3月，p.44

発見・早期対応の推進を図っている。

（1）社会的養護の基本理念

　社会的養護の基本理念は，① 子どもの最善の利益のために，② 社会全体で子どもを育むことである。まず，「子どもの最善の利益のために」の理念に関しては，「児童福祉法」第1条において，「全て児童は，児童の権利に関する条約の精神にのっとり，適切に養育されること，その生活を保障されること，愛され，保護されること，その心身の健やかな成長及び発達並びにその自立が図られることその他の福祉を等しく保障される権利を有する。」と規定している。「児童の権利に関する条約」(1989) 第3条［児童に対する措置の原則］において，「児童に関するすべての措置をとるに当たっては，公的若しくは私的な社会福祉施設，裁判所，行政当局又は立法機関のいずれによって行われるものであっても，児童の最善の利益が主として考慮されるものとする」と規定している。

　また，「児童憲章」(1951) にて「児童は人として尊ばれる。児童は，社会の一員として重んぜられる。児童は，良い環境のなかで育てられる。」と謳っている。

　つぎに「社会全体で子どもを育む」に関しては，社会的養護の目的は，保護者の適切な養育を受けられない子どもを，公的責任で社会的に保護養育するとともに，養育に困難を抱える家庭への支援を行うものである。

　児童福祉法第2条第3項において，「国及び地方公共団体は，児童の保護者とともに，児童を心身共に健やかに育成する責任を負う。」と規定されている。また，児童の権利に関する条約の第20条［家庭環境を奪われた児童等に対する保護及び援助］において「一時的若しくは恒久的にその家族環境を奪われた児童又は児童自身の最善の利益にかんがみその家庭環境にとどまることが認められない児童は，国が与える特別の保護及び援助を受ける権利を有する。」と規定している。このように社会的養護の基本理念は「児童福祉法」「児童憲章」「児童の権利に関する条約」等の理念に基づいて構築されている。

> **児童憲章**
> 　第2次大戦直後の児童を取り巻く社会的環境は劣悪にして深刻な問題が山積していた。
> 　いわゆる浮浪児・戦災孤児・引揚孤児等の問題があったがすべての児童に対する児童福祉理念の構築の必要性があった。この憲章は児童の基本的人権を尊重し，その幸福を図るために大人が守るべき事項を，国民多数の意見を反映して有識者が自主的に制定した道徳的規範である。

（2）社会的養護の原理

　厚生労働省子ども家庭局家庭福祉課は，2019年4月に「社会的養育の推進に向けて」[1] を示している。これによると，社会的養護の原理を次のように述べている。

① 家庭養育と個別化：すべての子どもは，適切な養育環境で，安心して自分をゆだねられる養育者によって養育されるべき。「あたりまえの生活」を保

障していくことが重要。

② 発達の保障と自立支援：未来の人生を作り出す基礎となるよう，子ども期の健全な心身の発達の保障を目指す。愛着関係や基本的な信頼関係の形成が重要。自立した社会生活に必要な基礎的な力を形成していく。

③ 回復をめざした支援：虐待や分離体験などによる悪影響からの癒しや回復をめざした専門的ケアや心理的ケアが必要。安心感を持てる場所で，大切にされる体験を積み重ね，信頼関係や自己肯定感（自尊心）を取り戻す。

④ 家族との連携・協働：親と共に，親を支えながら，あるいは親に代わって，子どもの発達や養育を保障していく取り組み。

⑤ 継続的支援と連携アプローチ：アフターケアまでの継続した支援と，できる限り特定の養育者による一貫性のある養育。さまざまな社会的養護の担い手の連携により，トータルなプロセスを確保する。

⑥ ライフサイクルを見通した支援：入所や委託を終えた後も長くかかわりを持ち続ける。虐待や貧困の世代間連鎖を断ち切っていけるような支援。

> **ライフサイクル**
>
> 　人間が誕生してから死に至るまでの一連の過程を表現する用語で生活周期と訳す。
> 　一般に成人男女が結婚し，家族が形成され子どもが生まれる。子どもは乳幼児期，学齢期を経て成人に達し，就職や結婚を経て親となる。そして，壮年期，老年期に入り，高齢者としての生活のなかで配偶者の死亡等を経験し，家族は消滅する。子どもの数が増えるに従い養育費・教育費の生計に占める比重は高くなる。その後，子どもが独立し養育費・教育費は減少する。同時に親は就労と収入が途絶える。このようにライフサイクルにおいて，家族の成立，発展，消滅にともなって所得と生計費の変動が見られるのである。

3　社会的養護の現状

(1) 現　状

　社会的養護とは保護者のいない児童，被虐待児など家庭環境上養護を必要とする児童（保護者に監護させることが適当でない児童）等に対して公的責任で社会的に養育し，保護すると共に養育に大きな困難を抱える家庭の支援を行うことである。社会的養護の基本理念は「子どもの最善の利益のために」と「社会全

図表1-2　社会的養護の現状―施設数，里親数，児童数（2019年1月現在）

保護者のない児童、被虐待児など家庭環境上養護を必要とする児童などに対し、公的な責任として、社会的に養護を行う。対象児童は、約4万5千人。			

里親	家庭における養育を里親に委託	登録里親数	委託里親数	委託児童数	ファミリーホーム	養育者の住居において家庭養育を行う（定員5～6名）
		11,730世帯	4,245世帯	5,424人		
区分 （里親は 重複登録 有り）	養育里親	9,592世帯	3,326世帯	4,134人	ホーム数	347か所
	専門里親	702世帯	196世帯	221人	委託児童数	1,434人
	養子縁組里親	3,781世帯	299世帯	299人		
	親族里親	560世帯	543世帯	770人		

施　設	乳児院	児童養護施設	児童心理治療施設	児童自立支援施設	母子生活支援施設	自立援助ホーム
対象児童	乳児（特に必要な場合は、幼児を含む）	保護者のない児童、虐待されている児童その他環境上養護を要する児童（特に必要な場合は、乳児を含む）	家庭環境、学校における交友関係その他の環境上の理由により社会生活への適応が困難となった児童	不良行為をなし、又はなすおそれのある児童及び家庭環境その他の環境上の理由により生活指導等を要する児童	配偶者のない女子又はこれに準ずる事情にある女子及びその者の監護すべき児童	義務教育を終了した児童であって、児童養護施設等を退所した児童等
施設数	140か所	605か所	46か所	58か所	227か所	154か所
定員	3,900人	32,253人	1,892人	3,637人	4,648世帯	1,012人
現員	2,706人	25,282人	1,280人	1,309人	3,789世帯 児童6,346人	573人
職員総数	4,921人	17,883人	1,309人	1,838人	1,994人	687人

小規模グループケア	1,620か所
地域小規模児童養護施設	391か所

※里親数、FHホーム数、委託児童数、乳児院・児童養護施設・児童心理治療施設・母子生活支援施設の施設数・定員・現員は福祉行政報告例（平成30年3月末現在）
※児童自立支援施設・自立援助ホームの施設数・定員・現員、小規模グループケア、地域小規模児童養護施設のか所数は家庭福祉課調べ（平成29年10月1日現在）
※職員数（自立援助ホームを除く）は、社会福祉施設等調査報告（平成29年10月1日現在）
※自立援助ホームの職員数は家庭福祉課調べ（平成29年3月1日現在）
※児童自立支援施設は、国立2施設を含む

出所）厚生労働省子ども家庭局家庭福祉課「社会的養育の推進に向けて」2019年1月，p.2

体で子どもを育む」となっている。

　なお，社会的養護の現状は，図表1－2の通りである。

(2) 要保護児童数

　図表1－3は要保護児童数の推移である。近年，合計特殊出生率が低下しているにもかかわらず家庭や地域の養育機能の低下で児童に対する虐待，ネグレクト等により要保護児童数が増加している。まず，家庭養護である里親・ファミリーホームへの委託児童数を見ると2007（平成19）年度末3,633人であったのが，2017（平成29）年度末には1.9倍の6,858人となっている。また，家庭的養護である児童養護施設の入所児童は2007（平成19）年10月の30,846人から2017（平成29）年10月には0.9倍の26,265人となっている。そして，乳児院の入所児童数は2007（平成19）年10月の3,190人から2017（平成29）年10月には0.9倍の2,871人となっている。一方，受入側である児童養護施設数の設置数は2007（平成19）年10月に564カ所に対して2017（平成29）年には僅かであるが1.1倍の602カ所に増加している。また，乳児院の設置数は2007（平成19）年10月の121カ所から2017（平成29）年10月には1.2倍の140カ所となっている。

　このように家庭養護である里親・ファミリーホームへの委託児童数が10年で19倍にまで増加しているが，里親等の委託率は低いのである。

　図表1－4は諸外国と日本の里親等委託率の比較であるが，わが国は諸外国のなかで最も低く，委託率は12%にすぎない。それでは何故日本の委託率がここまで極端に低いのか考えてみると次のような問題点を指摘できる。① 社

図表1－3　要保護児童数の推移

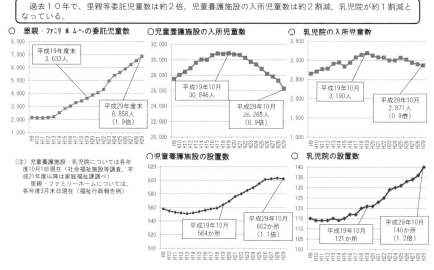

出所）厚生労働省子ども家庭局家庭福祉課「社会的養育の推進に向けて」2019年4月，p..3

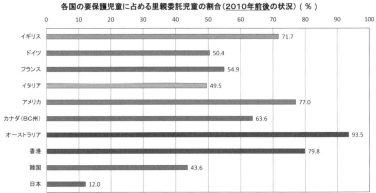

図表 1 － 4　諸外国における里親等委託率の状況

各国の要保護児童に占める里親委託児童の割合（2010年前後の状況）（％）

※「家庭外ケア児童数及び里親委託率等の国際比較研究」主任研究者　開原久代（東京成徳大学子ども学部）（平成23年度厚生労働科学研究「社会的養護にお
ける児童の特性別標準的ケアパッケージ（被虐待児を養育する里親家庭の民間の治療支援機関の研究）」）
※ 日本の里親等委託率12.0％は、平成22年度末（2011年3月末）
※ 里親の概念は諸外国によって異なる。

出所）厚生労働省雇用均等・児童家庭局家庭福祉課「社会的養護の課題と将来像の実現に向けて」
　　　2015 年 3 月 27 日，p.11

会的養護のうち家庭的養護（施設養護）の割合が圧倒的に高いこと，② 国民に
里親制度に関する正確な情報が広く行き届いていないこと，③ これまでの「家
制度」（家父長制度）の概念が国民の間に浸透していること，④ 多数の保護児童
が入所している児童養護施設には閉鎖的な施設が多く，施設外に広がらないこ
と，⑤ 里親に対する公的支援が脆弱であること，⑥ 里親＝養子縁組であると
思われていること，等である。

4　社会的養護をめぐるこれまでの法律の制定と施策

　図表 1 － 5 は社会的養護に関する主たる事項の変遷である。これらの主な事
項を辿りながら社会的養護の歴史的変遷について述べていきたい。戦前の社会
的養護は民間の篤志家によるところが大きいが，公的政策として，「救護法」
による窮民対策が行われた。この法律の公布は 1929（昭和 4）年であったが，
経済的事情もあり実施は 3 年後の 1932（昭和 7）年であった。その基本理念は
家族制度，隣保相扶であった。救護の対象は，① 13 歳以下の幼者，② 妊産婦，
③ 不具廃疾，疾病，傷痍その他，障害等により働けない者であった。また，
救護の種類は，① 生活扶助，② 妊産婦，③ 助産，④ 盛業扶助の 4 種類であっ
た。児童に関しては 13 歳以下の者のみが保護救済の対象となった。救護の方
法は居宅保護が中心であったが収容保護，委託保護も認められていた。戦時下
の 1933（昭和 8）年には，不良児保護を目的とした「少年救護法」（1933），生活
困難な母子世帯を対象とした「母子保護法」（1937），乳幼児健康相談等を目的
とした「保健所法」（1937）等の法律が施行され一定の母子・児童保護の役割を
果たした。
　ところで，1987 年の民法改正により，特別養子縁組制度が創設された。

図表 1 − 5 社会的養護をめぐるこれまでの法律の制定と施策

年　代	事　項
［戦　　前］	
1929（昭和4）年	「救護法」制定
1933（昭和8）年	「少年救語法」制定
1937（昭和12）年	「母子保護法」制定
〃	「保健所法」制定
［戦　　後］	
1947（昭和22）年	「児童福祉法」制定
1951（昭和26）年	「児童憲章」制定
1964（昭和39）年	「母子及び父子並びに寡婦福祉法」制定
1987（昭和62）年	「特別養子縁組制度」創設
1989（昭和64）年	国連総会にて「児童の権利に関する条約」
1994（平成6）年	「児童の権利に関する条約」批准
〃	「今後の子育て支援のための施策の基本的方向について」（エンゼルプラン）⇒少子化対策
1997（平成9）年	児童福祉法の改正（保育所入所方式を措置から選択利用方式に変更）
2000（平成12）年	「児童虐待の防止等に関する法律」（児童虐待防止法）の制定
2002（平成14）年	里親制度改革
2003（平成15）年	社会保障審議会児童部会「社会的養護のあり方に関する専門委員会」設置
2004（平成16）年	児童福祉法の改正（児童相談所の相談業務を要保護児童中心とする）
2005（平成17）年	子ども自立支援計画ガイドライン策定
2007（平成19）年	「子どもと家族を応援する日本」重点戦略
2011（平成23）年	社会保障審議会児童部会「社会的養護の課題と将来像」をまとめる
〃	「里親委託ガイドライン」策定
2012（平成24）年	「子ども・子育て支援法」制定
〃	厚生労働省雇用均等・児童家庭局長「児童養護施設等の小規模化及び家庭的養護の推進について」を各都道府県等に通知
2013（平成25）年	「子どもの貧困対策の推進に関する法律」制定
2016（平成28）年	「児童福祉法」等の改正（母子保健包括支援センターの全国展開）

　この特別養子縁組制度は普通養子制度と異なって，特別養子縁組において養子と実の父母及び親族関係は終了することである（家庭裁判所の審判により成立する）。これによって，養親と実の親の間に生じるとされる相続や扶養をめぐるトラブルが防止できるようになった。この制度により養子縁組の促進が期待されたが，養子縁組数は思ったより増加していない。その埋由として，① 要保護児童の多くが乳児院・児童養護施設で育っている② 今日に至っても養子縁組制度が国民の間で理解されていない等が考えられる。

　戦後，施設保護を主体とした社会的養護に関する諸施策が実施されてきたが，日本の高度経済成長以降，電化製品（洗濯機，テレビ，掃除機，冷蔵庫等）の開発もあって国民の生活環境は大幅に改善された。しかし，バブル経済崩壊後の長期経済の停滞化による日本経済の衰退と世界経済のグローバル化のもとで社会階層において二極分化が起こり，これまでの国民間の「総中流意識」が崩壊

図表1-6　市町村における児童等に対する必要な支援を行う体制の関係整理（イメージ案）

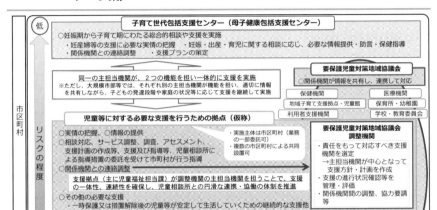

出所）第5回市町村の支援業務のあり方に関する検討WG，2016年12月21日資料2-3

し，非正規雇用者の増大による所得間格差が顕著となり，親の経済的困窮が原因で「子どもの貧困」（現在，貧困児童は7人に1人の割合）を生み出している。地域住民や自治体あるいはNPO法人等が主体となって，無料または低額料金で「こども食堂」にて食事を提供している。こうした子どもの貧困対策として2013（平成25）年に「子どもの貧困対策の推進に関する法律」が制定された。そして，翌年8月には同法の基本理念を具現化した「子供の貧困対策に関する大綱（子供の貧困対策大綱）」が閣議決定された。

　現在，社会的養護は家庭養育優先の原則のもと2012（平成24）年に厚生労働省雇用均等・児童家庭局長名で各都道府県等に，① 児童養護施設等の小規模化及び家庭的養護の推進，② 乳児院における小規模化・家庭的養護の推進，③ 計画的な推進等となっている。すなわち，児童養護施設における小規模化・家庭的養護の推進により，社会的養護が施設養護（大規模施設養護）から地域における家庭的養護（里親，ファミリーホーム，養子縁組等）への政策転換である。また，母子保健法の改正に基づいて2017（平成29）年4月から，子育て世代を社会的に支援するため，各市町村が妊産婦から子育て期までの支援をする「母子健康包括支援センター」（通称：子育て世代包括支援センター）の設置をすることが努力義務とされた。これによって，妊娠・出産・子育て支援においてトータル的に支援体制の効果的な運営管理が行われることが期待されている。

（1）社会的養護

　デンマークは「幸福度世界一」の国として有名で他の北欧諸国（スウェーデン，フィンランド，ノルウェー，アイスランド）同様世界で最も福祉の充実した社会福祉国家である。

　「家族は社会の基本単位であると同時に，子どもの成長の基盤である。そして，健全な養育環境を整えることは第一に保護者の責任である。」というのがデンマークの家庭児童福祉の基本的な考え方である[2]。

　すなわち，子育ての基本単位は家族＝地域で，養育環境を整備するのが親である。

　同国は他の北欧諸国に比較して最も地方自治の整備された国である。しかも，教育・福祉に関しては，その責任（施策・財源）は地方自治体にある。そのため地域住民の地方自治選挙に関する関心は非常に高く，投票率も常時80％前後となっている。

　近年，地方自治体の機能の効率化を図るため地方自治制度の改革（2007）が行われた。その結果14のアムト（県）が廃止され，広域行政体である5つのレギオナ（広域行政機構）に再編成された。また，275あったコムーネ（自治体）が，98に統合された[3]。

　これによって，国（法整備，行政等），レギオナ（医療保健等），コムーネ（教育・福祉等）と各役割が明確化すると同時に地方行政の効率化がより鮮明となったのである。こうした行政改革の背景には高齢化社会の下で社会保障費・社会福祉サービス費の抑制・効率化を図る必要がある。同国の社会福祉の財源は租税によって賄われているが，リーマンショック以降，世界経済の不況もあって，同国のGDPの伸びも鈍化した。同国の家庭児童福祉は1960年代以降の経済発展に伴う女性の社会進出のもとで大きく変化した。女性の進出は働く環境の改善—育児休業制度の実施，保育施設の整備，児童福祉施設の整備，介護施設の整備，父親の産休保障，労働時間の短縮等—が行われた。また，同国の社会的養護システムは，従来公的権力の介入を伴うもので家庭外ケアが主であった。しかし，1990年の「子どもと青少年支援に関する法的枠組みについて」（Betænkning Report No.1212）という報告がその後の社会的養護サービスの方向性に大きな影響を与えた。すなわち，この報告書によって子ども時代と青年期の継続性原則と中核となる概念原則であり，また継続性の中核となる概念が，子どもとその生物学的な母親，父親であることが提示されたことである[4]。

　この考えのもと現在は「家庭外ケア」（Forebyggelse）から「予防的ケア」（Anbringelse）へ考え方が移行している。実際保護される要保護児童の多数は予防的ケアの対象となっている。現在，デンマークの社会的養護は図表1－7

デンマーク王国の福祉

　デンマーク王国は自由・平等・博愛を理念とし，人口約560万人（2013年，兵庫県とほぼ同じ），本土の面積は約4万3千㎢（九州とほぼ同じ）の小国ですが他の北欧諸国と同様世界で最も社会福祉の発展した「福祉大国」で社会福祉国家と呼ばれている。

　また同国は各調査で「幸福度世界一の国」（世界一幸せな国）として有名である。日本の社会保障の財源を主として社会保険料とした社会保険方式（相互扶助）であるのと異なってデンマークは税方式（公共型）を導入し，普遍主義を取っている。そのため，教育・医療・社会福祉関係の費用は全国民原則無料となっている。その反面，国民一人当たりの税負担が高く，収入の約70％となっている。これに対して，日本は50％前後となっている。なお同国の福祉の基礎を築いた著名な人として同国の福祉の礎を築いた童話作家のアンデルセン，実存主義哲学者のキルケゴール，教育者・宗教家で国民高等学校の基礎を築いたグルンドヴィ等がいる。

図表1－7　デンマークの社会的養護制度の全体像

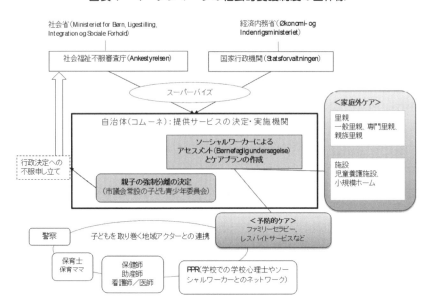

出所) 平成26年度厚生労働省児童福祉問題調査研究事業　課題9 調査報告書第2版「社会的養護の
　　　国際比較に関する研究」佐藤桃子「デンマーク」p.28

の通りである。この図よりサービスの決定と実施機関はコムーネ（自治体）であり，社会福祉不服審査庁（社会省の管轄）並びに国家行政機関（経済内務省の管轄）が監督機関となっている。また，自治体所属のソーシャルワーカーがアセスメントとケアプランの作成を行っている。予防的ケアとしてファミリーセラピーやレスパイトサービス等が行われている。また，予防的ケアにおいて，警察，保育士（保育ママ），保健師・助産師・看護師，医師，学校心理士，ソーシャルワーカーや地域アクターと子どもを取り巻く連携を図り，より効果的な社会的養護サービスを実施している。

　そして，家庭外ケアの受け皿として，里親（一般里親，専門里親，親族里親），施設（児童養護施設，小規模ホーム）等がある。今日，デンマークでの社会的養護は予防的ケアを中心に展開している。ここで注目すべきことは，同国におけるソーシャルワーカーと日本の社会福祉士（ソーシャルワーカー）の社会的地位，養成課程の異なりである。デンマークではソーシャルワーカーの養成は原則3年間の専門学校の教育修了者が中等高等教育機関で3～4年間，国民学校教師，施設指導員，ジャーナリスト，ソーシャルワーカー，看護師，助産師，作業療法士等を志望する者は上級専門学校に進学する。この際，大学同様授業料は無料でそのうえ生活支援（18歳になると親元を離れて独立するので）のため一定の奨学金が給付され，ソーシャルワーカーの資格を取得後，主に自治体に就職する（予防的ケアの中心メンバーである）。なお，社会福祉専門職として社会的評価が定まっていると同時に医療職である看護師と同格である。これに対して日本

の社会福祉士の資格取得は，原則大学4年間の課程で定められた資格取得に必要な科目を取得し，卒業後国家試験に合格することである。ただし，授業料はあり，給付型の奨学金はなしである。しかも卒業後の就職は医療，社会福祉関係施設あるいは相談機関，または各自治体であるがデンマークのように自治体職員になる確率は低い。何故ならば公務員採用試験に合格することが必要であるから。また，一定の社会的評価も定まっていないのが現状である。もっとも大切なことはデンマークのソーシャルワーカーと異なって，医療職である看護師と同格でないことである。このことは社会福祉士が医師，看護師，准看護師，診療放射線技師等の医療職のような業務独占（資格がなければ業務を行うことができない）でなく，介護福祉士等のように名称独占（資格がなくとも業務を行うことができる。しかし，資格がなければその名称を名乗ることができない）のため業務の幅を狭めている。ここに，社会福祉専門職であるソーシャルワーカーとしての社会福祉士の課題があると思われる。

(2) 里親制度

　デンマークの里親制度は1998年の「社会サービス法」(Social Service Low)に基づいて行われており，家庭外ケアに属する。里親には，一般里親，親族里親（「親戚以外」と「親戚による」がある），専門里親（図表1－6参照）があり，コムーネサービス提供機関である。コムーネは保護者あるいは親族が養育に適合していない場合，要保護児童に対して，予防的ケアあるいは家庭外ケアか選択・決定する。このなかで専門里親は特別な支援の必要性のあるまた，要保護児童を担当し，一般里親あるいは親族里親は比較的問題の少ない要保護児童を担当する。また，里親に対して一定の報酬が支払われることになっている。なお，これらの里親の研修は各コムーネ（社会福祉課）が行っているが，図表1－

図表1－8　デンマークにおける里親の種類

里親の種類	一般里親	専門里親	親族里親（親戚以外）	親族里親（親戚による）
目的／根拠法	社会サービス法 第66条1	社会サービス法 第66条2	社会サービス法 第66条3	社会サービス法 第66条3
委託児童数（人）	5,637	277	324	479
登録里親数※	6,109	56	—	—
里親研修	受け入れ前に最低4日間の研修 受け入れ後，年に少なくとも2日間コムーネの研修に参加	受け入れ前に最低4日間の研修 受け入れ後，年に少なくとも2日間コムーネの研修に参加 専門里親研修として，コムーネごとにKRITHやKEEP, MTFCのための研修が使われる。	受け入れ前に最低4日間の研修 受け入れ後，年に少なくとも2日間コムーネの研修に参加 子どもとの関係性に重きが置かれる。	受け入れ前に最低4日間の研修受け入れ後，年に少なくとも2日間コムーネの研修に参加 子どもとの関係性に重きが置かれる。
里親手当	1. 里親報酬（約7万円／月）※加算あり 2. 子どもの生活費	1. 里親報酬（約7万円／月）※加算あり 2. 子どもの生活費	1. 里親報酬なし 2. 子どもの生活費	1. 里親報酬なし 2. 子どもの生活費

※登録里親数は，社会サービスポータルサイト[12]でデンマーク全国の里親を検索した結果である。
出所）図表1－5と同じ，p.40。（社会サービスポータルサイトでは，デンマーク全国にある施設や里親について，提供されるサービス内容，定員，監査の結果，子どもの養育にかかる費用などを閲覧することができる。）

8 の通り専門里親の里親研修は一般里親並びに親族里親対象の研修終了後別に専門里親としての研修を受けることになっている。研修として，KRITH（一般里親や専門里親の研修），KEEP（16 週間のグループワーク研修），MTFC（多方面からケアを行う里親研修）等が使われる。

(3) 養子縁組

　デンマークの養子縁組には，ステップファミリー（Stedbarnsadoption）：結婚相手やパートナーの子どもを養子にするもの，里親養子縁組（Familicadoption）：親族や里親として育てていた里子を養子にする場合，国際養子縁組（Fremmedadoption）：海外から養子を迎える場合，等がある[5]。養子縁組の場合，実親の承諾が必要となる（ただし，現在は実親の承諾なしでも養子縁組をすることが可能である）。デンマークでは外国籍の子どもとの養子縁組が他のヨーロッパ諸国同様に見られる。また，養子縁組が成立した場合，養子に対しても児童手当等の公的サービスを受けることができる。なお，養子縁組に関しては国の行政機関とコムーネの手続きが必要となっている。

注）
1) 厚生労働省子ども家庭局家庭福祉課「社会的養育の推進に向けて」2019 年，p.11
2) 仲村優一・一番ケ瀬康子編集委員会代表『世界の社会福祉―デンマーク，ノルウェー』旬報社，1999 年，p.24
3) 成清美治『デンマークに学ぶ介護専門職の養成』学文社，2016 年，p.17
4) 平成 26 年度厚生労働省児童福祉問題調査研究事業　課題 9 調査報告書第 2 版「社会的養護制度の国際比較に関する研究」佐藤桃子「デンマーク」p.28
5) 平成 26 年度　厚生労働省児童福祉問題調査研究事業　課題 9 調査報告書第 2 版「社会的養護制度の国際比較に関する研究」佐藤桃子「デンマーク」p.40

参考文献
　仲村優一・一番ケ瀬康子編集委員会代表『世界の社会福祉―日本』旬報社，2000 年
　成清美治『私たちの社会福祉』学文社，2012 年
　仲村優一・一番ケ瀬康子・右田紀久恵監修『エンクロペディア社会福祉学』中央法規出版，2007 年

プロムナード

　社会的養護に関する深刻な問題として，児童の虐待の件数が年々増加していることを指摘することができます。

とくに近年，乳児の虐待が目立ち死に至るケースがテレビ，新聞等で報道されています。

　虐待の原因として，経済的，社会的，家庭内問題等が考えられますが，最大の要因は親の子どもに対する人権の無視（無知）ではないでしょうか。子どもは親を選ぶことができません。

　しかし，子どもはこの世に生まれてきた以上，児童福祉法第1条の児童福祉の理念にあるように「児童は心身ともに健やかに生まれ，育成されるよう努めなければならないこと」が法的に認められているのです。子どもの養育・育成を大切にしない社会には未来社会がありません。もう一度私たちは「子どもの尊厳とは」もう一度考えることが必要ではないでしょうか。

学びを深めるために

朝日新聞取材班『子どもと貧困』朝日新聞社，2016年

　近年，子どもの貧困問題が深刻化している。本書は朝日新聞社大阪本社の取材班が子どもの貧困の現場を取材して新聞に連載したものを単行本にしたものである。そのため事例が中心となって，子どもの貧困問題の深刻な実態が明らかとなっている。

第 2 章

社会的養護の歴史的展開

1　**欧米における社会的養護の歴史的展開**

（1）エリザベス救貧法の成立

　中世後期のイギリスでは，十字軍の遠征や貨幣経済等の発展により，土地（封土）を仲立ちとした主君と家臣の主従関係にひずみが入り，封建体制が弱体化した。

　15 世紀中頃以降になると，富裕な自営農民（ヨーマン：yeoman）や地主（ジェントリー：gentry）が登場した。彼らは新大陸の発見や植民地を手に入れるとともに，オランダなどの新興毛織物工業国の登場などにともなって，羊毛の生産や毛織物産業を拡大するための手段をとった。その手段は，15 世紀〜17 世紀の村落共同耕地を非合法的に取り上げ，垣根で囲って私有化し，羊の飼育を行うというものであった。これが第 1 次囲い込み運動（enclosure）である。この背景には，ヘンリー 8 世による宗教改革（修道院の解散・没収あるいはカトリック教会領地の没収）や，度重なる十字軍の遠征（1096 年〜 1270 年の約 200 年間）などをきっかけとした教会や封建領主の弱体・没落をあげることができる。

　その結果，領主の保護のもと相互扶助によって生計を立てていた多くの農民たちが土地を追われ，大量の浮浪者・貧民・乞食となって都市部に流入した。農民は自らの土地を離れ，仕事に就けず，都市部で浮浪者・乞食となった者は罪人として扱われた。

　都市部の支配層は，社会不安として存在する浮浪者・乞食を抑圧するための対策として，1531 年に「乞食（浮浪者）取締法」（Vagrancy Act）を制定し，働かない浮浪者・犯罪者を厳しく取り締まった。また，1563 年には「徒弟法」（Statute of Artificers）を制定し，児童（10 歳以上 18 歳）に農地の耕作と耕地改良のための強制的労働義務を強調した。そして，1601 年，これらの諸法をもとに強制就労の定着を前提としたエリザベス救貧法（the Elizabethan Poor Law）が成立した（図表 2 − 1 参照）。その内容は，① 国民の救貧税（poor rate）納付を義務づけ，救貧法の運営については教区に貧民監督官を置き，治安判事の監督のもとに貧民税を徴収する，② 無能力貧民（老人・病人・障害者（児））に対しては救貧院（poor house）にて公的救済（生活扶養）を行う，③ 有能貧民（児）に対しては労役場（work house）において羊毛加工や鍛冶等の就労を強制する，④ 労働能力を持ちながら浮浪者・乞食の状態にある者は処罰し，自活しえない貧民の子弟に対しては授産，就労，徒弟奉公（男 24 歳，女 21 歳または結婚まで）等を強制するというものであった。このように，エリザベス救貧法は，封建制度の崩壊により生み出された，浮浪貧民に対する治安維持や

図表 2 − 1　エリザベス救貧法成立の背景

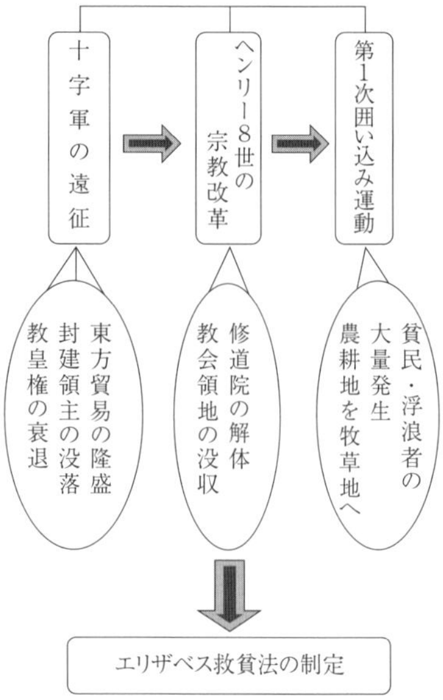

出所）成清美治『私たちの社会福祉』学文社，2012 年，p.58

労働力の確保を目的とした抑圧的な法律であった。その財源は教区の住民に課した救貧税であり，その徴収は貧民監督官が行うものであった。

(2) 新救貧法の成立

イギリスでは，産業革命を経て資本主義が発達するとともに，労働と生産性との関係が追求されることになった。1722 年には，救貧費の削減のために貧民に救済の申請を思いとどまらせることを目的としたワークハウス・テスト法 (the Workhouse Test Act) が制定された。また，工場制機械工業の確立により，大量の失業者・貧困階層を生み出すこととなり，1782 年に院外救済を推進するギルバート法 (the Gilbert's Act) や，1795 年にバークシャーの判事が提言した貧民の院外保護を行う救済制度であるスピーナムランド制度 (Speenhamland System) が新たな救貧対策として実施されることとなった。この制度は，家族数によって最低生活費を算定し，失業者には全額，賃金がこの基準に満たない労働者には救貧税でもって手当を支給する賃金補助制度である。しかし，そうした取り組みは都市における貧民の増加により，結果的に救貧費の拡大を招いた。

その後，イギリス政府は，1834 年の新救貧法 (the New Poor Law) の制定により，救貧対策を引き締め，非人間的な処遇を実施した。その内容は，① 救貧対象者は最低階層の労働者以下の保護を受けるという「劣等処遇の原則」(the principle of less eligibility)，② 収容保護の原則 (有能貧民の居宅保護を禁止し，労役場収容に限ること)，③ 全国統一の保護基準の原則に基づくものであった。

このような状況下にあって，孤児や棄児など身寄りのない児童や困窮した過酷な労働を課す労役場 (workhouse) に収容されたが，当時の救貧院内の様子を作家ディケンズ (Dickens, C.) は主著『オリバー・ツイスト』で次のように描写している。

資料1

「子供たちが食事をあてがわれる部屋は，大きな石たたみの広間で，一隅に銅の大釜がおいてある。エプロンを着た賄係りが，一人二人の女に手伝わせ，食事時にこの大釜から，粥を柄杓でついでくれるのである。この大盤振舞い」では，各自一ぱいづつ，それ以上は決してもらえなかった。──鉢を洗う必要はなかった。子供たちは鉢がまたもとのようにぴかぴかになるまで，匙でこするからだ」

出所) チャールズ・ディケンズ著／中村能三訳『オリバー・ツイスト (上)』新潮文庫，2005 年，p.25 より

この描写からも分かるように，当時の救貧院においては，育ち盛りの子どもたちに対して満足な食事は与えられず，「惰民」として非人間的な扱いがなされていた。

　新救貧法成立の背景には，イギリス政府による地主・貴族の利益を保護するため，海外からの輸入穀物に高い関税をかけ，議会の承認の下で行った第2次囲い込み（1700～1844）がある。農業資本家の豊富な資本力による土地集中と機械を導入した農業が行われるようになり，大地主以外の大量の小作農民あるいは自営農民が没落し，農村を追われ都市に流入し，低賃金労働者化し，産業革命の大波に飲み込まれ，多数の貧困者として社会の底辺（スラム）を構成することとなった。貧困問題が社会問題として深刻化するなかで，新救貧法は，貧民の人間的救済を拒否し，自助を強調するかたちで登場した。

　新救貧法は，思想的にマルサス（Malthus, T.R.）の「人口の原理」（1798）の影響を受けている。彼は，「貧困は人口の増加によるもので，人為的な救済はかえって貧困を悪化するものである」として，警鐘を鳴らした。

　19世紀半ばになると，新救貧法を補完するため，民間による救貧活動が活発に行われた。その草分け的存在として，1869年に指導者ロック（Lock, C.S.）を中心に結成された慈善組織協会（COS：Charity Organization Society）があり，慈善事業の組織的な展開を通して重要な役割を果たした。

（3）工場法の成立と児童保護

　イギリスにおける産業革命は，資本主義社会の確立とともに，資本家と労働者の対立，貧困の格差という新たなる問題を生み出した。なかでも，資本家は，児童を安い賃金で労働させることが可能であったことから，マッチ工場，繊維工場，炭鉱などで，彼らに低賃金の長時間労働を課した。当時の工場内の労働環境は劣悪で，坑内での作業は通気性が悪く，健康を害する児童が多く存在した。

　このような状況にあって，1802年，児童の長時間労働の短縮，児童に対する就学機会の改善等を目的として，最初の工場法とされる「徒弟の健康及び道徳の保持に関する法律」（Health and Morals of Apprentices Act）が成立した。これは児童労働保護に関する法律で，児童の労働時間を短縮し，児童に教育の機会を与えた。その後，1819年に「工場法」（Factory Act）が成立し，児童の最低労働年齢が9歳と定められたと同時に，9歳以上16歳未満の児童の労働時間は1日12時間以内と定められた。さらに，1833年の工場法においては，児童の各年齢に応じて労働時間を定め14歳未満の児童に対して一定の就学時間が定められた。

　当時，マンチェスターの紡績工場主であったオーエン（Owen, R.）は，児童の悲惨な状況を改善するため，自らの工場では10歳以下の児童の就労を禁止し「性格形成学院」を設立しそれぞれの年齢に応じた教育を施すなど，民間における先駆的な取り組みも行われた。

オーエン

（Owen, Robert：1771-1858）イギリスのマンチェスターの紡績工場主で，労働者の悲惨な状況を改善することに尽力した。自ら経営する工場で10歳以下の児童就労を禁止し，「性格形成学院」を設置し，それぞれの年齢に応じた教育を施した。オーエンの目的とする教育は愛と幸福の教育，労働と結びついた教育，性格形成の環境改善教育であったことから，徐々に労働条件向上の必要性を求める社会運動を展開していった。彼の社会改革は，支配階級や資本家に期待した点で，マルクスやエンゲルスから空想的社会主義（ユートピア社会主義）と呼ばれた。

2　児童の権利をめぐる取り組み

(1) 児童観の変遷

　原始・古代社会において，児童は生活の糧を得る労働力として，あるいは老後の親の面倒を見る者として位置づけられてきた。その後，産業革命期，児童は安い労働力として工場や炭鉱等で酷使された。しかし，産業革命が進行し，「工場法」等が整備されるなかで，児童は「教育を受ける存在」と見なされるようになった。また，19世紀後半には，ヨーロッパ諸国において，児童が教育を受けることの意義を説く考え方が登場した。

　18世紀後半のフランスの社会思想家で啓蒙思想家のルソー（Rousseau, J. J.）は，1761年の教育に関する著書『エミール』（Emile ou de l'education）のなかで，「教育を受けることが人間としての権利であり，現存する秩序に適応する教育を否定し，すべての教育は自然による教育によって導かれなければならない」と宣言した。彼の教育思想は当時の教育改革者に影響を与えたが，その一人であるペスタロッチ（Pestalozzi, J.H.）はスイスの教育者で，青年時代にルソーの自然の教育の影響を受けている。彼の教育の目的は，貧しい子どもや孤児のための福祉と教育に情熱を燃やし，「人間の生まれながらの人間性である，頭（精神的能力）と胸（道徳的能力）と手（身体的能力）を調和的に発達させることである」，「王座の上にあっても，木の葉の屋根の蔭に住まわっても，本質において同じ人間である」と述べ，すべての人間は平等であると主張した。

　また，ペスタロッチは教育における労働の重要性を主張し，教育の場として，神仰深い農民の家庭と母の愛を強調した。1780年の『隠者の夕暮れ』（Abendstunde eines Einsiedlers），1801年の『ゲルトルートはいかにその子を教えるか』（Wie Gertrud ihre Kinder lehrt）などがある。彼の児童観，教育論は各国に影響を与えた。幼稚園の創設者として有名なドイツのフレーベル（Fröbel, F.）は，ペスタロッチに師事したのち1817年に小学校を開設し教育システムを実践したが，子どもの本質を神的なものとしてとらえ，幼児に内在する神性（こころ）をどのようにして成長発達させるかに関心を寄せ，幼児教育に一生を捧げた。主な著書として，1826年の『人間の教育』（Die Menschenerziehung）がある。

　彼らの他，1900年に『児童の世紀』（Barnets Arhundrade）を著した，スウェーデンの教育学者で女性問題研究家のケイ（Key, Ellen）は「20世紀は児童の世紀」で，「子どもは両親の自由な結婚生活のなかで，母親によって育てられるべきである」とし，そのために母親をよき教育者として教育・訓練すべきであると述べている。彼女の児童観の特徴は，子どもは愛情ある夫婦のもとで，生まれ育たなければならないと考え，児童中心主義（＝家庭中心主義）を展開し，当時の不自由で保守的な押しつけ教育を批判した。彼女の児童観は，ルソーの考え方を継承し，発展させたものであり，教育を通じて子どもの権利が保障さ

> **ルソー**
> （Rousseau, Jean-Jacques：1712-1778）スイス生まれのフランスで活躍した思想家。子どもの発見者といわれる。1762年，後のフランス革命に影響を与えた『社会契約論』とともに，彼の教育思想を小説形式で著した『エミール』を出版している。彼はエミールのなかで，「万物をつくる者（神）の手をはなれるとき，すべてはよいものであるが，人間の手にうつるとすべてが悪くなる」とし，人はうまれながらに「善」となる者であるとし，性善説の立場をとっている。そのため，既存の社会制度や人間による教育ばかりにとらわれるのではなく，子どもの内に秘める成長力や活動である「自然」を尊重する教育を目指した。

れるのを希望するものであった。こうした著名な思想家による児童観は，その後，わが国はじめ多くの諸外国の児童観に影響を与えた。

（2）国際的な取り組み

　欧米において，児童福祉が本格的に論議されたのは，1909年，アメリカ合衆国第26代大統領ルーズベルト（Roosevelt, T.）のもとで開催された第1回ホワイトハウス会議（白亜館会議）であった。要保護児童の問題を論じたこの会議では，「家庭は文明の最高の創造物である。したがって緊急止む得ない事情のない限り子どもを家庭から切り離してはならない」とする宣言がなされた。この宣言が20世紀の児童問題の基本的テーマとなり，児童問題が各多方面で論じられることとなった。

　まず，1922年，第1次世界大戦による児童への惨禍を反省して，イギリスの児童救済基金団体が世界最初の児童の権利宣言である「世界児童憲章」（1922）を発表し，その精神を受けて，1924年，国際連盟が「児童の権利に関するジュネーブ宣言（Declaration of the Rights of the Child）」（以下，ジュネーブ宣言）を採択した。この宣言のなかで，「人類は児童に対して最善のものを与える義務がある」とし，児童の心身の健康を守り，適切な保護を行うことが国際機関で初めて表明された。ただし，児童の権利は付与されるもので，児童自らの権利意識の主体者とはなり得なかった。

　また，1930年，アメリカ合衆国第31代大統領フーバー（Hoover, H.）が第3

資料2　世界人権宣言（一部抜粋）

> 第1条：すべての人間は，生まれながらにして自由であり，かつ，尊厳と権利とについて平等である。人間は，理性と良心とを授けられており，互いに同胞の精神をもつて行動しなければならない。
>
> 第22条：すべて人は，社会の一員として，社会保障を受ける権利を有し，かつ，国家的努力及び国際的協力により，また，各国の組織及び資源に応じて，自己の尊厳と自己の人格の自由な発展とに欠くことのできない経済的，社会的及び文化的権利の実現に対する権利を有する。
>
> 第25条
> 　（1）：すべて人は，衣食住，医療及び必要な社会的施設等により，自己及び家族の健康及び福祉に十分な生活水準を保持する権利並びに失業，疾病，心身障害，配偶者の死亡，老齢その他不可抗力による生活不能の場合は，保障を受ける権利を有する。
> 　（2）：母と子とは，特別の保護及び援助を受ける権利を有する。すべての児童は，摘出であると否とを問わず，同じ社会的保護を受ける。

回ホワイトハウス会議において「アメリカ児童憲章」(Children,s Charter) を採択し，各国の児童憲章成立に影響を与えることとなった。

　その後，第2次世界大戦において，児童をはじめ，多くの人びとが人権抑圧を受け，尊い人命や財産を奪われた。そのような戦争を二度と繰り返さないことを誓って，1948年の第3回国際連合総会において，法の下における人権の保護を謳った「世界人権宣言」(Universal Declaration of Human Rights) が採択された (資料2参照)。

　1959年には，ジュネーブ宣言の理念を発展継承させた「児童権利宣言」(Declaration of the Rights of the Child) が採択された。この宣言は，児童の権利に関するジュネーブ宣言や世界人権宣言を受け継ぎ，国際的に児童の人権保障を宣言したもので，全文と10カ条からなっており，児童の基本的人権を認め，両親，篤志団体，地方行政機関および政府に対して児童の権利を守る努力義務を規定している。

　この後，国際連合 (以下，国連) は世界に対する児童の教育と福祉を啓発することを目的として，1979年を国際児童年とした。また，1989年には，児童権利宣言を実行性あるものとするため，コルチャック (Korczak, J.) らが第2次世界大戦下で平和と児童の権利のために尽力したポーランドからの提案による「児童の権利に関する条約 (子どもの権利条約)」(Convention of the Rights of the Child) が採択され，わが国も1994年に158番目の批准国となった。この条約は，前文と3部 (54条) から成っており，子どもの基本的人権を国際的に保障する条約として，子どもの生存，発達，保護，参加という包括的な権利を実現・確保するための事項を規定している。その前文には，世界人権宣言，ジュネーブ宣言，国際人権規約，児童権利宣言等の精神を前提として，①固有の尊厳及び平等で且つ奪えない権利，②基本的人権並びに人間の尊厳及び価値に関する信念，③人種，皮膚の色，性，言語，宗教，政治的意見，出生又は他の地位等による如何なる差別もないこと，④家族の責任，⑤幸せな家庭環境の下で幸福・愛情及び理解ある雰囲気のなかで成長すべきであること，⑥児童は平和，尊厳，寛容，自由，平等，連帯の精神に従って育てられるべきこと，⑦児童は，身体的及び精神的に未熟であるため，出生の前後において，特別な保護及び世話を必要とすること，⑧きわめて困難な条件で生活している児童が世界のすべての国に存在していることを認めること，⑨児童の保護及び調和のとれた発達のため各人民の伝統及び文化的価値が有する重要性を考慮すること⑩開発途上国における児童の生活を改善するため国際協力が重要であることを認めること，などが全文に明記されている。

　この「児童の権利に関する条約 (子どもの権利条約)」の成立を受けて，1990年，国連において「子どものための世界サミット」が開催され，「子どもの生存，保護，発達に関する世界宣言」(World Declaration on the Survival, Protection and

コルチャック

(Korczak, Janusz : 1878-1942) ポーランド生まれのユダヤ系ポーランド人で，医師，孤児院長，児童文学作家。33歳のとき，ユダヤ人孤児院「孤児たちの家ドム・シュロット」(1911) を41歳の時ポーランド人孤児院「僕たちの家ナシュ・ドム」(1919) を設立。第2次世界大戦時，児童の人権確立のための活動をするが，子どもたちと悲劇の死を遂げる。彼が掲げた児童の基本的人権の尊重は，国連において成立した「児童の権利条約 (子どもの権利条約)」(1989) の理念に多大なる影響を与えたといわれている。

Development of Children）の採択により，2000年までに達成すべき27の目標が掲げられた。具体的には，①5歳未満の子どもの死亡率の減少，②妊産婦死亡率の減少，③5歳未満の栄養不良児数を1990年の半分まで減らすこと，④すべての人が安全な水と衛生施設を使用できるようにすること，⑤すべての子どもが小学校に進学でき，そのうち80%が卒業できるようにすること，⑥大人の非識字率を減らし，男女共に平等に教育が受けられるようにすること，⑦厳しい暮らしの子どもを守り，特に戦争に巻き込まれた子どもを保護することなどが示された。2002年には，サミットの目標の達成と評価と今後の新たな取り組みを討議するため，「国連子ども特別総会」（United Nations Special Session on Children）が開催されている。

3　わが国における社会的養護の歴史的展開

（1）戦前の社会的養護の展開

1）明治・大正期

　明治維新後の新政府は欧米列強国に追いつくため，殖産興業，富国強兵を旗印に国づくりに邁進した。そのため武士階級の廃止などでこれまでの封建体制は次々と解体され，版籍奉還，廃藩置県，地租改正など一連の改革が進められ，近代的な行政機構が確立されていった。このような体制の急激な変化は，多くの貧困層を生み出し，社会不安を招いた。特に，旧下層武士や町人，下層農民の生活困窮は深刻で，新政府に対して不満を持つ武士たちが各地で反乱を起こした。

　1874（明治7）年，全国的に増加した生活困窮者に対する国家による統一的な救貧制度として，恤救規則が制定された。その基本理念は，「人民相互の情誼」のもとで，お互いの同情心，とりわけ家族扶養および共同体による相互扶助をまず重視し，「無告の窮民」（誰も頼る者のない生活困窮者）を公的に救済することにあった。この規則は，資本主義の発展段階にあって，富国強兵政策のもとで展開された救貧制度で，個人的惰民観のもと，制限主義的に展開されたところに限界があった。

　1871（明治4）年，児童保護対策として捨て子の救済策である「棄児養育米給与」を制定した。次いで，1873（明治6）年に「三子出生貧困者への養育料給与」が定められた。

　同時期，1880（明治13）年，風水害，冷害，火災等の罹災者を救済する「備荒儲蓄法」，恤救規則を補完する制度として，また1882年には，各地を浮浪する「乞食」等が病気や死亡したとき救済を行う「行旅死亡取扱規則」も定められている。

　日清・日露戦争前後には，恐慌や自然災害を経験して，「戦争が生める窮民」

（『平和新聞』）として生活に困窮する人びとが増大した。1899（明治32）年，都市や地方における「下層社会」の実態を横山源之助が『日本之下層社会』のなかで明らかにしたことにより，貧民問題に対する社会的関心が高まった。これを受けて，政府は恤救規則の運用の一時的な拡充や特殊救済制度の発足などによる対応を図った。

　生活困窮者が増大するなかで，特に，公的救済を補完したのが，民間における慈善事業や感化救済事業であった。1891（明治24）年の濃尾大地震，1896（明治29）年の三陸大津波，1906（明治39）年の東北飢饉などによる孤児や生活困窮児のための施設が設立された。また，日露戦争後から大正前半には，富国強兵の政策のもと，犯罪者や非行少年の「感化と善導」への関心が高まり，感化救済事業が展開された。代表的な事業としては，石井十次が1887（明治20）年に設立した岡山孤児院，留岡幸助が1899（明治32）年に設立した巣鴨家庭学校と1914（大正3）年に設立した北海道家庭学校がある。これらの他，石井亮一が1891（明治24）年に設立した滝乃川学園，山室軍平らが1895（明治28）年に創設した救世軍による社会改良運動，片山潜の隣保事業（ソーシャル・セツルメント）としてのキングスレー館（1897）などである。また，1908（明治41）年には中央慈善協会が発足している。

　大正後半期には，第一次世界大戦を経て，1918（大正7）年，富山県で勃発した米騒動をきっかけに，資本主義恐慌，関東大震災，労働争議・小作争議などを背景として，貧困問題への関心が高まった。この流れを受けて，人道主義や社会連帯観（国家の維持と階級協調）の思想が展開された。国や地方自治体では「社会事業」の組織化が進められ，中央では，1917（大正6）年に内務省救護課，1918（大正7）年に救済事業調査会などが組織された。また，地方では，大阪府知事林市蔵が1918（大正7）年に岡山県の済世顧問制度をもとに方面委員制度を創設し，小学校区を単位に，民間の篤志家（ボランティア）による貧困者の生活実態調査を実施して，彼らの生活を救済することを目指した。この制度は，後に全国に普及し，今日の民生委員制度の原型となった。この他，専門職員の養成に向けて，1920年代にケースワーク理論が導入されている。

2）救護法の成立と戦時下の社会政策

　大正から昭和の時期にかけては，経済的な危機が繰り返しおとずれた。とりわけ，1929（昭和4）年の世界大恐慌の影響により，都市失業者が増大し，農村への人口逆流と凶作によって，農村生活もまた窮乏した。このような状況にあって，これまでの恤救規則では対応が不可能となり，1929（昭和4）年に「救護法」が制定された。この法律は，日本ではじめて公的扶助の義務（公的救護義務主義）を明確化したものであったが，依然として厳しい制限主義であった。

　その後，日本は，国内の経済的矛盾を海外進出で打開する方向へ戦時体制期に入った。日本社会は，軍事支配のファシズム体制を確立し，1937（昭和12）

石井十次

　宮崎県に生まれる。岡山医学校在学中の1887（明治20）年，岡山孤児院の前身である孤児教育会を創設。孤児の無制限主義を実践し，1906（明治39）年の東北大飢饉の際には，1,200人を超える児童を受け入れた。収容型の救済だけでなく，里親事業に取り組み，宮崎県茶臼原に里親村を建設した。また，大阪の日本橋に保育所，夜間学校を設立するなどセツルメント活動を行った。

年の日中戦争から 1941 (昭和 16) 年から 1945 (昭和 20) 年の太平洋戦争へと戦争への歩みを進めていった。この時期, 軍需産業の活性化によって景気が回復したなかで, 救護法による公的な救済は大幅に縮小された。国家や民間による貧困問題への取り組みとして芽生えた社会事業は, 戦争に役立つ人材保護・育成のための人口政策を基本とする戦時厚生事業として展開され, 兵役につくことができない人びとへの救済については家族・地域での助け合いが求められた。

戦時統制体制下にあっては, 健民健兵政策の一環として, 兵力や労働力の源泉である国民の体力増強が求められた。すなわち 1938 (昭和 13) 年に設立された厚生省の指導のもと, 保健と体力増強を中心とした社会政策が取られることとなった。1941 (昭和 16) 年 12 月以降, 太平洋戦争の勃発という状況下で, 児童保護をめぐっては厳しい環境 (戦災孤児, 戦争遺族・遺児等の問題) に置かれたのであった。

(2) 戦後の社会的養護

わが国の戦後の混乱期において, 国内は敗戦直後, 引揚者, 失業者, 浮浪者, 戦災孤児, 戦傷病者などが溢れていた。こうしたなか, 1946 (昭和 21) 年, ① 戦争放棄, ② 基本的人権, ③ 主権在民の 3 原則を基本原則とした日本国憲法が制定された。政府は, GHQ (連合国総司令部) 主導のもと非軍事化・民主化政策の一環として, 1946 (昭和 21) 年, 生活困窮者を救済保護計画の推進策とした「社会救済に関する覚書」(SCAPIN775) を提示した。その考え方は, ① 「国家責任の原則」(生活困窮者の保護は国家が行う), ② 「公私分離の原則」(国家責任を民間に転嫁してはならない), ③ 「無差別平等の原則」(困窮者保護は無差別平等でなければならない), ④ 「必要かつ十分の原則」(困窮防止に必要な限り救済費に制限をつけてはならない) を基本としたもので, 戦後のわが国の社会福祉の方向性を定めた。

GHQ の覚書を受けて, 1946 (昭和 21) 年, 旧生活保護法が成立した。同年, 民生委員令が公布され, 方面委員が民生委員として生活保護の補助機関に位置付けられている。旧生活保護法の実態は, 戦前の救護法と変わらず, 親族扶養を求める世帯単位の原則のもとで, 能力があるのに勤労を怠る者, その他生計の維持に努めない者, 素行不良の者には保護を実施しないという欠格条項が設けられた。また, 保護基準は極めて低く, 保護請求権や不服申し立てについても未整備で, 国民の権利を保障する体制や国の実施体制が未確立など改正すべき点が多かった。

一方, 戦後, 両親あるいは頼るべき親族を亡くした孤児・浮浪児の問題は失業問題とともに大きな社会問題となった。国は 1945 (昭和 20) 年に「戦災引揚孤児援護要綱」を閣議決定し, 1946 (昭和 21) 年には「浮浪児その他児童保護等の応急措置実施に関する件」を各自治体に通知した。また, 同年, 浮浪児の

多数集まる自治体に対して「主要地方浮浪児等保護要綱」が通知され，1948
（昭和23）年には「浮浪児根絶緊急対策要綱」も閣議決定されるなど，緊急の
対策が行われた。

(3) 児童福祉法の成立

　第2次世界大戦後，1947（昭和22）年，戦災孤児・浮浪児・引き上げ孤児等
の救済を行うため 児童に関する基本法である「児童福祉法」が成立した。本
法では，国民と国及び地方自治体の児童に対する育成の努力と責任が明記され，
第1条第1項「すべて国民は，児童が心身ともに健やかに生まれ，且つ，育成
されるように努めなければならない」，第2項「すべて児童は，ひとしくその
生活を保障され，愛護されなければならない」，第2条「国及び地方公共団体
は，児童の保護者とともに，児童を心身ともに健やかに育成する責任を負う」，
第3条「前2条に規定するところは，児童の福祉に関する法令の施行にあたっ
て，常に尊重されなければならない」と児童の原理が述べられている。

　戦後の児童の社会的養護は，児童福祉法の成立に基づいて，国家の責任体制
の明確化と児童の基本的人権の保障が確立され，児童福祉施設（① 助産施設，
② 乳児院，③ 母子寮，④ 保育所，⑤ 児童厚生施設，⑥ 養護施設，⑦ 精神薄弱児施
設，⑧ 療育施設，⑨ 教護院の9種類）も整備された。しかし，施設保護を主体と
する社会的養護のあり方については，その後，見直しが求められていく。この
点について，イギリスの児童精神医学者のボウルビー（Bowlby, J.）は，報告書
で施設入所の弊害を「ホスピタリズム」（施設等で長期滞在するときに起こる精神
の不安定や心身の異常）であると指摘している。わが国においても，高度経済成
長期以降，里親開拓，児童施設の小規模化，施設入所の短期化，児童施設や病
院における生活改善等が行われていくこととなる。

　児童福祉法が成立した後，1951（昭和26）年には，児童福祉法の理念を国民
が再認識することを目的として，「児童憲章」が制定された。その前文では，
「児童は，人として尊ばれる」「児童は，社会の一員として重んぜられる」「児
童は，よい環境のなかで育てられる」と明記され，児童の人権の保障が全文に
わたって謳われている。また，1961（昭和36）年には「児童扶養手当法」，
1965（昭和40）年には「母子保健法」，1971（昭和46）年には「児童手当法」，
1973（昭和48）年には「特別児童扶養手当等の支給に関する法律」など，児童
に関する法律が制定されている。

(4) 児童福祉法の諸改正

　1997（平成9）年に「児童福祉法等の一部を改正する法律」が公布された。
この法律は翌年の4月1日から施行されており，戦後最大の児童福祉法の改正
といわれる。その理由は，① 保育サービスの選択制の導入（「措置」から「契約」

ボウルビー報告

　イギリスの児童精神科医
であり，精神分析学を学んだ
ボウルビー（Bowlby, Jhon：
1907-80）は，1950年
にWHOの嘱託となり，施
設入所の影響についての調
査を依頼され，1951年に
報告書を提出した。その中
で，ホスピタリズムの原因
と症状を示したといえるマ
ターナル・デプリベーショ
ン（Maternal Depriva-
tion）の概念について述べ，
母親（あるいは生涯母親の
役割を果たす人物）との人
間関係が温かく親密で継続
的で，満足と幸福感に満た
されていれば乳幼児の精神
衛生は良くなるが，このよ
うな人間関係が欠如してい
る状態においては子どもの
発達に影響を与える可能性
があることを述べた。

へ），② 要保護児童（児童虐待等）の発見の通告は社会福祉関係者，保健医療関係者，社会教育関係者，警察関係者，弁護士等の他，国民一般に課せられること，③ 虚弱児施設と養護施設は，統合して児童養護施設とする，④ 母子寮を母子生活支援施設，教護院を児童自立支援施設に名称変更すること，⑤ 市町村，社会福祉法人は放課後児童健全育成事業を行うことができること，⑥ 要保護児童に対する指導及び児童相談所等の連絡調整等を目的とする児童福祉施設として，児童家庭支援センターを設けることなどである。これらは，少子化の進行，夫婦共働きの一般化，家庭や地域の子育て機能の低下及び家庭環境の変化を受け，従来の児童福祉から児童・家庭福祉への展開と，新しい時代にふさわしい質の高い子育て支援の制度として再構築を図るものであった。

　その後，社会福祉基礎構造改革のもとで児童福祉法の度重なる改正が行われ，児童福祉の実施体制の改革，地域における子育て支援の強化，次世代育成支援推進対策の推進，児童虐待防止対策等が行われてきた。

　2008（平成20）年の「児童福祉法等の一部を改正する法律」では，① 保育者が自宅で乳幼児を預かる家庭的保育事業を保育所の補完として位置づけること，② 乳児家庭全戸訪問事業，養育支援訪問事業，地域子育て支援拠点事業，一時預かり事業の導入，市町村の努力義務，③ 里親制度の拡充，④ 児童自立支援援助事業（自立援助ホーム）の新規入所対象児童を18歳未満から20歳未満に拡大すること，⑤ 児童養護施設等の職員による虐待，子ども間の暴力の放置を「被措置児童等虐待」として，発見者の児童相談所等への通告義務を課すことなどが盛り込まれた。2010（平成22）年には子育てを社会が担うという理念のもと，すべての児童（中学生以下）に所得制限なしの「子ども手当」（同年度は半額の13,000円）の支給が導入されたが，その後，与野党の政治的折衝の結果，2012年度には廃止され，従来の児童手当に一本化された。

(5) 児童虐待防止をめぐる法制度の動向

　児童虐待は児童の心身の発達と人格形成に多大なる影響を与える。2000年（平成12）年に「児童虐待の防止等に関する法律」（通称：児童虐待防止法）が制定され，過去の幾多の児童虐待の事件を検証し，2度と繰り返さないために再度「改正児童福祉法」が2019年6月19日に成立した。同法の改正のポイントは，① 親がしつけに際して体罰を加えることを禁止すること，② 民法の「懲戒権」（民法822条：親権を行う者は，第820条の規定による監護及び教育に必要な範囲内でその子を懲戒することができる）は施行後2年を目途に見直しを検討すること，③ 児童相談所の一時保護と保護者支援の担当を分ける，④ 児童相談所には医師と看護師を配置すること，⑤ 学校や教育委員会，児童福祉施設の職員に守秘義務を課す，⑥ 都道府県などは親への再発防止の指導を行うように努めること，⑦ 家族が引っ越した場合に児童相談所間で速やかに情報を共

有することなどである。

　今回の児童福祉法の改正により，児童虐待の事件が減少することが期待されるが，改正法を施行するにあたって多くの課題も散見される。たとえば，①児童相談所における専門職性の強化（たとえば福祉専門職である社会福祉士の配属を増やす），②児童相談所の職員の増員（職員1人当たりのケース件数が多すぎる），③児童相談所と他機関・施設（たとえば警察，児童福祉施設等）との連携強化，④児童相談所の迅速な対応，⑤専門職養成施設である大学・短大等の教育内容（特に実習）の充実，⑥児童相談所における介入者と支援者の連携と担当者同士の効果的引継ぎのタイミングの構築などがあげられる。地域社会全体で児童虐待に対する関心を高め，住民同士の情報共有や連携・協働が求められる。

（6）子どもの貧困をめぐる法制度の動向

　近年，わが国においても，世界有数の経済大国である一方で，経済格差の拡大とともに，子どもの貧困問題も深刻化しており，教育や生活を保障する法制度の拡充が急務となっている。その対策のひとつとして，2013（平成25）年，「子どもの貧困対策の推進に関する法律（子どもの貧困対策推進法）」が成立し，翌年より施行されている。この法律は，子どもの将来がその生まれ育った環境によって左右されることのないよう，貧困の状況にある子どもが健やかに育成される環境を整備するとともに，教育の機会均等を図るため，子どもの貧困対策を総合的に推進することを目的としたものである。また，2019（令和元）年には，改正子どもの貧困対策推進法が成立し，子どもの貧困対策の計画策定を市区町村の努力義務とし，自治体を通じて，地域の実情に合ったかたちで対策をより強化することで，子ども一人ひとりに支援が届きやすくなるような取り組みが図られている。

参考文献

辻村泰夫『児童福祉学（お茶の水大学家政学講座）』光生館，1970年

宮脇源次・村形光一・瓜巣一美・豊福義彦『新版・児童福祉入門』ミネルヴァ書房，1982年

高島進『社会福祉の歴史』ミネルヴァ書房，1995年

エドワード・ローソン編・宮崎繁樹監訳『人権百科事典』明石書店，2002年

新保育士養成講座編集委員会『新保育士養成講座 第5巻 社会的養護』全国社会福祉協議会，2011年

成清美治『私たちの社会福祉』学文社，2012年

プロムナード

　日本が抱えている深刻な問題として，少子化の問題があります。その原因のひとつとして，女性の晩婚化・晩産化が指摘されています。この傾向には，女性の自立意識の向上と結婚観の変化が影響していると考えられています。

　近年，女性のライフスタイルは多様化しており，未婚や既婚を問わず，何らかの仕事を持つ女性が増えています。実際，ここ数年の女性の就労率は年々向上しています。その一方で，合計特殊出生率は先進国のなかでも最も低く1.4台を推移しています。平成30年の人口動態統計（概数）によると，生まれた子どもの数（出生数）は91万8,397人と過去最少で，3年連続で100万人を割り込んでいる。また，女性が生涯に産む子どもの推定人数を示す「合計特殊出生率」は1.42で，3年連続で減少しており，政府が掲げる2025（令和7）年までに出生率1.8の目標を達成することが厳しい見通しとなっている。

　諸外国に目を向けると，福祉先進国として評価される北欧諸国（デンマーク，スウェーデン，ノルウェー，フィンランド，アイスランド）においては，女性の就業率は高く，各国とも合計特殊出生率も日本より高くなっています。北欧諸国の納税率は高いのですが，教育・福祉・医療サービスは原則無料で，年金も充実しているため老後の生活も安心です。このシステムは女性の就業率の向上にも影響しています。北欧諸国では，女性の就労に伴って，働きやすい環境（たとえば，労働時間の短縮，保育所の設立，交通機関の充実，居住環境の向上等）が整備されてきました。

　女性のみならず，出生率の向上や子育て支援につながってきました。

　わが国においても，安心して"子どもを育む"ことができるような社会づくりを目指して，社会全体として働きやすい環境を整備し，仕事と生活の両立を図るワークライフバランス（work life balance）を確立していくことが求められています。

学びを深めるために

銭本隆行『デンマーク流「幸せの国」のつくりかた』明石書店，2012年

　幸福度の高い国として評価される，福祉国家デンマークとはどのような国なのか。その特徴を示す項目ごとに，子育てや教育システムも含めて，わかりやすく説明されている。

　他国の事情に目を向けることで，日本の現状やこれからのあり方について考えてみよう。

第 3 章

社会的養護と
子ども家庭福祉

子ども家庭福祉の一分野としての社会的養護

（1）児童福祉から子ども家庭福祉への流れと社会的養護の位置づけ

　子ども家庭福祉とは，これまでの児童福祉に代わる新たな表現で，子どもを保護的な福祉（ウェルフェア）の対象から，主体的な自己実現（ウェルビーイング）をめざす存在へと転換し，かつ子どもを育てる環境としての家庭を支援の対象として位置づけたものである。

　高橋重弘（1998年）は，伝統的な「児童福祉」と新たな「子ども家庭福祉」の違いを図表3－1のようにまとめている。これによれば，子ども家庭福祉は，児童福祉に比べて，より子どもを主体にした理念で構成されており，対象も児童だけではなく，子育て家庭を含めた幅広いものとなっていることがわかる。

　このような児童福祉から子ども家庭福祉への転換にあって，社会的養護のあり方についても，要保護児童を施設に入所させてケアするという従来からの保護的な福祉観にとどまらず，家庭的環境を重視しながら，社会全体で子どもと子育て家庭を支えていくものへと変化している。

> **ウェルビーイング**
> 　個人の権利を保障し，自己実現をめざし，理想的な目標として掲げる福祉を意味するソーシャルワークの理念に基づく事業や活動の達成された状態。（基礎知識より）

図表3－1　伝統的な「児童福祉」と新たな「子ども家庭福祉」

項　目	児童福祉	子ども家庭福祉
理　念	ウェルフェア 児童の保護	ウェルビーイング（人権の尊重・自己実現） 　子どもの最善の利益 　自己見解表明権 自立支援 　エンパワーメント 　ノーマライゼーション
子ども観	私物的我が子観	社会的我が子観
対　象	児　童	子ども，子育て家庭（環境）
サービス提供のスタンス	供給サイド中心	自立支援サービス 利用者サイドの権利の尊重
モデル	Illness model	Wellness model
性格・特徴	救貧的・慈恵的・恩恵的（最低生活保障）	権利保障（市民権の保障）
	補完的・代替的	補完的・代替的 支援的・協働的（パートナー）
	事後処理的	事後処理的 予防・促進・啓発・教育 （重度化・深刻化を防ぐ）
	行政処分・措置	行政処分・措置（個人の権利保障を担保） 利用契約
	施設入所中心	施設入所・通所・在宅サービスとのコンビネーション ケースマネジメントの導入 セフティ・ネットワーク（安全網）
対　応	相談が中心	相談・トリートメント・家族療法等
権利擁護	消極的	積極的 子どもの権利擁護サービス （救済・代弁・調整） ・子どもの権利・義務ノート等の配布 ・ケア基準のガイドライン化 ・子ども虐待防止の手引き

出所）高橋重宏『子ども家庭福祉論―子どもと親のウェルビーイングの促進』放送大学教育振興会，1998年，p.13を一部改変

(2) 子ども家庭福祉における社会的養護

　わが国における子ども家庭福祉施策において，社会的養護の制度的な源流は，1947（昭和22）年の児童福祉法制定まで遡ることができる。児童福祉法制定以前にも，孤児院と呼ばれる身寄りのない子どもを収容する施設は存在していたが，児童福祉法制定当時，わが国は第2次世界大戦での敗戦による荒廃状態にあり，国民全体が貧困のなか，戦災孤児などの身寄りのない子どもを保護し，かつすべての子どもに対して健全に育つ環境を整備することは，国家として喫緊の課題だったといえよう（第4章1（1）参照）。

　この児童福祉法制定当時の社会的背景から考えれば，その頃の社会的養護は，旧来の児童福祉の理念に依っており，育てる親が存在しない子どもに対して，社会がその子どもの養育に責任を持つということを強く意識した，施設入所中心による最低生活保障を目的とするものであった。つまり，社会的養護のなかでも施設養護の拡充が施策のなかで大きな役割を担っていたといえる。

　その後，社会情勢の変化とともに子どもを取り巻く環境も大きく変化し，虐待や望まない出産等，親の事情により家庭で育てられない子どもの社会的養護のニーズが増えてきた。また，子どもに対する捉え方も，児童の権利に関する条約（子どもの権利条約）など国際的な流れのなかで，従来の大人による保護を前提とした受動的な権利主体から，一人の人間として大人と変わらない能動的な権利主体として認められるようになってきた。

　1980年代頃からは，児童福祉に代わる概念として，前述の子ども家庭福祉や児童家庭福祉といった表現が用いられはじめ，これは，子どもの福祉を家庭と切り離して考えるのではなく，子育ての場としての家庭支援を含めて子どもの福祉を考えるとともに，従来の保護的，救済的な福祉観から，子どもの自立や自己実現をめざした権利保障的な福祉観への転換でもあった。

　このような状況のなか，児童福祉法も改正を重ね，養護の必要な子どもを家庭から離す前に，まず子どもを養育できる家庭環境を支える方向に変化してきている。2016（平成28）年の児童福祉法改正では，前述の第1条および第2条が改められ，第2条には，「児童の保護者は，児童を心身ともに健やかに育成することについて第一義的責任を負う」（第2項）と保護者の第一義的責任を明確にし，また第3条の2で，「国及び地方公共団体は，児童が家庭において心身ともに健やかに養育されるよう，児童の保護者を支援しなければならない。ただし，児童及びその保護者の心身の状況，これらの者の置かれている環境その他の状況を勘案し，<u>児童を家庭において養育することが困難であり又は適当でない場合にあつては児童が家庭における養育環境と同様の養育環境において継続的に養育されるよう，児童を家庭及び当該養育環境において養育することが適当でない場合にあつては児童ができる限り良好な家庭的環境において養育されるよう</u>，必要な措置を講じなければならない」（下線部筆者）と，家庭養護

児童の権利に関する条約

　1989年に国連総会で採択され，わが国は1994年に批准している。前文に人権の尊厳と平等，人間の価値と自由，無差別，家庭保護，児童のニーズへの援助，児童の人格の発達，平和・友愛の精神など13項目があり，条文は3部54条から成っている。

が困難な場合であっても，できる限り家庭と同様の環境における養育を実現できるよう定め，特別養子縁組による永続的解決（パーマネンシー保障）や，里親やファミリーホームなど家庭的環境での養育を求めている。

　このように，子ども家庭福祉における社会的養護においては，すべての子どもの権利保障や権利擁護といったウェルビーイングをめざす点で，その役割は一層重要なものとなってきている。

(3)「新しい社会的養育ビジョン」にみるこれからの社会的養護

　子ども家庭福祉における社会的養護のあり方が，より家庭に近づけたものへと変化し，求められる役割も重要化するなかで，2011（平成23）年，児童福祉施設最低基準が見直され，それと並行して厚生労働省は「社会的養護の課題と将来像」（児童養護施設等の社会的養護の課題に関する検討委員会・社会保障審議会児童部会社会的養護専門委員会）をとりまとめた。このなかで，社会的養護の基本的方向を，① 家庭的養護の推進，② 専門的ケアの充実，③ 自立支援の充実，④ 家族支援，地域支援の充実とし，児童福祉施設ごとに課題と将来像をまとめ，社会的養護における課題解決を進めてきたが，現実には十分な実績を上げたとはいえない部分もあり，特に施設養護における地域内での家庭的養護の環境づくりや，永続的な解決を保障することへの提言がなされていないことなど，今後の子ども家庭福祉の方向性を考えるうえで不十分な面もあった。

　そのため，時代に合わせた社会的養護をより効果的に推進するため，2016（平成28）年の児童福祉法の改正を受け，政府（厚生労働省）は，「社会的養護の課題と将来像」を全面的に見直し，2017（平成29）年に「新しい社会的養育ビジョン」（新たな社会的養育の在り方に関する検討会報告）を示した。

　この「新しい社会的養育ビジョン」では，社会的養護について，通常は保護者とサービス提供者の契約で行われる子どもへの支援が，行政判断によって行われ，サービスの開始と終了に行政機関が関与している場合を社会的養護とし，また，養育において，子どもと保護者が分離している場合を代替養育としている。その上で，「代替養育は，本来は一時的な解決であり，家庭復帰，親族との同居，あるいは，それらが不適当な場合の養子縁組，なかでも特別養子縁組といった永続的解決を目的とした対応を，児童相談所は，里親や施設と一致してすべての子どもに対して行われなければならず，漫然とした長期間にわたる代替養育措置はなくなる必要がある」と，代替養育に依存してきた現状からの脱却を強く求め，永続的解決を保障する特別養子縁組を推進するため，児童相談所によるフォスタリング業務（里親制度に関する包括的業務）の強化，質的向上をめざすものとなっている。そして，その実現のための工程を定め，各工程に目標期限を定めている（図表3－2）。

　「新しい社会的養育ビジョン」の進捗については，2019（平成31）年4月の，

永続的解決（パーマネンシー保障）

　ある年齢に到達することによって措置が切れる限定的な問題解決ではなく，要保護児童に永続的に人間関係や生活環境を保障する考え方に基づく解決法。

フォスタリング業務

　里親のリクルート及びアセスメント，里親に対する研修，子どもと里親家庭のマッチング，里親養育への支援といった業務をフォスタリング業務といい，児童相談所や，委託を受けた民間機関など，これらを包括的に実施する機関をフォスタリング機関という。

「資料集『社会的養育の推進に向けて』」（厚生労働省子ども家庭局家庭福祉課）では，社会的養護の現状として，2007年から2017年の統計から「過去10年で，里親等委託児童数は約2倍，児童養護施設の入所児童数は約2割減，乳児院が約1割減となっている」とまとめられており，「新しい社会的養育ビジョン」の方向性に沿った施策が推進されていることが示されている。なお，児童養護，乳児院の施設数は同じ10年でそれぞれ1.1倍，1.2倍に増加しているが，これも施設の小規模化，地域分散化が進んでいる結果といえる。また，この資料では，児童虐待報告件数の増加と，それに伴う社会的養護の量・質の拡充の必要性や，社会的養護を必要とする児童における障害等のある児童の増加も指摘されている。

2　子どもの権利擁護と社会的養護

（1）社会的養護における子どもの人権

1）子どもの権利を守るための社会的養護

　子どもの権利擁護についての考え方は，児童の権利に関する条約（子どもの権利条約，国連，1989年）以降，従来からの保護される存在としての受動的権

図表3-2　新しい社会的養育ビジョン（要約）

① 意　義

●平成28年児童福祉法改正の理念を具体化
　⇒「社会的養護の課題と将来像(H23.7)」を全面的に見直し，「新しい社会的養育ビジョン」に至る工程を示す

＜平成28年児童福祉法改正＞
◆子どもが権利の主体であることを明確にする
◆家庭への養育支援から代替養育までの社会的養育の充実
◆家庭養育優先の理念を規定し，実親による養育が困難であれば，特別養子縁組による永続的解決（パーマネンシー保障）や里親による養育を推進

② 骨　格

●市町村におけるソーシャルワーク体制の構築と支援メニューの充実を図る
◆保育園における対子ども保育士数の増加，ソーシャルワーカーや心理士の配置
◆貧困家庭の子ども，医療的ケアを要する子どもなど，状態に合わせてケアを充実
◆虐待，貧困の世代間連鎖を断つライフサイクルを見据えたシステムの確立
◆虐待の危険が高く集中的な在宅支援を要する家庭に対する分離しないケアの充実

●代替養育の全ての段階において，子どものニーズに合った養育を保障
◆代替養育は家庭での養育が原則，高度に専門的なケアを要する場合「できる限り良好な家庭的な養育環境」を提供し，短期の入所が原則
◆フォスタリング業務の質を高める里親支援事業等の強化，フォスタリング機関事業の創設
◆児童相談所は永続的解決を目指し，適切な家庭復帰計画を立て市町村・里親等と実行，それが不適当な場合は養子縁組等のソーシャルワークが行われるよう徹底

③ 実現に向けた工程

●29年度から改革に着手し，目標年限を目指し計画的に進める（市町村支援の充実による潜在的ニーズの掘り起こし，代替養育を要する子どもの数の増加可能性に留意）

＜市町村の子ども家庭支援体制の構築＞
・子どものニーズにあったソーシャルワークをできる体制の確保【概ね5年以内】
・支援メニューの充実【30年度から開始，概ね5年後までに各地で行える】
・在宅措置，通所措置の支援内容に応じた公費負担制度の構築【できるだけ早く】

＜児童相談所・一時保護改革＞
・中核市による児童相談所設置が可能となるような計画的支援【法施行後5年目途】
・養育体制の強化等により，子どもの権利が保障された一時保護【概ね5年以内】
・養子縁組推進を図るソーシャルワークを行える十分な人材確保【概ね5年以内】

＜里親への包括的支援体制（フォスタリング機関）の抜本的強化と里親制度改革＞
・フォスタリング機関による質の高い里親養育体制の確立【32年度には全国実施】
・フォスタリング機関事業実施のためのプロジェクトチームの発足【29年度中】
・新しい里親類型（一時保護里親，専従里親等）の創設【33年度を目途】

＜永続的解決（パーマネンシー保障）としての特別養子縁組の推進＞
・「特別養子縁組制度の利用促進の在り方」報告に沿った法制度改革【速やかに】
・児童相談所と民間機関が連携した養親・養子支援体制の構築【一日も早く】
・年間1,000人以上の特別養子縁組成立【概ね5年以内】

＜乳幼児の家庭養育原則の徹底と，年限を明確にした取組目標＞
・全年齢層にわたる里親委託率向上に向けた取組【今から】
・3歳未満:75%以上【概ね5年以内】，3歳以上・就学前:75%以上【概ね7年以内】学童期以降:50%以上【概ね10年以内】

＜子どものニーズに応じた養育の提供と施設の抜本改革＞
・ケアニーズに応じた措置費・委託費の加算制度の創設【できるだけ早く】
・小規模化，地域分散化，常時2人以上の職員配置【概ね10年以内】

＜自立支援（リービング・ケア，アフター・ケア）＞
・ケア・リーバー（社会的養護経験者）の実態把握，自立支援指針の作成【30年度まで】
・代替養育機関，アフターケア機関の自立支援の機能を強化【概ね5年以内】

＜担う人材の専門性の向上など＞
・社会的養護に係る全機関の評価を行う専門的評価機構の創設【概ね5年以内】
・業務統計や虐待関連統計の整備，データベースの構築【概ね5年以内】
・防げる死から子どもを守る制度，Child Death Review制度の確立【概ね5年以内】

＜都道府県計画の見直し，国による支援＞
・「社会的養護の課題と将来像」に基づく都道府県計画について，「新しい社会的養育ビジョン」に基づく見直し【30年度末まで】

出所）長野県社会福祉審議会事務局「新しい社会的養育ビジョン【要約編】」平成29年度長野県社会福祉審議会児童福祉専門分科会 資料3（長野県子ども・家庭課ホームページより）https://www.pref.nagano.lg.jp/kodomo-katei/kateitekiyougosuishinkeikaku/sakutei.html（2020年1月17日閲覧）

利に加え、子どもであっても、一人の人格として大人と同様の主体的な権利を
有するものであるという認識に変化してきている。わが国も1994（平成6）年
に批准しているが、その後も国連子どもの権利委員会による勧告を複数回受け
ており、まだ十分に権利擁護がなされているとはいえないのが実情である。

　もちろん、わが国もその状況を良しとしているわけではなく、さまざまな法
整備を進めており、2016（平成28）年の児童福祉法改正では、第1条に、「全
て児童は、児童の権利に関する条約の精神にのつとり、適切に養育されること、
その生活を保障されること、愛され、保護されること、その心身の健やかな成
長及び発達並びにその自立が図られることその他の福祉を等しく保障される権
利を有する」、また第2条で、「全て国民は、児童が良好な環境において生まれ、
かつ、社会のあらゆる分野において、児童の年齢及び発達の程度に応じて、そ
の意見が尊重され、その最善の利益が優先して考慮され、心身ともに健やかに
育成されるよう努めなければならない」と、児童の権利に関する条約に沿った
子どもの権利保障を法の趣旨とし、子どもの意見の尊重と、最善の利益の優先
といった、子どもを権利主体とする考え方が明記されている。

　しかし、一方で、わが国の伝統的な子ども観として、子どもを親の付属物と
みなし、子どもの人生を親が決定する考え方も根強く残っており、「しつけ」
と称した虐待や、貧困や障害のある子どもの将来を悲観した結果の一家心中、
「長男は家を継ぐべき」といった出生順位による子どもの将来の方向付けなど、
子どもの最善の利益を奪う親の行為は後を絶たない。また、親の死亡、行方不
明、拘禁などによる家庭での養育困難のため、育つ環境そのものが十分でない
場合もある。

　このような場合、社会的養護による子どもの権利擁護が重要となる。特に子
どもの生命に関わるような場合、行政措置として保護を要する子どもを養育者
（親）から分離し、安心安全な生活環境を確保することによって子どもの権利
を擁護する。実際に、児童養護施設に入所している児童の59.5%に被虐待経験
があり（厚生労働省「児童養護施設入所児童等調査」2013年2月による）、虐待か
らの保護のために、施設養護が果たしている役割が大きくなっていることがわ
かる。

　しかしながら、この対応は、あくまでも子どもの生命の保護のためのもので
あって、国際的に求められている子どもの主体的権利を擁護するところまでは
至っていない。前節で述べた永続的解決のための家庭的養護の推進や、施設養
護にあっても家庭と同様の環境づくりによる子どもの自立支援に向けた権利の
保障が求められている。

2）社会的養護における子どもの権利擁護

　社会的養護においては、子どもの権利を守るためさまざまな基準が設けられ
ている。

　施設養護では，「児童福祉施設の設備及び運営に関する基準」（昭和23年厚生省令第63号）が厚生労働省令で定められている。これは児童福祉法制定当初の「児童福祉施設最低基準」を現状に合わせて抜本的に改正したもので，児童福祉施設における最低基準を定める一方，第4条で，「児童福祉施設は，最低基準を超えて，常に，その設備及び運営を向上させなければならない」と基準に甘んじない運営を求めている。そして第5条で，「児童福祉施設は，入所している者の人権に十分配慮するとともに，一人一人の人格を尊重して，その運営を行わなければならない」と入所している子どもたちの人権擁護を規定し，職員についても，第7条で，「児童福祉施設に入所している者の保護に従事する職員は，健全な心身を有し，豊かな人間性と倫理観を備え，児童福祉事業に熱意のある者であつて，できる限り児童福祉事業の理論及び実際について訓練を受けた者でなければならない」，また第七条の二で，「児童福祉施設の職員は，常に自己研鑽に励み，法に定めるそれぞれの施設の目的を達成するために必要な知識及び技能の修得，維持及び向上に努めなければならない」と，職員の要件や知識・技能の向上についても定めている。その上で，施設種別ごとにさまざまな基準が設けられ，施設入所に伴う子どもの権利に不利益が生じないようにしている。

　また，家庭的養護においては，施設養護同様に「里親が行う養育に関する最低基準」（平成14年厚生労働省令第116号）が発出されており，また，「里親委託ガイドライン」（平成23年3月30日厚生労働省雇用均等・児童家庭局長通知）において，「里親は子どもの最善の利益を実現する社会的養護の担い手であり，子どもにとって，最も近くで子どもの権利擁護を実践するものである。子どもが里親家庭のもとで安全で安心して生活するとともに，子どもが自分の意見を述べることを保障することは，子どもの成長にとって重要である」と，里親による子どもの権利擁護を求めている。

　このように，社会的養護の場においては，子どもの権利が侵害されることがないよう制度的には整備されているが，実際の施設養護の現場では，集団規範の維持のために個々の権利が制限されることもあり，また入所児どうしのトラブルによる権利侵害の発生といった事案も起こりうる。職員による虐待や不適切な養育についても，本来あってはならないが，毎年のようにマスコミで報道されている。家庭的養護においても実子との差をつけた養育や，虐待には十分注意をしなければならない。

> **里親委託ガイドライン**
> 　里親委託を積極的に活用し，そのために児童相談所や里親支援機関，児童福祉施設などの関係機関が協働していくためのガイドライン。厚生労働省から2011年に発出され，翌年には，より充実した内容に改正されている。

（2）社会的養護と子どもの虐待

　児童虐待の防止等に関する法律（平成12年法律第82号，以下，児童虐待防止法）では，18歳未満の子どもに対して，身体的虐待，心理的虐待，性的虐待，ネグレクトを行うことを禁止しているが，児童虐待の件数は増えており，2018

（平成 30）年度の児童相談所での児童虐待相談対応件数は，速報値で 159,850 件と，対前年度比 119.5％で約 2 万 6 千件の増加と，過去最多となっている。

虐待に対する対応として，通告・相談を受けた児童相談所は，緊急受理会議を開催して初期対応を検討し，受理後 48 時間以内に安全確認を実施，緊急保護の必要性を判断する。緊急保護が必要とされた子どもは，児童相談所内にある一時保護所に入所し，保護される。その後，虐待の解消に向けて家族関係の修復を試み，その結果，家庭での生活の継続が困難であると判断された場合には，施設入所または里親委託の措置がとられることになる。

厚生労働省が 5 年おきに実施している「児童養護施設入所児童等調査」（2015年）では，2013（平成 25）年 2 月 1 日現在の結果として，「養護問題発生理由」は，虐待を理由とするものが多く，里親委託児の 16.5％が「養育拒否」であり，児童養護施設児の 18.1％が「父又は母の虐待・酷使」，14.7％が「父又は母の放任・怠だ」となっている（図表 3 - 3）。

また，同調査による「被虐待経験の有無及び虐待の種類」では，里親委託児の 31.1％，児童養護施設児で 59.5％，情緒障害児短期治療施設（現，児童心理治療施設）で 71.2％と，非常に高い割合で，被虐待経験のある子どもが存在している（図表 3 - 4）。

虐待を受けた子どもに対しては，その子どもが心身ともに健全に成長し，社会的自立に至るまでを支援することが重要であり，そのための専門的なケアが必要となる。

厚生労働省の「子ども虐待対応の手引き」（子ども虐待対応の手引きの改正について（厚生労働省雇用均等・児童家庭局総務課長通知，2007 年））では，施設入所中の子どもへの心理的援助について，虐待のために家族から分離されて施設に入所することは，保護者からの虐待によるトラウマ（心理的外傷体験）に加え，保護者を失ったことによるトラウマという二重のトラウマを生じさせる可能性が

一時保護所

児童福祉法第 33 条によって，一時保護を必要とする児童の措置が決定するまでの行動観察および各種の調査指導するための施設。児童相談所に付設されており，設備や運営は児童養護施設に準ずる。

トラウマ

幼児期の虐待，離別，挫折などのように，強い不安や恐怖や屈辱の感情をともなう自我にとって耐えがたい，苦痛で対処できない心の傷。客観的な事実より，その人がその体験をどう受け止めているかが重要視される。

図表 3 - 3　養護問題発生理由別児童数

	児童数							構成割合（％）						
	里親委託児	養護施設児	情緒障害児	自立施設児	乳児院児	ファミリーホーム児	援助ホーム児	里親委託児	養護施設児	情緒障害児	自立施設児	乳児院児	ファミリーホーム児	援助ホーム児
総　数	4,534	29,979	1,235	1,670	3,147	829	376	100.0	100.0	100.0	100.0	100.0	100.0	100.0
父の放任・怠だ	46	537	27	77	9	13	8	1.0	1.8	2.2	4.6	0.3	1.6	2.1
母の放任・怠だ	431	3,878	133	268	340	84	17	9.5	12.9	10.8	16.0	10.8	10.1	4.5
父の虐待・酷使	124	2,183	161	152	82	58	45	2.7	7.3	13.0	9.1	2.6	7.0	12.0
母の虐待・酷使	249	3,228	214	129	186	73	35	5.5	10.8	17.3	7.7	5.9	8.8	9.3
棄　児	94	124	5	6	18	19	1	2.1	0.4	0.4	0.4	0.6	2.3	0.3
養育拒否	750	1,427	78	65	217	71	28	16.5	4.8	6.3	3.9	6.9	8.6	7.4

出所）厚生労働省雇用均等・児童家庭局「児童養護施設入所児童等調査結果」2015 年から抜粋

図表 3 − 4　被虐待経験の有無及び虐待の種類

| | 総　数 | 虐待経験あり | 虐待経験の種類（複数回答） | | | | 虐待経験なし | 不　明 |
			身体的虐待	性的虐待	ネグレクト	心理的虐待		
里親委託児	4,534 100.0%	1,409 31.1%	416 29.5%	71 5.0%	965 68.5%	242 17.2%	2,798 61.7%	304 6.7%
養護施設児	29,979 100.0%	17,850 59.5%	7,498 42.0%	732 4.1%	11,367 63.7%	3,753 21.0%	10,610 35.4%	1,481 4.9%
情緒障害児	1,235 100.0%	879 71.2%	569 64.7%	70 8.0%	386 43.9%	275 31.3%	318 25.7%	38 3.1%
自立施設児	1,670 100.0%	977 58.5%	590 60.5%	45 4.6%	525 53.8%	287 29.4%	589 35.3%	104 6.2%
乳児院児	3,147 100.0%	1,117 35.5%	287 25.7%	1 0.1%	825 73.9%	94 8.4%	1,942 61.7%	85 2.7%
母子施設児	6,006 100.0%	3,009 50.1%	1,037 34.5%	102 3.4%	617 20.5%	2,346 78.0%	2,762 46.0%	235 3.9%
ファミリーホーム児	829 100.0%	459 55.4%	189 41.2%	45 9.8%	292 63.6%	134 29.2%	304 36.7%	66 8.0%
援助ホーム児	376 100.0%	247 65.7%	131 53.0%	38 15.4%	124 50.2%	96 38.9%	89 23.7%	38 10.1%

（注）総数には，不詳を含む。
出所）厚生労働省雇用均等・児童家庭局「児童養護施設入所児童等調査結果」2015 年

あるとし，この 2 つのトラウマを軽減していくための心理療法的アプローチと，トラウマによる不適応行動を施設職員が「問題行動」として捉えないためのコンサルテーションを行っていく必要があるとしている。

　そして，施設入所によって問題が解決するのではなく，その子どもの心の傷を癒し，不適切な養育環境下での発達の偏りを修正していくことで，全人的な自立を促し，虐待が連鎖しないように将来に向けた計画的な支援が求められる。

　児童養護施設等では，入所した子ども一人ひとりに対して，自立支援計画の策定が義務付けられており，児童相談所と連携しながら適切なアセスメントを行い，「子ども自立支援計画ガイドライン」に沿って，退所後を見据えた支援計画を立てる。なお現在は，この「子ども自立支援計画ガイドライン」をベースにした「子ども・若者ケアプラン（自立支援計画）ガイドライン」（みずほ情報総研，2018 年）が用いられている。

> **子ども・若者ケアプラン（自立支援計画）ガイドライン**
> 複雑かつ深刻化する子どもの問題に対応するために，子ども，家庭及び地域社会に対する的確なアセスメントと，これに基づいた適切なケアプラン（自立支援計画）・継続支援計画を策定するため，児童相談所や児童福祉施設などの職員向けに作成されたガイドライン。

（3）子どもにおける人権擁護の課題

　子どもの人権擁護を考える時，いじめ，虐待，貧困，体罰，児童ポルノなど，さまざまな問題をあげることができる。法的な整備もなされているが，これらの問題に関連した事件が毎日のようにマスコミで話題になっているわが国の状況は，子どもの権利擁護についての理解や，子どもを守る環境がまだまだ脆弱であるということでもある。

　ここでは，社会的養護に関連の深い人権擁護の課題として，施設内での虐待，障害のある子どもの支援，自立への支援をあげて考察する。

1）施設内での虐待

　児童虐待防止法は，親による虐待を禁止しているだけでなく，親に代わり子どもを監護する者による虐待も禁じており，児童福祉施設の長もこれに該当すると解釈される。しかし高齢者虐待防止法（平成 17 年法律第 124 号）や障害者虐待防止法（平成 23 年法律第 79 号）のように施設職員による虐待を禁じた条項は規定されていない。これに対し，児童福祉法第 33 条の 10 で，児童福祉施設等の職員による被措置児童等に対する虐待行為について，「一　被措置児童等の身体に外傷が生じ，又は生じるおそれのある暴行を加えること。二　被措置児童等にわいせつな行為をすること又は被措置児童等をしてわいせつな行為をさせること。三　被措置児童等の心身の正常な発達を妨げるような著しい減食又は長時間の放置，同居人若しくは生活を共にする他の児童による前二号又は次号に掲げる行為の放置その他の施設職員等としての養育又は業務を著しく怠ること。四　被措置児童等に対する著しい暴言又は著しく拒絶的な対応その他の被措置児童等に著しい心理的外傷を与える言動を行うこと」と定め，また同法第 33 条の 11 で，「施設職員等は，被措置児童等虐待その他被措置児童等の心身に有害な影響を及ぼす行為をしてはならない」と，その行為を明確に禁止している。

　施設職員による入所児童等への虐待はあってはならないことであるが，ここでは，3 号に規定する他の児童等による虐待行為の放置も，施設職員による虐待行為とみなされるところに注目したい。2019（平成 31）年 3 月に発表された，「児童養護施設等において子ども間で発生する性的な問題等に関する調査研究報告書」（平成 30 年度厚生労働省委託事業，みずほ情報総研）によれば，多くの児童福祉施設で，「子どもが当事者となって生じた子ども間での性的な問題」が確認されており，施設側がその対応に苦慮していることがわかる。性的好奇心が高まるような年齢層の子どもたちが共同生活をするなかで，この問題は避けられないが，被害が表面化しにくく対応が遅れがちになることも否定できない。しかしながら，性暴力等は人権上の大きな問題であり，もしそれが児童福祉施設という構造の上に生じている可能性があるのであれば，その対策を疎かにすることはできない。

2）障害のある子どもの支援

　「児童養護施設入所児童等調査」（2015 年）による「心身の状況別児童数」では，里親委託児の 20.6％，養護施設児の 28.5％が「障害等あり」の状況にあり，内訳では，知的障害や発達障害の割合が高い。また，この数値は 5 年前の前回調査時よりも増えており，これは，社会的養護の場において通常の養育の提供だけでなく，特別な支援ニーズを必要とする子どもたちが増えているということである。

　一方で，児童福祉施設の現状の職員配置では，これらの子どもたちに対する

ケアが十分にできる環境であるとは言い難く，職員の加算配置などの対応を行っているものの，障害に起因する不適応行動等に対して，適切な支援が提供できない事態が生じている。また里親においても，専門里親のニーズが増えているが，なり手が少ないのも実情である。

　十分な支援が提供できないなかでの障害のある子どもたちは，施設職員から，手のかかる「厄介な子」とされやすく，叱られたり，行動を制限されたりと，自己肯定感が育ちにくい状況に陥りやすい。これは，障害のある子どもたちの権利擁護上，極めて深刻な問題であり，一人ひとりの特性に応じた支援が提供できる養育環境を整えることは，喫緊の課題であるといえる。

3）自立への支援

　子ども家庭福祉における究極の目標は，子どもの自立である。すべての子どもたちは，社会的養護が必要な環境であっても，適切な支援と発達保障を受け，それぞれの年齢における自立が促されなければならない。

　しかしながら，特別養子縁組のような永続的解決を除き，社会的養護は18歳までを基準とした限定的な支援システムでしかなく，個人の状況によらず18歳を区切りに社会的養護の仕組みから外れ，大人として「自立」させられる。

　このような状況で，社会的養護環境にある子どもたちが，安心して自立できるための支援は十分であるとはいえず，引き続き支援のニーズがある子どもに対してできることは，18歳以降の措置延長や，児童自立生活援助事業による自立援助ホームの活用などに限られ，特に施設入所が長期化している子どもたちは，年齢の区切りによって支援が途切れる事態に直面してしまう。

　また，措置が延長されたとしても20歳まで（自立援助ホーム入所中の大学生は22歳まで）となる。そのため，多くの子どもが高校卒業以降，大学や専門学校に進学し，将来の経済的，職業的な自立と安定を図ろうとするなか，社会的養護環境にある子どもたちは，そのためのサポートが得にくい状況で，社会に出ていかなくてはならない。

> **自立援助ホーム**
> 　児童自立生活援助事業として1998年施行の改正児童福祉法第6条に位置づけられた施設。義務教育終了後の子どもで，児童福祉施設の措置が解除された者の自立を図るため，共同生活を営むべき住居において相談や生活指導を行う。

　国としても，この状況は子どもの権利保障上の課題として捉えており，2017（平成29）年には，社会的養護自立支援事業を創設し，児童養護施設等を退所した者に対して，必要に応じて居住に関する支援，生活費の支給，生活相談，就労相談などの支援を行うこととしているが，施設退所者が安心して暮らせる社会環境をつくっていくことは，単に行政上の課題ではなく，地域住民一人ひとりが主体的に取り組んでいくべき課題でもある。

（4）社会的養護における保育士等の倫理と責務

1）専門職に求められる倫理

　社会的養護を含め，社会福祉に関わる専門職には専門的な知識，技術だけでなく，高い倫理観が求められる。社会的養護における支援では，その人の人生

に深く入り込むことになり，知られたくないプライバシーを知ることにもなる。対象が被虐待児であれば，虐待によって傷ついた心のケアにも当たらなければならない。障害のある子どもに対しては，障害を受容するとともにその子どもの強さを引き出し，個人として尊重する姿勢が求められる。支援に対し高い熱意と倫理観を備えた者でなければ，子どもの安心，安全は保障できない。また，社会福祉において，本来は対等な関係性であるべき利用者と支援者であるが，実際には支援者の方が優位になりがちである。もし，倫理観に欠けた支援者であれば，利用者の権利は守られず，逆に害を与えることにもなりかねない。加えて，社会的養護の現場は，保育，福祉，教育，司法，心理，医療などさまざまな専門職が支援に関わる場であり，自己の専門性を保ちつつ，他職種の専門性を尊重できる協働性も求められる。

　そのため，児童福祉施設の設備及び運営に関する基準（昭和23年厚生省令第63号）では，職員の一般的要件（第7条），職員の知識・技能の向上（第7条の2），入所者への差別的取り扱いの禁止（第9条），虐待の禁止（第9条の2），懲戒権の濫用禁止（第9条の3），秘密保持（第14条の2）といった，職員としてあるべき要件や禁止事項を定めている。

　また，社会的養護に関わる施設においては，それぞれ「施設運営指針」（厚生労働省雇用均等・児童家庭局長通知，2012年）が定められており，そのなかで職員の資質向上についても，あるべき状態が示されている。たとえば，「児童養護施設運営指針」においては，「職員の質の向上に向けた体制の確立」として，① 組織として職員の教育・研修に関する基本姿勢を明示する。② 職員一人一人について，基本姿勢に沿った教育・研修計画を策定し，計画に基づいた具体的な取組を行う。③ 定期的に個別の教育・研修計画の評価・見直しを行い，次の研修計画に反映させる。④ スーパービジョンの体制を確立し，施設全体として職員一人一人の援助技術の向上に努める。の4項目について，具体的に取り組むべきことがらをあげている。

　このように，社会的養護に関わる専門職は高い倫理観を持って職務にあたり，日々研鑽に努め，業務の質的向上をめざすことが責務として要求されている。

2）専門職の倫理綱領

　前述のように，専門職にはその専門性を維持向上させ，関わる人びとから信頼されるための倫理的規範が求められる。

　保育士にあっては，全国保育士会が倫理綱領を制定しており，法的拘束力はないものの保育士業務の指針となっている（図表3-5）。

　全国保育士会倫理綱領には，子どもの最善の利益の尊重，保護者との協力，プライバシーの保護，チームワークと自己評価など，保育士が子ども家庭福祉の現場で求められる倫理基準が網羅されている。同様の倫理綱領は社会福祉士等，他の専門職においても制定されており，専門職が業務において倫理的ジレ

<hr>

施設運営指針

「社会的養護の課題と将来像」で指摘された施設運営等の質の向上を図るため，運営理念等を示したもの。児童養護施設運営指針，乳児院運営指針，児童自立支援施設運営指針等，施設種別ごとに策定されている。

<hr>

全国保育士会

1956年に「子どもたちの真の幸福を守るために保母は手をつなぎ，たちあがろう！」という呼びかけに賛同した人たちの手によってつくられた保育士，保育教諭の全国組織。

会員数18万6千人余（2018年3月時点）。保育の質の向上や専門性の向上，保育士の処遇改善などの活動を行っている。

図表3-5　全国保育士会倫理綱領

全国保育士会倫理綱領

　すべての子どもは，豊かな愛情のなかで心身ともに健やかに育てられ，自ら伸びていく無限の可能性を持っています。

　私たちは，子どもが現在（いま）を幸せに生活し，未来（あす）を生きる力を育てる保育の仕事に誇りと責任をもって，自らの人間性と専門性の向上に努め，一人ひとりの子どもを心から尊重し，次のことを行います。

　　　私たちは，子どもの育ちを支えます。
　　　私たちは，保護者の子育てを支えます。
　　　私たちは，子どもと子育てにやさしい社会をつくります。

（子どもの最善の利益の尊重）
1．私たちは，一人ひとりの子どもの最善の利益を第一に考え，保育を通してその福祉を積極的に増進するよう努めます。
（子どもの発達保障）
2．私たちは，養護と教育が一体となった保育を通して，一人ひとりの子どもが心身ともに健康，安全で情緒の安定した生活ができる環境を用意し，生きる喜びと力を育むことを基本として，その健やかな育ちを支えます。
（保護者との協力）
3．私たちは，子どもと保護者のおかれた状況や意向を受けとめ，保護者とより良い協力関係を築きながら，子どもの育ちや子育てを支えます。
（プライバシーの保護）
4．私たちは，一人ひとりのプライバシーを保護するため，保育を通して知り得た個人の情報や秘密を守ります。
（チームワークと自己評価）
5．私たちは，職場におけるチームワークや，関係する他の専門機関との連携を大切にします。
　また，自らの行う保育について，常に子どもの視点に立って自己評価を行い，保育の質の向上を図ります。
（利用者の代弁）
6．私たちは，日々の保育や子育て支援の活動を通して子どものニーズを受けとめ，子どもの立場に立ってそれを代弁します。
　また，子育てをしているすべての保護者のニーズを受けとめ，それを代弁していくことも重要な役割と考え，行動します。
（地域の子育て支援）
7．私たちは，地域の人々や関係機関とともに子育てを支援し，そのネットワークにより，地域で子どもを育てる環境づくりに努めます。
（専門職としての責務）
8．私たちは，研修や自己研鑽を通して，常に自らの人間性と専門性の向上に努め，専門職としての責務を果たします。

社会福祉法人全国社会福祉協議会
全国保育協議会
全国保育士会

出所）柏女霊峰監修，全国保育士会編『改訂2版　全国保育士会倫理綱領ガイドブック』全国社会福祉協議会，2018年

ンマに陥った時の判断基準となるものである。

参考文献

成清美治・吉弘淳一編著『児童や家庭に対する支援と児童・家庭福祉制度』学文社，2011年

吉田幸恵『社会的養護の歴史的変遷─制度・政策・展望』ミネルヴァ書房，2018年

宮島清・林浩康・米沢普子編著『子どものための里親委託・養子縁組の支援』明石書店，2017年

浅井春夫・黒田邦夫編著『〈施設養護か里親制度か〉の対立軸を超えて』明石書店，2018年

仲村優一・一番ケ瀬康子・右田紀久恵監修『エンサイクロペディア社会福祉学』
　　中央法規，2007年
子どもの権利に関する研究会編『Q＆A子どもをめぐる法律相談』新日本法規，
　　2011年

プロムナード

　　私自身に子育て経験がなかった頃，子どもの発達相談に関わっていました。
その時，お母さんからの相談を受けて，特に問題ないと判断し，「しばらく
様子を見ましょう」と答えることが結構ありました。専門的な知見で見れば，
親の心配が過剰なのであって，本来まったく問題ないのですが，万一のこと
があっては困るので，「様子を見ましょう」という都合のよい言葉を使って
いたのです。
　　しかし，自身が子育てをするようになって，私はこの対応を痛烈に反省し
ました。わが子のことは，どんなに些細なことであっても心配なのです。あ
の時，私が対応したお母さんたちは，本音のところでどんなに失望していた
でしょう。私は，親の不安を解消することをせず，逆に不安を持続させる言
葉を返していたのです。
　　「様子を見ましょう」という言葉は，問題を先送りにできる都合のよい言
葉です。しかしそれは，専門職にとってのみ「都合のよい」言葉であって，
利用者視点では，非常に不誠実なものだといえます。専門家だからこそ間
違ったことは言えません。しかし間違ったことを言わないでおくために曖昧
な言葉に逃げていては本末転倒です。そんなことに気づけなかったのは未熟
な私だけかもしれませんが，今の子ども家庭福祉におけるさまざまな問題を
見ていると，責任逃れの専門職がたくさんいるような気がしてなりません。
専門職には，親の思い，子の思いを，我がこととして捉える力が必要ではな
いでしょうか。

学びを深めるために

木村草太編『子どもの人権をまもるために』晶文社，2018年
　　最近のさまざまな社会問題を例にあげ，どうすれば子どもの権利が守れるか
　を論じている。法に守られた社会の温かみを，守られていない子どもたちにい
　かに近づけていくか，とても考えさせられる。
日本弁護士連合会子どもの権利委員会編著『子どもの権利ガイドブック第2版』
　明石書店，2017年
　　いじめや体罰，校則など，日常的に語られる子どもの権利侵害について，法
　律を根拠に子どもたちを守る方法を具体的に述べている。日頃から意識をして
　いないと権利は簡単に侵されてしまうことに気づく。

第 4 章

社会的養護の制度と実施体系

1　社会的養護の制度と法体系

（1）児童福祉法

　子ども家庭の福祉は，いろいろな法律との連携によって実施されているが，児童福祉法は，子ども家庭の福祉の基本法ともいえる。

　児童福祉法は，子どもが良好な環境において生まれ，かつ，心身ともに健やかに育成されるよう，すべての子どもの福祉を支援する法律である。戦後間もない時期の1947年に制定されて以来，時代や社会の変化と共に改正が重ねられ，現在の内容となっている。

1）子どもの福祉を保障するための原理

　児童福祉法の第1条では，児童の権利に関する条約の精神を児童福祉法の理念に掲げ，福祉が等しく保障される権利の主体としてすべての子どもを位置付けている。子どもは自らの人生の主人公であり，保護や救済の単なる対象から自ら選びながら成長していく権利をもっているということである。

　児童福祉法第2条第1項では，児童の権利に関する条約の核となる子どもの意見表明権の尊重や子どもの最善の利益の保障に関わる内容を規定している。子どもの意見を聴いて尊重することは，子どもの願いや思いに応え，子どもの最善の利益を確保するために不可欠である。なお，乳幼児の意見表明に関して，2005年の国連・子どもの権利委員会の「一般的意見第7号」では，乳幼児は「すべての権利の保有者」であると強調され，意見表明権が乳幼児にもあることを改めて確認している。また，法第2条第2項は，子どもの健全育成における第一義的責任は子どもの保護者にあること，さらに，法第2条第3項は，国・地方公共団体における子どもの健全育成に対する責任を明確化している。

2）国及び地方公共団体の責務

　児童福祉法第3条の2は，「国及び地方公共団体は，児童が家庭において心身ともに健やかに養育されるよう，児童の保護者を支援しなければならない。ただし，児童及びその保護者の心身の状況，これらの者の置かれている環境その他の状況を勘案し，児童を家庭において養育することが困難であり又は適当でない場合にあつては児童が家庭における養育環境と同様の養育環境において継続的に養育されるよう，児童を家庭及び当該養育環境において養育することが適当でない場合にあつては児童ができる限り良好な家庭的環境において養育されるよう，必要な措置を講じなければならない」と規定しており，国及び地方公共団体の責務として，家庭養育優先の原則を掲げ，養子縁組によるパーマネンシー保障や里親による養育を推進することを明確にしている。すなわち，実親による養育が困難な場合には，養子縁組や里親委託が第一義的に検討され，次に小規模ケアやグループホームが検討されることになる。

3）代替養育としての社会的養護に関する規定

　ここでは，児童福祉法に規定される代替養育としての社会的養護を取り上げていく。

　児童福祉法第7条において，児童福祉施設として，助産施設，乳児院，母子生活支援施設，保育所，幼保連携型認定こども園，児童厚生施設，児童養護施設，障害児入所施設，児童発達支援センター，児童心理治療施設，児童自立支援施設及び児童家庭支援センターの12種類の施設を規定しているが，このなかで代替養育（代替養育に準ずるものを含む）としての社会的養護の役割を担う施設は，乳児院（法第37条），児童養護施設（法第41条），児童心理治療施設（法第43条の2），母子生活支援施設（法第38条），児童自立支援施設（法第44条）となる。これら5施設は第一種社会福祉事業である（くわしくは，第5章2（1）参照）。

> **第一種社会福祉事業**
> p.46 参照

　さらに，代替養育としての社会的養護の役割を担うものには，自立援助ホーム（児童福祉法　第6条の3第1項）や，ファミリーホーム（児童福祉法　第6条の3第8項）がある。これらは，第二種社会福祉事業に位置づけられている。

> **乳児院，児童養護施設，児童心理治療施設，母子生活支援施設，児童自立支援施設**
> pp.58-59 参照

・**自立援助ホーム**は，法律上の正式名称では児童自立生活援助事業という。この事業は，義務教育を終了した20歳未満の子どもであって，児童養護施設等を退所したもの又はその他都道府県知事が必要と認めたものに対し，これらの者が共同生活を営む住居において，日常生活上の援助，生活指導，就業支援，相談等を行うものである。

> **第二種社会福祉事業**
> p.46 参照

・**ファミリーホーム**は，法律上の正式名称では小規模住居型児童養育事業という。この事業は，家庭養護を促進するため保護者のない児童または保護者に監護させることが適当でない児童に対し，養育者の住居において児童（定員5〜6人）の養育を行うものである。

　その他，児童福祉法に規定される代替養育としての社会的養護には，**里親**（児童福祉法　第6条の4）がある。

　里親とは，保護者の病気や離婚などさまざまな事情により家族と暮らせない子どもを一時的又は継続的に自己の家庭に迎え入れて養育することを希望し，里親研修を修了後に里親名簿に登録されている人をいう。また，「養育里親」と「養子縁組を前提とする里親」は法律上区分されている。なお，同法第11条第1項第2号において，里親の普及・研修・支援を含めた一貫した取り組みを都道府県（児童相談所）の業務として位置づけている。

4）児童福祉施設の職員や里親等による児童虐待の禁止規定

　児童福祉法第33条の10〜第33条の17の規定により，児童福祉施設の職員や里親等による児童虐待（以下，「被措置児童等虐待」という）を禁止するとともに，都道府県市等が子ども本人からの届出や周囲の者からの通告を受けて，調査等の対応を行い，その状況を都道府県知事等が公表することとしている。さらに，国は被措置児童等虐待の事例の分析を行い，被措置児童等虐待の予防及

び早期発見のための方法や適切な対応に役立つ調査及び研究を行うものとしている。

（2）関連する法令等

1）社会福祉法

　社会福祉法は，社会福祉を目的とする事業の全分野における共通的基本事項を定めるとともに，福祉サービスの質の向上，利用者のサービスに対する満足度やサービス提供者の信頼度を確保・向上させることを目的とする法律である。

　社会福祉法第2条において，「社会福祉事業」とは，第一種社会福祉事業および第二種社会福祉事業をいうと規定している。**第一種社会福祉事業**は，利用者保護の必要性の高い事業（主として入所施設サービス）であり，経営上の安定化が必要となるため，原則として経営主体については，国や地方自治体と社会福祉法人に限定される。その他の者が第一種社会福祉事業を経営しようとするときは，都道府県知事等の許可を得ることが必要になる。一方，**第二種社会福祉事業**は，利用者への影響が第一種社会福祉事業よりも小さい事業（主として在宅サービス）であるので，経営主体は行政や社会福祉法人でなくても届出をすれば事業を行うことができる。

　社会福祉法第65条では，「都道府県は，社会福祉施設の設備の規模及び構造並びに福祉サービスの提供の方法，利用者等からの苦情への対応その他の社会福祉施設の運営について，条例で基準を定めなければならない」と都道府県による社会福祉施設の最低基準の設定について規定している。

　さらに，社会福祉法第82条では，「社会福祉事業の経営者は，常に，その提供する福祉サービスについて，利用者等からの苦情の適切な解決に努めなければならない」とし，利用者保護のために，社会福祉事業経営者による苦情解決の責務を明確化している。

　なお，こうした苦情解決の仕組みが円滑に機能するように，社会福祉事業での苦情解決に取り組む際の参考として，「社会福祉事業者による福祉サービスに関する苦情解決の仕組みの指針」が通知されている。この指針では，苦情解決の体制と，その役割等について示されており，苦情の受付窓口となる「苦情受付担当者」，事業者と利用者双方に対して中立・公平な立場から苦情内容を正確に把握するための「第三者委員（社会福祉士，民生委員児童委員，大学教授，弁護士など）」，苦情の対応結果について責任を負う「苦情解決責任者（施設長，理事等）」を設けることとしている。

2）民　法

　民法とは，国や公共団体などの公的機関が関わらない「私法」（世間一般の人たちのことについて定められた法律）の「一般法」（広く一般的に適用される法律）で「実体法」（権利や義務などの法律上の関係について定めた法律）に分類される

法律である。

民法第792条から第817条の11では，養子縁組に関して規定している。

養子縁組とは，親子関係のない者同士を，法律上の親子関係があるものとすることであり，普通養子縁組と特別養子縁組の2種類がある。

普通養子に関しては，民法第792条から第817条において規定されている。

普通養子縁組とは，養子は戸籍上において実親との親子関係を存続したまま，養親との親子関係をつくることであり，2組の親をもつことになる。したがって，実親と養親の両方に対して，相続する権利や扶養を受ける権利（および義務）をもつことになる。未成年者を養子とするときには，家庭裁判所の許可が必要となる。

特別養子に関しては，民法第817条の2から第817条の11において規定されている。

特別養子縁組制度は，実親が子どもを育てることが困難または不適当であり，家庭に恵まれない子どもに温かい家庭を提供し，その健全な養育を図ることを目的として，1988年に施行された。特別養子縁組の養子は，戸籍上，実親との関係を断ち切り，実子と同じ扱いとなる縁組である。特別養子縁組は，養親になることを望む夫婦の請求に対する家庭裁判所の審判よって成立する。家庭裁判所に審判を請求するときに，養子の年齢が15歳未満までの場合しか特別養子縁組は認められていない（2020年4月から）。

また，民法第818条から第833条には，親権が規定されている。親権とは成年に達しない子を監護・教育し，その財産を管理するために，その父母に与えられた権利・義務の総称である。

3) 民間あっせん機関による養子縁組のあっせんに係る児童の保護等に関する法律

民間あっせん機関による養子縁組のあっせんに係る児童の保護等に関する法律は，養子縁組あっせん事業（養親希望者と18歳未満の児童との間の養子縁組をあっせんする事業）を行う者に対する許可制度を実施し，その業務の適正な運営を確保するための措置を講ずることで，民間あっせん機関による養子縁組のあっせんにおいて，子どもの保護を図るとともに，民間あっせん機関による適正な養子縁組のあっせんの促進を図り，子どもの福祉の増進に資することを目的としている。

同法に基づき，「民間あっせん機関が適切に養子縁組のあっせんに係る業務を行うための指針」が厚生労働省から告示されている。

4) 児童手当法

児童手当法は，子どもを養育している者に児童手当を支給することにより，家庭等における生活の安定に寄与するとともに，将来の社会を担う子どもの健やかな成長に資することを目的とする法律である。児童手当は，15歳に達す

る日以後の最初の3月31日まで（中学校修了前まで）の間にある子どもを養育している者に支給される。児童福祉施設に入所していたり，里親に委託されていたりする子どもについては，施設の長または里親に児童手当が支給される。

5) 児童福祉施設の設備及び運営に関する基準

児童福祉施設の最低基準については，都道府県が，国が定める基準（厚生労働省令で定める基準）に基づき，児童福祉施設の設置・運営状況その他の地域の実情を勘案して，条例でその基準を定めることとなっている。

国が定める「児童福祉施設の設備及び運営に関する基準」（厚生労働省令で定める基準）には，児童福祉施設に共通する事項と，児童福祉施設の種別ごとの基準が設定されている。児童福祉施設に共通する事項には，施設の一般原則，職員の一般的要件，職員の知識及び技術の向上，入所した者を平等に扱う原則，虐待等の禁止，懲戒に係る権限の濫用禁止，衛生管理，食事，秘密保持，苦情への対応などが定められている。児童福祉施設の種別ごとの基準では，乳児院を例にあげると，設備の基準，職員の職種と配置基準，療育のあり方，自立支援計画の策定，業務の質の評価，関連機関との連携，について定められている。

人員配置基準，床面積基準，人権侵害防止等基準については，「従うべき基準」となり，条例の内容はこれに直接的に拘束され必ず適合しなければならない。その他は「参酌すべき基準」となっており，都道府県が十分参酌したのであれば，地域の実情に応じて異なる内容を定めることができる。

なお，乳児院，児童養護施設，母子生活支援施設，児童心理治療施設，児童自立支援施設に関しては，各施設に対して，「自らその行う業務の質の評価を行うとともに，定期的に外部の者による評価を受けて，それらの結果を公表し，常にその改善を図らなければならない」ことを定めており，第三者評価の受審や自己評価の実施ならびにその結果の公表を義務づけている。

6) 里親が行う養育に関する最低基準

厚生労働省令により，「里親が行う養育に関する最低基準」（以下「里親最低基準」という）が定められている。里親最低基準は，里親の行う養育について，子どもの身体的，精神的及び社会的な発達のために必要な生活水準を確保するための基準である。里親は，里親最低基準を遵守するとともに，この基準を超えて，常に，養育の内容を向上させるように努めなければならない。

里親最低基準の内容は，養育に関する一般原則（子どもの自主性を尊重し，基本的生活習慣を確立するとともに，豊かな人間性及び社会性を養い，自立を支援する），平等に養育する原則，虐待等の禁止，教育（学校教育法に基づく義務教育などの必要な教育を受けさせるよう努める），自立支援計画の遵守（児童相談所により作成された自立支援計画に従って養育する），秘密の保持，記録の整備，苦情等への配慮，関係機関との連携，などに関するものである。

（3）児童虐待の防止等に関する法律

　児童虐待の防止等に関する法律（以下，「児童虐待防止法」という）は，子どもの人権を著しく侵害し，心身の成長及び人格の形成に重大な影響を与える保護者による18歳未満の子どもへの虐待を禁止し，虐待を受けた子どもを早期に発見・保護して，自立を支援するための法律である。2000年5月に制定，11月に施行された。一般的には「児童虐待防止法」と呼ばれている。

　児童虐待防止法第2条では，「児童虐待の定義」として，身体的虐待，性的虐待，ネグレクト，心理的虐待の4種類を児童虐待と定めている。

・**身体的虐待**とは，殴る，蹴る，叩く，投げ落とす，激しく揺さぶる，やけどを負わせる，溺れさせる，首を絞める，縄などにより拘束するなどである。
・**性的虐待**とは，子どもへの性的行為，性的行為を見せる，性器を触る又は触らせる，ポルノグラフィの被写体にするなどである。
・**ネグレクト**とは，家に閉じ込める，食事を与えない，ひどく不潔にする，自動車のなかに放置する，重い病気になっても病院に連れて行かないなどである。
・**心理的虐待**とは，言葉による脅し，無視，きょうだい間での差別的扱い，子どもの目の前での家族に対する暴力（DV），きょうだいに虐待行為を行うなどである。

　さらに，児童虐待防止法は，児童虐待の禁止（第3条），児童虐待の予防及び早期発見その他の児童虐待の防止に関する国及び地方公共団体の責務（第4条），児童虐待に係る通告（第6条），子どもの住所又は居所への立入調査（第9条），保育者に対する子どもとの面会や通信の制限〈子どもの施設入所等の措置が取られている場合や一時保護が行われている場合には接近禁止命令を行うことができる〉（第12条），虐待を受けた子どもの保護及び自立の支援のための措置（第13条の3）などを定めている。

2　社会的養護に関わる機関等の種類

（1）児童相談所

　児童相談所は，児童福祉法に基づき，子どもの福祉を守るために設置された公的な専門機関である。各都道府県および政令指定都市（中核市にも設置可）には最低一以上の児童相談所の設置が義務づけられており，都道府県によっては，その規模や地理的状況に応じて複数の児童相談所およびその支所を設置している。

　児童相談所の目的は，子ども（18歳未満）の福祉を図るとともに，その権利

を擁護し，子ども本人，そしてその家庭の問題に対して援助を行うことである。児童相談所の機能は，大きく分けて「市町村への援助」「相談支援」「一時保護」「措置」に分類できる。

- **市町村への援助**：市町村による子ども家庭相談への対応について，市町村相互間の連絡調整，市町村に対する情報の提供その他必要な援助を行う。
- **相談支援**：子どもに関する家庭その他からの相談のうち，専門的な知識及び技術を必要とするものについて，必要に応じて子どもの家庭，地域状況，生活歴や発達，性格，行動等について専門的な見地から総合的に調査，診断，判定し，援助方針を策定して子どもの援助を行う。
- **一時保護**：家庭での虐待で子どもの心身に問題が見られた場合，また保護者の死亡・家出といった問題で子どもの緊急保護が必要となった場合に，一時的に子どもを預かり保護する機能である。児童相談所に付属する一時保護所などで子どもたちは一時的に暮らすことになる。基本的に滞在期間は，最長で2カ月であり，その後は，保護者の元に戻るか，児童養護施設や里親などに預けられることになる。
- **措置**：子どもまたはその保護者を児童福祉司，児童委員，市町村，児童家庭支援センター等に指導させる在宅指導や，子どもを里親へ委託したり，児童福祉施設，指定医療機関等に入所させる等の措置を行う。

児童福祉司

児童福祉司は，行政の任用上の職名であり，児童相談所に配置されて，子どもの保護その他子どもの福祉に関する事柄について相談に応じるとともに，必要に応じて，専門技術に基づいて指導を行ったり，子どもの家庭の調査や社会診断（問題の様相，原因，援助等に関する所見）を行う専門家である。

児童家庭支援センター
p.52 参照

図表4-1　児童相談所における相談援助活動の体系・展開

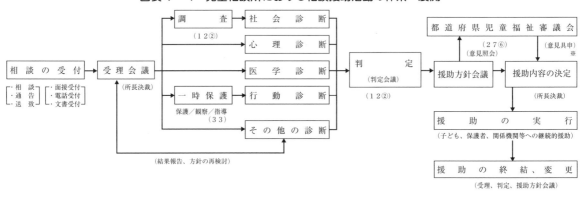

（数字は児童福祉法の該当条項等）

出所）厚生労働省ホームページ

児童相談所で対応している主な相談の内容は，以下のとおりである。

・**養護相談**：保護者のさまざまな事情（病気，行方不明，離婚，死亡等）で家庭での養育が困難，虐待など子どもの人権に関わること，養子縁組等の相談
・**保健相談**：低出生体重児，疾患等に関する相談
・**障害相談**：肢体不自由，視聴覚・言語発達の遅れや吃音・重症心身障害，知的障害，発達障害等に関する相談
・**非行相談**：家出，無断外泊，反抗，乱暴，触法行為，問題行動のある子ども等に関する相談
・**育成相談**：家庭内のしつけ，不登校や引きこもり，落ち着きがないなど子どもの性格行動上の問題などの相談

> **低出生体重児**
> 低出生体重児とは，出生時の体重が 2500g 未満の新生児をいう。また，1500g 未満の新生児を極低出生体重児ともいう。

> **触法行為**
> 触法行為とは，刑罰法令に触れる行為であるが，子ども本人が 14 歳未満であるため刑事責任は問われない行為のこと

（2）福祉事務所

福祉事務所とは，地域住民の福祉の窓口として，社会福祉サービスに関する指導と相談に応じる第一線の行政機関であり，社会福祉法の第14条から17条に規定されている「福祉に関する事務所」のことをいう。都道府県および市（特別区を含む）には福祉事務所の設置が義務づけられているが，町村部においては，設置は任意となっている。

福祉事務所は，福祉六法（生活保護法，児童福祉法，母子及び父子並びに寡婦福祉法，老人福祉法，身体障害者福祉法，知的障害者福祉法）に定める援護，育成又は更生の措置に関する事務を司る社会福祉行政機関である。

主な業務内容は，① 生活に困窮している人の相談や生活保護の決定と実施，② 子どもや妊産婦の実情把握・相談・調査指導，母子生活支援施設および助産施設への入所事務，虐待や要保護児童を発見した際の通告・相談の受理等 ③ ひとり親家庭の実情把握・相談および調査指導等，④ 障害者の実情把握・相談・指導，情報提供，施設への入所事務等，⑤ 高齢者の実情把握，情報提供・相談および調査指導，施設への入所事務等，である。

ただし，都道府県福祉事務所では，福祉六法のうちの三法（生活保護法，児童福祉法，母子及び父子並びに寡婦福祉法）に関する事務を所管している。

なお，福祉事務所は，子ども家庭福祉に関して，地域に密着した相談機能を充実するために，家庭児童相談室を設置している。家庭児童相談室では，家庭における子どもの健全な養育や福祉の向上を目的とし，子どもに関するさまざまな相談（育児，発達，家族関係，福祉サービス利用について等）に家庭相談員による相談対応がなされ，子どもが有する問題又は子どもの真のニーズ，子どもの置かれた環境の状況等を踏まえ，個々の子どもや家庭に即した支援が行われる。さらに，要保護児童対策地域協議会の調整機関となっている場合には，当該協議会の事務統括や地域の関係機関等との連絡調整の役割を担うことになる。

福祉事務所には，社会福祉法第15条に基づいて，「所長」，「指導監督を行う所員（社会福祉主事）」，「現業を行う所員（社会福祉主事）」，「事務を行う所員」が配置されている。

> ### 社会福祉主事
> 社会福祉主事とは，社会福祉法第18条および第19条において，定義づけられている行政業務上の任用資格をもつ福祉事務所の現業員（ケースワーカー）などである。福祉事務所には必置義務となっている。

(3) 児童家庭支援センター

児童家庭支援センターは，子どもや家庭の困りごとに，365日24時間対応するセンターであり，児童福祉法第44条の2において，「地域の児童の福祉に関する各般の問題につき，児童に関する家庭その他からの相談のうち，専門的な知識及び技術を必要とするものに応じ，必要な助言を行うとともに，市町村の求めに応じ，技術的助言その他の必要な援助を行うほか，〜中略〜　あわせて児童相談所，児童福祉施設等との連絡調整その他厚生労働省令の定める援助を総合的に行うことを目的とする施設」と規定されている児童福祉施設である。児童家庭支援センターは，社会福祉法により第二種社会福祉事業に位置づけられている。

「児童家庭支援センター設置運営要綱」では，児童家庭支援センターが行う事業として，① 地域・家庭からの相談に応ずる事業，② 市町村の求めに応ずる事業，③ 都道府県又は児童相談所からの受託による指導，④ 里親等への支援，⑤ 関係機関等との連携・連絡調整，の5つの事業があげられている。

(4) 母子健康包括支援センター

母子健康包括支援センターは，妊娠期から子育て期にわたる切れ目のない支援を行うセンターであり，主な事業内容は，① 妊産婦及び乳幼児等の実情を把握すること，② 妊娠・出産・子育てに関する各種の相談に応じ，必要な情報提供・助言・保健指導を行うこと，③ 個別の妊産婦等を対象とした支援プランを策定すること，④ 保健医療または福祉の関係機関等との連絡調整を行うこと，である。さらに，地域の実情に応じて，⑤ 母子保健事業（地域の実情に応じて，妊娠に関する普及啓発，妊娠の届出・母子健康手帳の交付，母親学級・両親学級，妊産婦健康診査，妊産婦訪問指導，低体重児の届出，新生児訪問指導，未熟児訪問指導，乳幼児健康診査，予防接種，産前・産後サポート事業，産後ケア事業等の母子保健事業）の実施も含まれる。母子保健法第22条により，母子健康包括支援センターを市町村に設置することが努力義務とされている。

母子健康包括支援センターは母子保健法上による名称であるが，一般的には，「子育て世代包括支援センター」と呼ばれている。

なお，児童福祉法第10条の2の規定に基づく子ども家庭総合支援拠点との違いについてであるが，子ども家庭総合支援拠点は，その管内に所在するすべての子どもとその家庭および妊産婦等を対象とし，その福祉に必要な支援に関する業務を行い，特に要支援児童および要保護児童等への支援業務の強化を図

> ### 母子健康手帳
> 母子健康手帳とは，母子保健法に基づき，妊娠の届出をした者に地方自治体が交付する手帳であり，妊娠，出産，乳幼児期の一貫した健康記録である。

> ### 新生児訪問指導
> 新生児訪問指導とは，母子保健法の第11条に定められた事業であり，基本的に生後28日以内の新生児がいる家庭において，育児上の必要が認められるときに，医師，保健師，助産師又はその他の職員がその新生児の保護者を訪問し，必要な指導を行うものである。

るものである。

　このため，母子健康包括支援センターにおいて，把握した要支援児童及び要保護児童等に対して，切れ目ない支援を提供し，子育て支援施策と母子保健施策との連携や調整を図って，より効果的な支援にしていくために，子ども家庭総合支援拠点と母子健康包括支援センターが一体的に支援を実施することが求められている。

(5) 要保護児童対策地域協議会（子どもを守る地域ネットワーク）

　要保護児童対策地域協議会とは，市町村などの地方公共団体が，虐待や非行などさまざまな問題を抱えた養育支援を特に必要とする子どもやその保護者，妊婦に関し，地域の関係者間で情報の交換と支援の内容について協議を行うために設置する機関である（児童福祉法第25条の2）。

　要保護児童対策地域協議会は，市町村の児童福祉担当部局，児童相談所，児童福祉施設（保育所・児童養護施設など），市町村保健センター，保健所，医療機関，学校（幼稚園・小学校など），教育委員会，警察や司法関係，NPOなどの子ども家庭の関係機関・団体などによって，地域の実情にあわせて構成される。また，構成する関係機関等のうちから，要保護児童対策地域協議会の運営の中核となる要保護児童対策調整機関（要保護児童等に対する支援の実施状況の把握や関係機関等との連絡調整を行う機関）が指定されることになる。なお，要保護児童対策地域協議会のメンバーには共有された情報について守秘義務が課される。

　要保護児童対策地域協議会設置・運営指針では，要保護児童対策地域協議会の意義として，以下の7点があげられている。

① 要保護児童等を早期に発見することができる。

② 要保護児童等に対し，迅速に支援を開始することができる。

③ 各関係機関等が連携を取り合うことで情報の共有化が図られる。

④ 情報の共有化を通じて，それぞれの関係機関等の間で，それぞれの役割分担について共通の理解を得ることができる。

④ 関係機関等の役割分担を通じて，それぞれの機関が責任をもって関わることのできる体制づくりができる。

⑥ 情報の共有化を通じて，関係機関等が同一の認識の下に，役割分担しながら支援を行うため，支援を受ける家庭にとってより良い支援が受けられやすくなる。

⑦ 関係機関等が分担をしあって個別の事例に関わることで，それぞれの機関の限界や大変さを分かち合うことができる。

要支援児童

　要支援児童とは，保護者の養育を支援することが特に必要と認められる児童（要保護児童を除く）。児童福祉法第6条の3第5項に定義される児童（要保護児童を除く）。

要保護児童
p.2 参照

**子ども家庭
総合支援拠点**

　子ども家庭総合支援拠点とは，地域のすべての子どもとその家庭及び妊産婦等に対して，専門的な相談や地域資源を活用した情報提供，訪問等による継続的な支援を一体的に担うための機能を有する拠点である。

参考文献

相澤譲治・今井慶宗編著『子どもと社会的養護の基本』学文社，2017 年

伊藤嘉余子・福田公教編著『社会的養護』ミネルヴァ書房，2018 年

厚生労働省ホームページ　https://www.mhlw.go.jp/index.html（2019 年 2 月 5 日
　閲覧）

児童育成協会監修『新基本保育シリーズ 6　社会的養護Ⅰ』中央法規，2019 年

中央法規編『社会保障の手引　2019 年版』2018 年

成清美治・加納光子編著『現代社会福祉用語の基礎知識［第 13 版］』学文社，
　2019 年

プロムナード

　法令についてお話ししたいと思います。法令とは，日本国憲法，法律と命令を包括した呼称であります。日本国憲法は，国で一番強い規範であり，すべての法令は憲法に違反できません。法律は，国会の決議を経て制定される法規範です。また，命令とは，国会の決議を経ずに行政官庁が制定する法規範であり，政令（内閣が制定する命令であり，法律の規定を実施するための「執行命令」と法律の委任に基づいて制定される「委任命令」がある），勅令（天皇が発した法的効力のある命令），省令（各府省の大臣が発する命令，内閣府の場合には「府令」となる），規則（地方公共団体が制定する法規範）が含まれます。

学びを深めるために

社会的養護の当事者参加推進団体日向ぼっこ『施設で育った子どもたちの居場所
　「日向ぼっこ」と社会的養護』，明石書店，2009 年

　この本は，すでに施設を出て社会人となった社会的養護の当事者である若者たちが中心となって社会的養護をより良いものとしたいという想いから執筆し，自分たちの気持ちや体験，希望を語っている。施設で生活している子どもたちの気持ちの理解へのヒントを与えてくれる。

第 **5** 章

施設養護の実際

1　施設養護とは

（1）施設養護と要保護児童

　要保護児童とは，何らかの理由により家庭において生活することができなくなった児童である。本来子どもは生命を授かり，家族のもとでその成長を見守られながら，慈しみのなかで保護者との愛着関係を形成し発達を遂げていく。この，発達の要は生涯にわたり，人間形成の基礎となり，他者への信頼関係と人を愛することの基礎となる。

　子どもがあるべき最善の場所は家庭である。しかしながら，親からの虐待や両親の離婚，望まれない出生や貧困などの理由により子どもは自らの意思に反して家庭にとどまることができない場合がある。児童福祉法第 6 条の 3 第 8 項では「保護者のない児童又は保護者に監護させることが不適当であると認められる児童」を要保護児童と規定している。このような状況になった子どもは，児童相談所等を経て社会的養護のなかで養育されることとなる。

　社会的養護の体系は施設養護と家庭養護に大別される（p.58，図表 5 - 1 参照）。本章では，そのうちの施設養護の状況について述べていく。

（2）施設養護における子どもの最善の利益

　2016 年 6 月 3 日に改正・公布された児童福祉法は，「児童の福祉を保障するための原理の明確化」を前面に打ち出している。改正のポイントは，第 3 条に示されるように「前 2 条に規定するところは，児童の福祉を保障するための原理であり，この原理は，すべて児童に関する法令の施行にあたって，常に尊重されなければならない」とある。前 2 条，すなわち第 1 条，第 2 条は『児童の権利に関する条約』の精神に則り，すべての子どもが心身の健やかな成長と自立が図られ，その他の福祉を等しく保障される権利を有すると明記し，その実現のためには，すべての国民の義務として子どもの意見が尊重され，その最善の利益が優先して考慮され，心身ともに健やかに育成されるよう努めなければならないとしている。

　児童福祉法第 2 条第 2 項・第 3 項では，保護者は，児童を心身ともに健やかに育成することについて第一義的な責任を負うのであるが，その責任を全うすることができない状況が生じたときには，国及び地方公共団体が児童の保護者とともに，児童を育成する責任を負うことも明記し，児童の福祉を保障するためのセーフティーネット（safety net）の役割を担う。社会的養護の根幹は，このことに根差しており，施設養護において護られるべき子どもの最善の利益とは，児童福祉法に謳われるように，「子どもの権利擁護」にほかならない。

　2016 年の児童福祉法の改正を受けて，社会的養護も抜本的に見直された。社会的養護推進の基本的な枠組みは，2017 年に出された厚生労働省の「社会

<table>
<tr><td>

子どもと児童

　児童福祉法では「児童」と表記しているが，家庭における生活および福祉に関しては，「子ども家庭福祉」と表記するため，本文中では「児童」と「子ども」を併用している。
</td></tr>
</table>

<table>
<tr><td>

児童の権利に関する条約

　（Convention on the Rights of the Child）1989 年，国連総会において採択され，わが国は 1994 年に批准した。前文に人権の尊厳と平等，人間の価値と自由，無差別，家庭保護，児童のニーズへの援助，児童の人格の発達，平和・友愛の精神など 13 項目があり，条文は 3 部 54 条から成っている。
</td></tr>
</table>

的養育の推進に向けて」[1] により具体的に示されている。子どもの育ちを家庭とともに護り，家庭の機能を補完するための施設は，「家庭的」な環境に近づける努力が為されている。図表 5 − 1 に示したように，施設養護に代わる家庭養護の重要性が認識されてはいるものの，質的にも量的にも，施設にとって代わるだけのものとは成り得ていないのが現状である。こうしたことを背景として，社会的養護における施設養護の存在価値と役割について考えていく。

(3) 施設養護の形態

　施設には建物の規模や定員の枠組みにより大舎制，中舎制，小舎制という分け方がある。「大舎制とは建物規模が大きく，個々の居室において生活していても食事や入浴，学習など生活の基本的な部分は共同の空間・設備を利用し，共通する日課に基づいて生活している形態をいう。大舎制は管理面では機能する反面，利用者のプライバシーに欠ける面が指摘されている。また，複数の職員が関わるため職員間の融通性はあるが，利用者にとっては安定した個別的な関りに難点がある。

　小舎制とはいくつかの小グループ（8 〜 12 人くらい）に分かれて，それぞれ一戸の建物で生活する形態をいう。また，建物が大規模であっても建物内で分割された形態をとっている場合も該当する。職員は担当グループごとに配属され，食事や入浴，学習など家庭的雰囲気に近い状況で基本的生活を各グループで過ごす。

　小舎制は利用者にとって安定した個別的な関係構築が可能となる利点はあるが職員個々の負担は大きく，長期間の勤続が困難となるなどの課題がある。中舎制はこれらの中間形態にあたる[2]」。

　いずれの規模の施設においても，日常生活の一日の流れは概ね以下のとおりである。

```
平日　　 6：30　起床，掃除
        7：00　朝食，登校準備
        7：50　登校
        9：00　登園（幼稚園，こども園，施設内設置の保育室）
       12：00　昼食
       15：30　下校，降園
              宿題など，おやつ
       18：00　夕食
       18：30　就寝
              （20：00 幼児，20：30 小・低学年，21：00 小・高学年，
               23：00 中・高生）
```

　休日は起床時間が少し遅くなったり，自分のしたいことをしたりする時間も

ある。しかしながら，基本的には集団での行動が求められるため，『児童の権利に関する条約』および児童福祉法によって明示されている「社会のあらゆる分野において，児童の年齢及び発達の程度に応じて，その意見が尊重され，その最善の利益が優先して考慮」されるという，権利の保障には至っていないのが現状である。

2　大規模施設養護について

（1）社会的養護における施設養護の実施体系

　本章では，施設を実際に子どもたちが生活する場という枠組みから捉えていく。生活の場としての施設が，社会的養護の仕組みの全体から見てどのように配置されているのかについて，体系的に学ぶことが目的である。社会的養護の実践の場を，体系的に捉えると図表 5 － 1 の通りである。

　社会的養護は里親およびファミリーホーム（小規模住居型児童養育事業）3) の系列である「家庭養護」と，施設への入所による「施設養護」の 2 つの流れに大別される。施設養護の場は，「母子生活支援施設」「乳児院」「児童養護施設」「児童心理治療施設」「児童自立支援施設」「自立援助ホーム（児童自立生活援助事業）」「福祉型障害児入所施設」「医療型障害児入所施設」などがある。

　これらの社会的養護における生活の場は，児童福祉法により規定されており，ここでは施設養護の系列から，6 施設について根拠となる児童福祉法による位置づけを見ていくことにする。

1）母子生活支援施設（第 38 条）

　母子生活支援施設は，配偶者のない女子又はこれに準ずる事情にある女子及

大規模施設養護

　入所児童児童数が 100 人を超えるような大きな施設を指す。大舎制とも言われている。現在では施設の小規模化とともに家庭的養護が推進されるようになってきている。

図表 5 － 1　社会的養護の体系

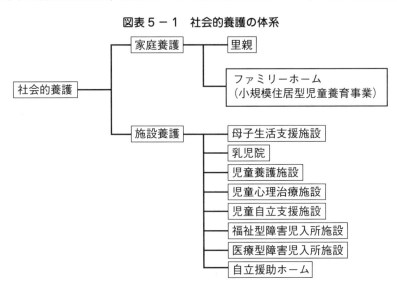

出所）厚生労働省ホームページ「分野別の政策一覧・社会的養護」より筆者作成
　　　https://www.mhlw.go.jp/stf/seisakunitsuite/bunya/kodomo/kodomo_kosodate/syakaiteki_
　　　yougo/index.html（2019 年 9 月 19 日閲覧）

びその者の監護すべき児童を入所させて，これらの者を保護するとともに，これらの者の自立の促進のためにその生活を支援し，あわせて退所した者について相談その他の援助を行うことを目的とする施設とする。

2）乳児院（第37条）

乳児院は，乳児（保健上，安定した生活環境の確保その他の理由により特に必要のある場合には，幼児を含む）を入院させて，これを養育し，あわせて退院した者について相談その他の援助を行うことを目的とする施設とする。

3）児童養護施設（第41条）

児童養護施設は，保護者のない児童（乳児を除く。ただし，安定した生活環境の確保その他の理由により特に必要のある場合には，乳児を含む。以下この条において同じ。），虐待されている児童その他環境上養護を要する児童を入所させて，これを養護し，あわせて退所した者に対する相談その他の自立のための援助を行うことを目的とする施設とする。

4）児童心理治療施設（第43条の2）

児童心理治療施設は，家庭環境，学校における交友関係その他の環境上の理由により社会生活への適応が困難となった児童を，短期間，入所させ，又は保護者の下から通わせて，社会生活に適応するために必要な心理に関する治療及び生活指導を主として行い，あわせて退所した者について相談その他の援助を行うことを目的とする施設とする。

5）児童自立支援施設（第44条）

児童自立支援施設は，不良行為をなし，又はなすおそれのある児童及び家庭環境その他の環境上の理由により生活指導等を要する児童を入所させ，又は保護者の下から通わせて，個々の児童の状況に応じて必要な指導を行い，その自立を支援し，あわせて退所した者について相談その他の援助を行うことを目的とする施設とする。

6）自立援助ホーム（第6条の3）

この法律で，児童自立生活援助事業（自立援助ホーム）とは，次に掲げる者に対しこれらの者が共同生活を営むべき住居における相談その他の日常生活上の援助及び生活指導並びに就業の支援（以下「児童自立生活援助」という）を行い，あわせて児童自立生活援助の実施を解除された者に対し相談その他の援助を行う事業をいう。

上記の児童福祉法の条文では，これらの施設の設置目的を具体的に示すとともに，「あわせて退所（院）した者について相談その他の援助を行うことを目的とする」とあるように，入所（入院）中のケアのみならず，退所（退院）した者やその家族が抱える，社会や地域における課題や困難な状況に対して継続して相談を行うアフターケア（after care）について求めている。

アフターケア（after care）

児童養護施設などの児童福祉施設を退所した児童の家庭生活の安定および自立の支援を行うことをいう。2004年の児童福祉法改正により，乳児院，母子生活支援施設，児童養護施設，情緒障害児短期治療施設（現在児童心理治療施設に改称）および児童自立支援施設について，施設の業務として退所した者への相談その他の援助を行うこと（アフターケア）が明確にされた。新しく施設入所直後に行うアドミッションケア（admission care），施設入所中に行うインケア（in care），の後に続くものである。リービングケア（leaving care）はインケアとアフターケアを分断してとらえるのではなく両側面を含めたケアのことである。なお，労災保険でも対象は異なるがアフターケアという語が用いられている。

（2）大規模施設養護の現状と課題

1）大規模施設養護（定員100名以上）の概要

　日本の児童養護の歴史は古く，いわゆる近代施設養護の形態が整ったのは明治期である。度重なる戦争や貧困を背景として孤児院が作られ，まさに「浮浪児の施設収容と保護」が目的であった。最低限の衣食住が確保されたものの，子どもへの個人的な配慮がなされる状況ではなかった。

　第2次世界大戦後，イギリスやアメリカではすでに児童養護の目的を，家庭的な環境で養育し，子どもと養育者との間の愛着形成を結ぶことが必要であるとして，里親や小規模の施設が導入されていった。しかし，日本では大規模施設の需要は高く，これまでは集団養護の現状を変えていく機が熟してこなかった。

　現在，大規模施設は少しずつ変容してきている。ただ，建物を小さくするだけのことであってはならない。

2）大規模施設養護の課題

　前述のように，大規模施設養護の生活の場においては，子ども一人ひとりの個別化が困難である。個として大切にされることは，自己肯定感を高め自分自身や他者をも大切にしようとする心が育つことにつながる。このことは，将来自らの家庭を築いていくうえで重要なことである。

　また，一人の職員が担当する子どもの人数が多ければ，職員を身近なモデルとして道徳的な規範や，関わりをとおして社会性を身につけていくといったことが希薄になってしまう。

3）大規模養護施設から小規模施設養護に向けて

　社会的養護の場の生活の見直しについては，児童養護施設等の社会的養護の課題に関する検討委員会及び社会保障審議会児童部会社会的養護専門委員会において，2011年7月に「社会的養護の課題と将来像」が取りまとめられた。それを受けて2012年，「児童養護施設等の小規模化及び家庭的養護の推進のために」が出され，社会的養護は原則として家庭養護を優先するとともに，施設養護もできる限り家庭的な養育環境の形態に変えていく必要があるとしている[3]。これらについては，すでに『児童の権利に関する条約』（以下条約）において求められてきたことである。

　『条約』では，社会的養護の枠組みを次のように規定している。第20条では，第1項に「一時的もしくは恒久的にその家庭環境を奪われた児童又は児童自身の利益にかんがみ，その家庭環境にとどまることが認められない児童は，国が与える特別の保護及び援助を受ける権利を有する」とし，第2項には「自国の国内法に従い，1の児童のための代替的な監護を確保する」として，第3項に「2の監護には，特に，里親委託，イスラム法のカファーラ，養子縁組又は必要な場合には児童の監護のための適当な施設への収容を含むことができる（後

略）」と里親委託を含め，家庭養護の優先について規定しているが，その他の施設も容認している。

　現在，この意義に沿って，施設の小規模化，地域分散化や里親委託の推進などの家庭的養護の推進，虐待を受けた子どもなどへの専門的ケアの充実，施設運営の質の向上，親子関係の再構築支援，自立支援の充実，子どもの権利擁護，社会的養護の地域化，人員配置の引上げなど，社会的養護の充実を図る取り組みが進められている。

　2012年3月には，児童養護施設の5割が大舎制であった。子ども一人ひとりを個別化し，個人としての尊厳を保障していくことは『条約』の求める子どもの最善の利益を護ることに他ならない。100人を超える入所児童の一人ひとりに向き合うことは困難であろう。しかしながら，わが国の社会的養護の歴史のなかで，戦後間もなく家族を失い，住むところもない，いわゆる戦争孤児となった子どもたちを施設に収容して生活を共にした糸賀一雄の「この子らを世のひかりに」という思想は，あまりにも大きい。

　第2次世界大戦終戦後の児童福祉の夜明けとともに始まった，大規模児童養護施設は，その役割を終えつつある。

3　施設養護の種類とその役割

　社会的養護の基本理念は「子どもの最善の利益のために」と「すべての子どもを社会全体で育む」ということである[4]。子どもと子育てをめぐる社会環境が大きく変化するなかで，虐待を受けた子どもなど保護者の適切な養育を受けられない子どもが増えており，そのような子どもたちを社会全体で公的責任をもって保護し，健やかに育んでいくことが強く求められている。

　社会的養護の施設等において子どもたちの日常生活を支援し，その子どもの育ちを保障していく重要な役割を担うのは保育士であることを自覚し，学びの奥深さを知るとともに，人間性をも磨いていくことが大切である。

糸賀一雄

　糸賀一雄 (1914-1968) 鳥取県に生まれる。1940年に滋賀県吏員となり，戦時中は食糧課課長に就任している。戦後1946年，近江学園設立以来，20年にわたって独自の福祉・教育実践を行った。「精神薄弱児の父」と称される人物である。当時わが国において支配的であった障害者福祉における保護主義的観点—これから再建させねばならぬ健常者社会を障害者から保護する—を引き受けながら，「この子らを世の光に」と願い，その実践のなかから紡ぎ出された「発達保障」論は，糸賀における福祉哲学の到達点といえるだろう。

図表5-2　社会的養護の施設等について

(2016年10月現在)

施設名	か所数(所)	定員(人)	現員(人)	児童福祉法
1．児童養護施設	615	32,605	26,449	第41条
2．乳児院	138	3,895	2,801	第37条
3．児童自立支援施設	58	3,686	1,395	第44条
4．児童心理治療施設	46	2,049	1,399	第43条の5
5．母子生活支援施設	232	4,779世帯	3,330世帯 5,479児童数	第38条
6．自立援助ホーム	143	934	516	第6条の2第1項

出所）厚生労働省家庭福祉課『社会的養護の施設等について』2017年より筆者作成
　　　https://www.mhlw.go.jp/stf/seisakunitsuite/bunya/kodomo/kodomo_kosodate/syakaiteki_
　　　yougo/01.html（2019年9月19日閲覧）

（1）児童養護施設の役割 5)

　児童養護施設は児童福祉法第 41 条の規定に基づき，保護者のない児童，虐待されている児童や，その他子どもの生育環境上養護を要する児童を入所させて養護し，あわせて退所した者に対する相談その他の自立のための援助を行うことを目的とする施設である。また，第 48 条の 2 の規定に基づき，地域の住民に対して，児童の養育に関する相談に応じ，助言を行うよう努める役割も持つ。

　児童養護施設における養護は，児童に対して安定した生活環境を整えるとともに，生活指導，学習指導，職業指導及び家庭環境の調整を行いつつ児童を養育することにより，児童の心身の健やかな成長とその自立を支援することを目的として行うものである。

　児童養護施設における養護の内容は以下のとおりである。

1）生活指導

　児童の自主性を尊重しつつ，基本的生活習慣を確立するとともに豊かな人間性及び社会性を養うことを目標とする。将来自立した生活を営むために必要な知識及び経験を得ることができるように行う。保育士の役割は，基本的な生活習慣を身につけることにおいて，モデルとなることである。

　こうした日々の暮らしを通じて，生涯にわたり，自立した生活を営む上での力となっていく。そのなかには，「自分を大切にすることと他者をも大切にすること」「人を信じ，自らも人に信じられ愛されるということが分かる」「自分の思いを表現するとともに他者の思いにも気づくこと」など，入所までの生活のなかで生きることそのものが否定されてきた子どもたちには，コミュニケーションの支援を通して社会性を養っていくことへの援助が重要になっている。

　児童養護施設入所児童 2 万 9,979 人（内，中学 3 年生以上の年長児童 8,412 人）のうち，児童の心身の状況に関する調査の結果を見ると，8,558 人（28.5%）に「障害等あり」という結果となっている 6)。障害の内訳は，身体虚弱（584 人・1.9%），肢体不自由（101 人・0.3%），視聴覚障害（221 人・0.7%），言語障害（298人・1.0%），知的障害（3,685 人・12.3%），てんかん（369 人・1.2%），ADHD（1,384人・4.6%），LD（352 人・1.2%），広汎性発達障害（1,576 人・5.3%），その他の障害等（2,319 人・7.7%）である。広汎性発達障害というカテゴリーは現在では「自閉症スペクトラム障害」と表記されるが，本稿では調査時点（2013 年）の名称に従っている。また，重複して障害を持つ子どもも含まれるため，合計数は実数を超えている。

　自閉症スペクトラム障害児は診断がついていないものも含めると，知的障害，言語障害，その他の障害のなかにも混在すると思われる。2017 年，筆者の行った施設保育士への聞き取りから児童養護施設の現場では「発達障害者支援法」の定義でいう「発達障害児」は，児童養護施設入所児童のおよそ 30% 程度が

自閉症スペクトラム障害（Autism Spectrum Disorder）

　2013 年，アメリカ精神医学会診断基準は DSM IV-TR（第 4 版）から DSM 5（第 5 版）に改訂された。広汎性発達障害（Pervasive Developmental Disorders），アスペルガー症候群（Asperger Syndrome）は下位分類から消え，自閉症も含めて自閉症スペクトラム障害（Autism Spectrum Disorder）に統一された。

該当するとの報告もあり，特別な支援が求められている。

このような実態から個別に配慮された日常生活支援が重要であり，これらの支援を通して，子ども自身が生きることの尊厳を自覚し，自らが主体的な権利の行使者であることを認識していくのである。

2) 学習指導

学習指導は児童がその適性，能力等に応じた学習を行うことができるよう，適切な相談，助言，情報の提供等の支援により行うものである。被虐待児や家庭崩壊などにより適切に養育されてこなかった子どものなかには，年齢相応の学力を身につけていない子どももいる。また，放任や子どもへの過重な家事および介護の負担を強いていることもある。学校も休みがちになり，学習内容に追随していくことができず，さらに不登校から回復できなくなることもある。

貧困という因子はほとんどの場合，家庭の外面からは気づきにくい。これらのさまざまな生活問題が，否応なく子どもたちに押しかかり，社会的孤立（ソーシャル・エクスクルージョン　social exclusion）に追い込まれていく。

学習指導に当たってはこのような状態で入所してきた子どもを，いきなり学習に向かわせるのではなく，子どもの様子をよく観察し，子ども自身の思いを表出させていく中で，自ら将来について考えることができるような援助が必要である。

3) 職業指導

勤労の基礎的な能力及び態度を育てるとともに，児童がその適性や能力等に応じた職業選択を行うことができるよう，適切な相談，助言，情報の提供等を行う。また，必要に応じて実習や講習等の支援を通して行うものである。

適性や能力に応じた職業選択ということは，「できる・できない」という短絡的な二者択一ではなく，支援者がどのような配慮をすれば子どもにとってわかりやすい環境になるのかということが，支援の一環として準備されている必要がある。このことはICFの概念にも示されている。

4) 家庭環境の調整

児童の家庭の状況に応じ，親子関係の再構築等が図られるように行う。ただし，子どもの最善の利益を護るためには家庭復帰だけが最終目標ではない。

5) 子どものもつ障害への配慮

生活指導の項で詳細に述べたが，子どもの障害に沿った配慮は『障害者の権利に関する条約[7]』で示されている。

第1条（目的）で，「この条約は，全ての障害者によるあらゆる人権及び基本的自由の完全かつ平等な享有を促進し，保護し，及び確保すること並びに障害者の固有の尊厳の尊重を促進することを目的とする」と述べられている。そのうえで特筆すべきは，コミュニケーションについて言及していることである。コミュニケーション，すなわち「意思疎通」とは，言語，文字の表示，点字，

社会的孤立（ソーシャル・エクスクルージョン social exclusion）

一般に，基本的な政治，経済，社会活動に参加できず，社会的に排除された状況をいう。急速に変化する現代社会にあって，個人や地域社会は，失業，低所得，劣悪な住宅，不健康，家族崩壊など，一連の複雑かつ多様な問題を抱えこんでいる。（…後略）

ICF

ICF（国際生活機能分類：International Classification of Functionning, Disability and Health）
2001年5月のWHO総会において採択された新しい障害の考え方。1980年の国際障害分類初版（ICIDH：International Classification of Impairments, Disabilities and Handicaps）を改訂したもの。特徴としては，マイナス面を中心に評価する傾向の強かったICIDHとは異なり，潜在的な力を開発することにつながるプラス面も評価し，障害を中立的価値としてとらえている。心身機能・構造，活動や参加が環境や個人を背景因子として制限されたり，制約されることによって障害は発生し，変化するととらえ，人と環境の相互作用を重視している。

コミュニケーション

コミュニケーションの定義は，人と人との間において共有される情動によって導かれ，相互に発信し応答する気持ちのやりとりである。すなわち，必ず双方向性のものであるため，言語による意思疎通が困難である障害をもつ人にとって，言語に替わる拡大代替言語を提供せねばならない。

触覚を使った意思疎通，拡大文字，利用しやすいマルチメディア並びに筆記，音声，平易な言葉，朗読その他の補助的及び代替的な意思疎通の形態，手段および様式（利用しやすい情報通信機器を含む）などさまざまな手段が網羅されている。「言語」とは，音声言語および手話その他の形態の非音声言語を指し，必ずしも音声によるものに限定していない。

こうした基盤に立って，「障害に基づく差別」を許さず，障害者が他の者との平等を基礎としてすべての人権及び基本的自由を享有したり行使したりすることを確保することが求められている。障害に基づく差別には，合理的配慮の否定が含まれる。「合理的配慮」とは，障害による差別が起きないように講じられる手段のことであり，特にコミュニケーションの支援においては個別の手段を提供する義務がある。

6）地域に開かれた家庭支援

社会的養護の施設の重要な役割として，地域の子育て家庭への子育て支援がある。子育て支援を行うことは，さまざまなリスクを抱える家庭と地域とを繋ぎ，家庭の孤立を防ぐことになる。

（2）乳児院の役割 [8]

乳児は言葉による意思表示ができず，一人では生きていくことができない。このような乳幼児の生命を守り養育する施設が乳児院である。乳幼児の生命維持という基本的な養育機能に加え，被虐待児・病児・障害児などに対応できる専門的な養育機能を持つ。乳児院の在所期間は，半数が短期で，1カ月未満が26％，6カ月未満を含めると48％となっている。短期の利用は子育て支援の役割を担い，長期の在所では，乳幼児の養育のみならず，保護者支援や退所後のアフターケアを含む親子再統合支援の役割が重要となる。

児童相談所の一時保護所は，看護師等の専門職の配置がなく，乳児への対応ができない場合が多い。そのため，乳児については乳児院が一時保護機能を担っている。

乳児院は，児童福祉法第37条の規定に基づき，乳児（保健上，安定した生活環境の確保その他の理由により特に必要のある場合には，幼児を含む）を入院させて，これを養育し，あわせて退院した者について相談その他の援助を行うことを目的とする施設である。また，第48条の2の規定に基づき，地域の住民に対して，児童の養育に関する相談に応じ，助言を行うよう努める役割も持つ。

乳児院における養育の内容は以下のとおりである。

1）発達の保障

乳幼児の心身及び社会性の健全な発達を促進し，その人格の形成に資することとなるものでなければならない。また，乳幼児期は緊急的な対応を求められる場面も多いことから，適切な養育環境が速やかに手厚く保障されるよう努め

なければならない。

2）年齢や発達段階に応じた養育

乳幼児の年齢及び発達の段階に応じて必要な授乳，食事，排泄，沐浴，入浴，外気浴，睡眠，遊び及び運動のほか，健康状態の把握，健康診断及び必要に応じて行う感染症等の予防処置を含む。

乳幼児期における情緒的な安定と豊かな生活体験は，発達の基礎となると同時に，その後の成人期の人生に向けた準備でもある。特定の保育士との愛着形成を保障することは重要なことである。

3）家族環境調整

乳幼児の家庭の状況に応じ，親子関係の再構築等が図られるよう調整を行う。子どもは子どもとして人格が尊重され，子ども期をより良く生きることが大切である。こうしたビジョンのもとに，退所を控えた子どもと，その家族の安定した家族環境を調整していく。

4）地域に開かれた家庭支援

地域の育児相談や，ショートステイ等の子育て支援機能をもち，地域の住民に対して，児童の養育に関する相談に応じ，助言を行う。家庭や地域における養育機能の低下が指摘されている今日，社会的養護の施設には養育のモデルを示すことができるような水準が求められている。

特定の保育士との愛着形成を保障する

乳児院などで保育士と子どもとの間に愛着を深めることは，子どもの最善の利益を保障することに他ならない。担当保育士制は，施設のなかで家庭的な養育を行う基本である。

（3）児童自立支援施設の役割[9]

児童自立支援施設は，児童福祉法第44条に基づき，不良行為をなし，またはなすおそれのある児童，および家庭環境その他の環境上の理由により生活指導等を要する児童を入所または通所させて，個々の児童の状況に応じて必要な指導を行い，その自立を支援し，あわせて退所者について相談等の援助を行うことを目的とする施設である。

また，児童自立支援施設は，第48条の2の規定に基づき，地域の住民に対して，児童の養育に関する相談に応じ，助言を行うよう努める役割も持つ。

児童自立支援施設における自立支援は次のように行われる。

1）自立支援

自立支援は，安定した生活環境を整えるとともに，個々の児童について，児童の適性，能力やその家庭の状況等を勘案して，自立支援計画を策定し，児童の主体性を尊重して，生活指導，学習指導，職業指導および家庭環境の調整を行いつつ，児童への養育や心理的ケア等により，児童の心身の健やかな成長とその自立を支援することを目的として行う。

施設に入所してくる児童は自己肯定感を持てずにいる場合が多い。こうした児童へのケアは，支援員との間の信頼関係を結ぶことから始まる。そのうえで，健康な心身を育み，人や社会との基本的信頼感を確立し，自己肯定感，自尊心，

自立支援計画

自立支援計画とは，児童福祉法第45条第2項に規定される「児童福祉施設運営指針」のなかで策定が義務付けられている。施設の種別ごとに，ガイドラインが示されている。児童の権利を保障し，将来を見通したものとなるよう，アセスメントは見直される。策定された自立支援計画を全職員で共有し，養育・支援は統一かつ統合されたものである必要がある。

自主性，自律性等を形成していく。

　自分はもとより，他者の生命や人格の尊厳，固有の権利を尊重し，自然，社会，人間などあらゆるものとの調和を図りながら共生できる人間性を育成する。日常生活支援を通して行動上の問題の再発防止に向け，自ら行った加害行為などと向き合う。こうした取り組みを通じて自身の課題に気づくことや，被害者への責任を果たす人間性を育成する。

2) 保護者および家族への支援

　保護者や家族との信頼関係を確立することが支援の基盤となる。保護者や家族と子どもとの絆を大切にして，子どもの健全育成や家庭環境の調整などを図る。可能な限り早期の家族再統合や家族の養育機能の再生を実現するための社会資源を調整する。また，その家族が抱えている問題や課題に対して，関係機関と連携して支援するなど，問題の改善や解決を図る。

3) 地域社会への支援

　日常的な地域住民との交流により，相互理解を深め，信頼，連携，支援関係等の構築や発展を図り，地域社会に根ざした開かれた施設を目指すことが求められている。　施設の存在が地域住民の社会資源となるよう，地域の福祉ニーズの把握に努め，それに応じた質の高い福祉サービスの提供を推進する。

(4) 児童心理治療施設の役割 [10]

　児童心理治療施設は，児童福祉法第43条の2の規定に基づき，家庭環境，学校における交友関係その他の環境上の理由により社会生活への適応が困難となった児童を，短期間，入所させ，又は保護者の下から通わせて，社会生活に適応するために必要な心理に関する治療及び生活指導を主として行い，あわせて退所した者について相談その他の援助を行うことを目的とする施設とする。また，第48条の2の規定に基づき，地域の住民に対して児童の養育に関する相談に応じ，助言を行うよう努める役割も持つ。

　児童心理治療施設における治療および生活支援は次のように行われる。

1) 心理療法及び生活指導

　児童の社会的適応能力の回復を図り，施設を退所した後，健全な社会生活を営むことができるように行う。

　治療は，心を癒す体験を積み上げながら，健全な社会生活を営むことができるようになることを目指して行う。生活指導は，治療的観点から，児童の自主性を尊重しつつ，安定した生活の場を提供し，基本的生活習慣を確立するとともに豊かな人間性及び社会性を養い，かつ，将来自立した生活を営むために必要な知識及び経験を得ることができるように行う。

　また，児童精神科医との連携は重要であり，専門的な援助が提供される。

2) 学校教育，学習指導

　児童がその適性，能力等に応じ，主体的に学習に取り組むことができるよう，特別な支援を行うために学校教育の場を用意して行う。社会性を育て，自立して生活するための基礎学力が保障される。

3) 家庭環境の調整

　児童の家庭の状況に応じ，親子関係の緊張を緩和し，家族関係の再構築等が図られるように行う。

(5) 母子生活支援施設の役割 [11]

　母子生活支援施設は，児童福祉法第 38 条の規定に基づき，配偶者のない女子またはこれに準ずる事情にある女子およびその者の監護すべき児童を入所させて，これらの者を保護するとともに，これらの者の自立の促進のためにその生活を支援し，あわせて退所したものについて相談その他の援助を行うことを目的とする施設である。また，第 48 条の 2 の規定に基づき，地域の住民に対して，児童の養育に関する相談に応じ，助言を行うよう努める役割も持つ。

　配偶者からの暴力の防止及び被害者の保護に関する法律（DV 防止法）第 3 条の 4 に定める被害者を一時保護する委託施設としての役割もある。

　母子生活支援施設の支援においては，母親と子どもへのあらゆる人権侵害を許さず，その尊厳を尊重し，生活を守ることを徹底して追求する。

　母子生活支援施設を利用する子どもは，妊産婦をも含む全年齢層の子どもであることから，その心身の発達や発育，成長は一人ひとり異なる。また，子どもの生活体験も多様であり，その環境や大人とのかかわりが，心身の成長に影響を与えることを踏まえ，子どもの状態に応じた支援を行わなければならない。

　母子生活支援施設は児童福祉施設でありながら，その母親も一緒に世帯単位で入所していることが大変重要な特徴である。母親の年齢は 16 歳〜 60 歳代と子ども以上に年齢幅が大きい。抱える課題もさまざまであり，母子生活支援施設はこれらの幅広い年齢の多岐にわたる課題を抱える世帯に対して，日常生活支援を中心として「生活の場」であることに軸足を置いた支援を展開する必要がある。

　母子生活支援施設における支援は次のように行われる。

1) 生活支援

　母親と子どもが共に入所できる施設の特性を生かしつつ，親子関係の調整，再構築等を中心に行う。また，退所後の生活の安定が図られるような援助が個別に行われる。家族としての自立を促進し，自己決定と私生活を尊重して行われる。

2) 相談援助

　個々の家庭生活や稼動の状況に応じ，就労，家庭生活や子どもの養育に関する相談，助言並びに関係機関との連絡調整を行う等の支援を行う。

3) 自立支援計画の策定

　以上の支援の目的を達成するため，母子生活支援施設は，入所中の個々の母親と子どもについて，その家庭の状況を勘案し，より良い支援につなげるために母親と子どもの意向を尊重したうえで，自立支援計画を策定しなければならない。家庭の自立に向けた短期目標を定め，一つひとつのステップが確実に実っていくような計画とする。そのうえで，長期の目標が見出せるようにしていく。

(6) 自立援助ホーム（児童自立生活援助事業）の役割[12]

　自立援助ホームは，児童福祉法第6条の3に基づき，児童自立生活援助事業として位置づけられている。児童自立生活援助事業は，児童の自立を図る観点から義務教育終了後，児童養護施設，児童自立支援施設等を退所し，就職する児童等に対し，これらの者が共同生活を営むべき住居（自立援助ホーム）において，相談その他の日常生活上の援助及び生活指導並びに就業の支援（援助の実施）を行い，あわせて援助の実施を解除された者への相談その他の援助を行うことにより，社会的自立の促進に寄与することを目的とする。

1) 一貫した支援と自立援助ホーム

　自立援助ホームは，社会的養護を必要としながら，福祉，医療，労働，司法などの制度の狭間で支援を受けられなかった子どもたちを対象にしている。施設は「誰一人をも見捨てない」「最後の砦」であるという思いを持つ人びとによって開設された歴史がある。自立援助ホームの目標は，基本的生活習慣や金銭管理，生活技術の獲得を目指す。また，利用者とスタッフとの信頼関係を築き，社会で困難に遭遇した時に相談できる体制の確立が重要となる。

2) アフターケアの重要性

　自立援助ホームの利用者は退居後に，実社会のなかで自活しながらさまざまな失敗を経験し，自分で乗り越えることで地域社会において安定して居住できるようになる。したがって，入居中と同様，退居後においても相談できるような体制を整えることが利用者にとって大切である。

　利用者の65.7%は被虐待経験者であり，家庭において大切にされる経験が乏しく愛着障害を抱えている場合も多い。他者への信頼感を獲得できずにいるため，対人関係に困難を抱えていることが多い。こうしたことから，自己肯定感を持てずに成長してきており，失敗からの立ち直りや新たな目標の設定が困難である。そのため，社会的自立に向けての支援は個別の配慮が必要となる。

3）社会的自立と子どもの最善の利益

　利用者の6割を超える子どもが被虐待経験者であることを鑑みると，その支援には特別の配慮が求められる。深い傷として心に残された，過去の体験は消し去ることが困難である。PTSDとして後から繰り返し蘇ってくるからである。こうした子どもへの治療的な援助は，心理学やソーシャルワーク，医学等の専門性が必要である。

　子ども自身が自己肯定感を高め，レジリエンス（resilience）といわれる回復力を獲得するような援助でなければならない。こうした援助は，アフターケアとして続けて行われることが望ましい。自立援助ホームでの援助は，この意味においても子どもたちの「最後の砦」であり，最善の利益を護ることとなる。

注）

1) 厚生労働省子ども家庭局家庭福祉課『社会的養育の推進に向けて』2017年1月，p.11「社会的養護の基本理念と原理」
   https：//www.mhlw.go.jp/content/000474624.pdf（2019年9月10日閲覧）
2) 成清美治他『現代社会福祉用語の基礎知識（第13版）』学文社，2019年
3) 社会保障審議会児童部会社会的養護専門委員会とりまとめ「児童養護施設等の小規模化及び家庭的養護の推進について」2012年10月
   https://www.mhlw.go.jp/seisakunitsuite/bunya/kodomo/kodomo_kosodate/syakaiteki_yougo/dl/working4.pdf（2019年9月10日閲覧）
4) 2012年3月29日，厚生労働省厚生労働省雇用均等・児童家庭局長通知「児童養護施設運営指針　第I部総論」
5) 同上：「児童養護施設運営指針　第1部　総論」
6) 厚生労働省雇用均等・児童家庭局「児童養護施設入所児童等調査結果」2015年1月
7) 『障害者の権利に関する条約』2014年1月20日公布
8) 2012年3月29日，厚生労働省厚生労働省雇用均等・児童家庭局長通知「乳児院運営指針　第I部総論」
9) 2012年3月29日厚生労働省雇用均等・児童家庭局長通知「児童自立支援施設運営指針」
10) 児童心理治療施設は2016年，情緒障害児短期治療施設を名称変更した。本項は情緒障害児短期治療施設運営指針に基づくものであるが，児童福祉法条文等，改正されたものに書き換えている。「情緒障害児短期治療施設運営指針」2012年3月29日，厚生労働省雇用均等・児童家庭局長通知
11) 「母子生活支援施設運営指針」2012年3月29日，厚生労働省雇用均等・児童家庭局長通知
12) 「自立援助ホーム運営指針」2015年4月17日，厚生労働省雇用均等・児童家庭局長通知

PTSD (Post-Traumatic Stress Disorder)

　心的外傷後ストレス障害。心身に危険が及ぶような極限状況やそのような不安が常時続くような状況で起こる心身障害を指す。具体的には，事故，災害，戦争，幼児の虐待，レイプ等の犯罪による暴力の被害による。症状としては，不眠やフラッシュバック（恐怖体験が生々しく蘇ること）から，被害妄想や鬱状態に移行し，自殺に至ることもある。当初は，1970年代に，アメリカのベトナム戦争帰還兵の症状として研究されたが，日本においても，阪神淡路大震災や地下鉄サリン事件の後遺症などで知られるようになった。

自己肯定感

　成功体験を積み重ねていくことにより，自分の存在価値に気づけるようになっていく。虐待などの後遺症としてのPTSDで失われてきた，「生きていて良いのだ」という思いを高めていく力となる。

レジリエンス (resilience)

　最初，欧米の児童精神医学の領域で，虐待等を乗り越えてきた子どもたちに対して用いられてきた「回復力」を指す臨床概念であった。しかし，当初のような子どもだけでなく，青年や成人も，苦難を乗り越えると，以前よりも実質的な能力の発達が認められることもあるので，近年，ストレングスモデルのキー概念のひとつとしても用いられている。「ストレスの多い状況に対して，うまく対応する能力，柔軟で前向きな適応力」のことである。

プロムナード

母子生活支援施設における子どもへの支援

　母子生活支援施設は児童福祉施設でありながら，子どもと母親が一緒に世帯単位で入所しています。ひとり親家庭での生活の経済的破綻や夫からのDVなど，入所に至る経緯はさまざまです。子育てのさなかに生活の場を失い，さらには職もなく，ようやくたどり着いた安寧の場所なのです。施設では，母親が自立のためのスキルアップやハローワークでの研修などを受けて，施設を退所して自立が図れるように援助していきます。また支援員は，母親が子どもとの豊かな関係性が保てるように，子育てのモデルとなっていきます。

　それと同時に子どもへの支援は大変重要です。貧困である場合には，将来に向けて貧困の連鎖が起こらないように，子どもに対しても経済観念や生活力をつけていくなど，日常生活をとおして自立した生活の基礎を養うような養育が行われます。ある施設では，近隣の子どもたちにも開かれた場を設けて「学習支援」が行われています。支援者として施設の職員の他，地域の民生委員や退職した元教員などのボランティアが当たっています。ここでは月に一度，勉強のあとでカレーライスやおにぎりなどの軽食を提供し，お腹も気持ちも満足する会をもっています。施設のなかだけの閉じられた空間での支援に終わらず，地域のボランティアの方々とのふれあいのなかから，人間関係のスキルや地域の行事などを学ぶ機会ともなっているのです。

学びを深めるために

大江ひろみ・山邊朗子・石塚かおる編著『子どものニーズをみつめる児童養護施設のあゆみ―つばさ園のジェネラリスト・ソーシャルワークに基づく支援』ミネルヴァ書房，2013年

　子どもの最善の利益を護り，子ども自身の権利を主体的に行使するためにたどり着いた「話し合いしよ！」というシステム。暴力根絶の努力の軌跡が描かれている。

第 6 章

家庭的養護の実際

1　家庭的養護の基本原理

(1) 家庭的養護の基本原理と推進

　施設養護のなかで，児童養護施設などにおいて養育環境の小規模化による家庭的な養育環境を目指して取り組まれているのが家庭的養護である。具体的には地域小規模児童養護施設（グループホーム）や小規模グループケアなどが家庭的養護にあたる。また義務教育修了後，児童養護施設などを退所した子どもたちに対して，相談及び日常生活上の援助等を，共同生活を営む住居で行う自立援助ホームも家庭的養護に含まれる。

　従来は家庭的養護と家庭養護はきちんとした区別をして使用されることが少なかったため，施設の小規模化や里親制度の拡充が進められた頃からは用語の混乱が生じていた。そこで厚生労働省は家庭養護と家庭的養護の用語を区別し，里親などには家庭養護を用い，施設において家庭的な養育環境を目指す小規模化の取り組みには家庭的養護を用いるようにした。

　2019年の通知「社会的養育の推進に向けて」では，社会的養護の施設種別ごとに施設運営指針が策定されており，「家庭養護と個別化」は，社会的養護の原理の第1番目に掲げられている。

　この指針では，すべての子どもは，適切な養育環境で，安心して自分をゆだねられる養育者によって，一人ひとりの個別的な状況が十分に考慮されながら養育されるべきとし，社会的養護を必要とする子どもたちに「あたりまえの生活」を保障していくことが重要であり，できるだけ家庭的な環境で養育する「家庭的養護」が必要であるとしている。

図表6－1　家庭と同様の環境における養育の推進

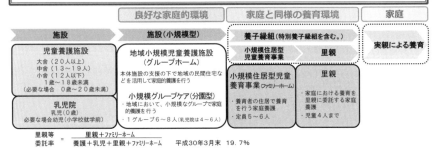

出所）厚生労働省雇用均等・児童家庭局家庭福祉課「社会的養育の推進に向けて」2019年，p.12

　この家庭的養護を推進していくために，家庭養育優先原則に基づき，家庭での養育が困難又は適当でない場合は，養育者の家庭に子どもを迎え入れて養育を行う里親やファミリーホーム（家庭養護）を優先するとともに，児童養護施設，乳児院等の施設についても，できる限り小規模かつ地域分散化された家庭的な養育環境の形態（家庭的養護）に変えていくことが必要である。

　また大規模な施設での養育を中心とした形態から，一人ひとりの子どもをきめ細かく育み，親子を総合的に支援していけるよう，ハード・ソフトともに変革していくことが必要としている[1]。

　以上の指針は2015年度から2029年度までの15年間を推進期間として，地域小規模児童養護施設，小規模グループケアの設置を計画的に進めることで，ケア形態の小規模化と地域分散化を図り，できる限り家庭的な養育環境を目指すことになったのである。

（2）家庭的養護の施設種別
①地域小規模児童養護施設（グループホーム）

　地域小規模児童養護施設は，地域社会の民間住宅等を活用して，家庭的な環境のなかで養育を行い，子どもは地域において育成されるという観点に立ち，近隣住民との適切な関係を保持しながら，子どもの社会的自立の促進につなげていくことを目指している。

　定員は6名以下で「児童養護施設に入所する子どものうち本体施設から離れた家庭的な環境の下で養育することが適切なものとする」とあり，家庭再統合が困難で集団生活では刺激が強く，特定の養育者との密接な関係が必要な子どもが生活している場合が多い。職員は児童指導員または保育士が専任で2名と，その他の職員（非常勤も可）を1名配置することとなっている。

②小規模グループケア

　小規模グループケアは，児童養護施設等において小規模なグループにおけるケア（養育）を行う体制を整備して，ケア形態の小規模化を図った取り組みである。

　ケア単位の定員は児童養護施設では6名以上8名以下，乳児院は4人以上6人以下，児童心理治療施設および児童自立支援施設は5人以上7人以下となっており，子どもが相互に交流できる場所や各居室，台所，浴室，トイレ等を有し，家庭的な雰囲気のなかで職員は子どもに対して適切な援助や生活指導を行なっている。なお小規模グループケアには本体施設に併設する本園ユニットケアと本体施設の敷地外で実施する分散型小規模グループケアがある。

2　家庭的養護における支援の実際

(1) 日常生活支援

　基本的生活習慣を確立することは，入所理由にかかわらず大切なことである。昼間にしっかりと活動を行い，夜にぐっすりと眠るという規則正しい生活リズムを身につけることが日常生活習慣の基本となる。また将来の自立を目指す上でも重要である。

　食事，睡眠，排泄，清潔，着脱等の日常生活習慣を身につけることは自立した生活や社会参加に欠かせない行動である。保育所保育指針では心身の健康に関する領域「健康」のねらいで「健康，安全な生活に必要な習慣や態度を身につける」を取り上げており，それらを通して子どもの自立心や自主性を養うこととしている。

　子どもが「やりたい」「がんばってみる」「自分でできた」と思えるような場面を設定し，子どもが援助を受けながらも達成感や喜びを味わい，子どもの自尊心を成長させることで，子どもの自己効力感を育てることが保育・教育では大切なことである。

　施設に入所している子どもたちは，一人ひとりの特性や性格等によって基本的生活習慣の定着のしやすさや身につけたことの応用のしやすさ等が異なっている。小林は，特に障害のある子どもの日常生活支援の基本的な考え方を以下のように述べている[2]。

　「たとえば睡眠や食事の習慣を，できる－できない，という2分法で評価するのではなく，ひとつの習慣が完成するためにはどんな行動があるかを考える必要がある。健常な子どもであれば，一気に身につけられるような習慣でも，知的障害児にとっては小さな階段を1段ずつ登って行かなければならない場面がたくさんある。このように小さな段階に分けて指導していく考え方を，スモールステップの原理という。」

　このように子どもの課題を詳細に分析し，身につけやすいようにスモールステップを設定したり，保育場面で自然と練習ができるような機会を工夫することが生活援助をしていく上で大切である。

　また日常生活支援の基本的な原則について，鶴は次の5点を述べている[3]。

① 子どもの発達状況を正しく把握すること。つまり子どもがある基本的生活習慣に関わる行為を獲得できる発達の状況かどうかの見極めが大切である。

② 子どもの意欲を育み，大切にすること。

③ 子どもの模倣を大切にすること。模倣は自発性や意欲とも関係するので，模倣できる機会を設定し，活用することが重要である。

④ 繰り返すこと。基本的生活習慣とは，意識せずにできるパターン化され

た行為である。毎日繰り返し指導をすることで，その行動を日常的なものとして形成することが可能になる。

⑤ 環境を整えること。例えば子どもが自分で手洗いをしようとしても，蛇口が手の届かない高さであれば自分では洗えない。子どもが自発的に取り組めるような環境を整えることが重要である。

　日常生活支援は，将来を見通した生活のなかで身につけられることを考えて行う必要がある。児童養護施設など特定の場所や保育者等特定の支援者のみにしか実践できないのでは，日常生活支援の意味が半減してしまうことを頭に入れておく必要がある。また短期間で目に見えるような効果を期待するのではなく，長い目で見た保育のねらいや方法を検討する必要がある。それと当然のことではあるが，子どもたちと保育者には良好な信頼関係が形成されていることが日常生活支援の基本となる。

(2) 治療的支援

　厚生労働省での調査によると，児童養護施設に入所している子どもの59.5%が虐待を受けており，前回調査（前回53.4%）と比較しても増加傾向にある。

　また児童養護施設に入所している子どもの28.5%が，何らかの心身の障害があり，そのなかでも知的障害のある子どもが12.3%と最も多いが，発達障害がある子どもも11.3%いる。

　さらに職員からは児童養護施設に入所しているほぼすべての子ども（99.1%）に対して「特に指導に留意している」ことがあるとの調査結果が出ている。「心の安定」（61.0%），「親子関係」（56.1%），「友人関係」（41.1%）が上位を占めている。

図表6－2　児童養護施設における障害等のある児童数と種別

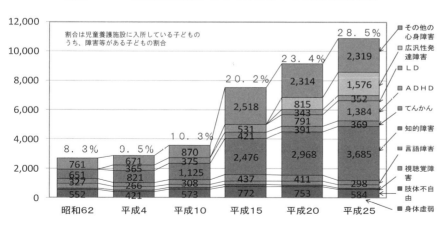

ADHD（注意欠陥多動性障害）については、平成15年より、広汎性発達障害およびLD（学習障害）については、平成20年より調査。
それまではその他の心身障害へ含まれていた可能性がある。

出所）厚生労働省雇用均等・児童家庭局家庭福祉課「社会的養育の推進に向けて」2019年，p.9

こうした心理的支援を必要としている子どもたちに心理的ケアを中心とした治療的支援を行う専門職として心理療法担当職員が配置されている。心理療法担当職員は週1回から2回程度，プレイセラピー（遊戯療法）やカウンセリング等の心理療法を行い，安心感等の再形成や人間関係の修復を図り，人間的な関わりを通じて情緒の安定や愛着関係の形成を目指している。

治療的支援は心理療法担当職員によってのみ行われるのではなく，保育士や児童指導員などの職員による日々の関わりも重要である。日々の関わりのなかで子どもを受容，共感し，寄り添うことで子どもたちも自分を大切にされていると感じることが可能になる。その感覚が大人に対する信頼関係の回復につながり，対人関係等の社会性を育むことが期待できる。その実現のためにも心理療法担当職員と保育士，児童指導員などの職員との情報交換等の連携が大切になる。

（3）自立支援・自己実現等

1）自立支援

子どもの自立を図ることは，社会的養護の重要な目的のひとつである。社会的養護における自立支援とは，子どもたちが総合的な生活能力を身につけられるように支援をしていくことであり，基本的な生活習慣と社会生活技術（ソーシャルスキル），社会的な規範や就労意識，自主性・自発性，積極性と自己決定能力を習得することを目的としている。

1997年の児童福祉法改正で児童養護施設などの保護を必要とする子どもの施策については，それまでの「保護」から「自立」へ支援の方向性が変更された。これによって自立支援という観点が社会的養護の原則となった。

自立は社会生活を主体的に営んでいくことであり，自分一人の力だけで生活をすることではない。もちろん孤立した社会生活をすることでもない。そのため必要な他者や社会の助言，援助を求めることを除外することではない。自立とは，「保護からの自立」「経済的自立」「精神的自立」などが重視されるが，それらを保障するためには身近な人たちとの間に適度な相互依存関係を形成することが必要である。むしろそうした依存関係を受け入れることのできる基本的信頼関係を育むための支援も自立支援である。安心感のある場所で大切にされる体験を子どもたちに提供し，子どもたちの自己肯定感を育み自分らしく生きる力，他者を尊重し共生していく力，生活スキル，社会的スキルの獲得など，ひとりの人間として生きていく基本的な力を育む養育を行うことが自立支援・自己実現では必要である。

2）自己実現

私たちは将来に希望や夢を持っている。もちろん児童養護施設などに入所している子どもも同じであり，児童養護施設などでは将来の希望や夢の実現に向

けて支援を行っている。つまり自己実現は自分が目的としている将来や理想に向けて努力することで達成が可能になるということである。

　児童養護施設入所者の高校等進学率はほぼ毎年上昇しており，現在では95％程度であり，児童養護施設の子どもにとっても高校進学率はあたりまえのことになっている。高校等卒業後に専門学校，短期大学，大学への進学をする児童養護施設入所者の進学も可能になってきている。大学等進学支度費などが2012年度から増額され，進学希望の場合の学習塾代など学習支援策も2015年度から充実されている。その他返済義務のない奨学金制度もある。近年では「保育士」や「介護福祉士」を目指す学生に対する都道府県単位での奨学金制度も整備されてきている。卒業後一定年数指定施設で「保育士」「介護福祉士」など専門職として勤務することで，返済が免除されるシステムである。返済免除には多くの条件などがあり手放しで喜べない点もあるとはいえ，進学の可能性が広がってきていることは歓迎すべきことである。

　しかしその一方で高校を中退する子どもも多く，児童養護施設入所者の中退率は一般家庭の中退率の約10倍の17％程度になっている。また知的障害や発達障害により特別支援学校に在籍している子どもも多く，施設職員に求められる支援も多様化・専門化している。特別支援学校に在籍している子どもたちは児童養護施設入所中は，さまざまな支援が受けられるが，自立への不安を抱えたまま退所となってしまうことも多い。このように生活が不安定な場合は，施設での措置延長を利用しながら自立に向けて準備をしていくことが必要となる。厚生労働省から地方自治体に対して措置延長などの積極的実施について2011年に通知が行われており，措置延長児童数は増加している。

3　家庭的養護とソーシャルワーク

（1）レジデンシャルソーシャルワークの特質

　児童養護施設におけるソーシャルワークにレジデンシャルソーシャルワーク（residential social work）がある。レジデンスは直訳すると，「住居」「住まい」を意味する言葉である。レジデンシャルソーシャルワークとは，生活の場としての施設の特性や生活形態の固有性を踏まえた日常的ケアを中心として，子どもや家族が抱えるニーズの充足と課題解決のための相談援助を総合的に支援するための直接援助技術のひとつとして導入された。

　施設におけるソーシャルワークはこれまでケースワーク，グループワーク，アドミニストレーションなどの方法が適用されてきたが，レジデンシャルソーシャルワークは施設という固有な生活形態をふまえた総合的なソーシャルワークが必要であるとの認識から生まれた概念である。

　レジデンシャルソーシャルワークの定義は，レジデンシャルソーシャルワー

ソーシャルワーク
　社会福祉の実践活動のことであり，さまざまな専門的社会福祉援助活動の全体をさす。今日では総合的な援助を図るための総合化が進んでいる。福祉関係の相談機関のみならず，保育ソーシャルワーク，レジデンシャル（施設）ソーシャルワーク，保健医療ソーシャルワーク，学校ソーシャルワーク，精神科ソーシャルワーク等さまざまな実践領域がある。

クをどのように捉えるかによって異なってくる。本章では，レジデンシャルソーシャルワークをソーシャルワークとケアワークの総体と捉えるロジャー・クロウ（Clough, R.）の定義に基づいて説明する[4]。

クロウはレジデンシャルソーシャルワークの特質について次の3点をあげている。

① 職員の仕事の多くが，他の職員や入所者の面前で遂行されること。

② グループやユニットなど，複数の職員によって実践されること。

③ 仕事の多くに「完成」というものがないこと。

また「職員と利用者との相互作用」に着目し，職員に求められる力量の一つとして，良好な人間関係構築力を主張している。これは個々の職員が利用者との良好な人間関係を構築できる力の必要性を強調すると同時に，職員間のチームワーク力の重要性についても指摘するものである。この主張は，レジデンシャルソーシャルワークが一人の職員による個人プレーではなく，複数の職員によって実践されるという根拠に基づいている。

（2）レジデンシャルソーシャルワークの日常生活場面での活用

レジデンシャルソーシャルワークはケアワーク，ケースワーク，グループワーク，ファミリーソーシャルワーク，ソーシャルアドミニストレーションの6つの機能から構成されている。

従来の施設養護では，日常生活支援とソーシャルワーク援助を別のものと捉え，それぞれの担当職員が分担して実施する傾向が強かったが，レジデンシャルソーシャルワークでは双方が協力し，子どもを中心とした援助計画に基づいた支援を展開することで，より効果的で専門的な根拠に基づく実践を目指している。

レジデンシャルソーシャルワークの特質は保育士などの職員と子どもがとも

図表6-3　職務内容の分類

大分類	中分類	小分類
主に子どもとの関係で行う職務（基本的生活）	身体的な成長・発達を支えるはたらき	起床，就寝，洗面・歯磨き，整容，入浴，着替え，排泄，食事，登下校，外出・外泊，洗濯，掃除，物品管理，保健・医療，診察，学校，医療機関に関するもの
	知的心理的成長・発達にとって主要なはたらき	遊び，学習，習い事，コミュニケーション，日常生活に関する指導，作業・職業指導，リービングケア，家事指導，集会，施設行事，施設外行事，入所，退所に関するもの
子ども以外との要素間で行う職務	チームワーク	会議，連絡・調整・報告に関するもの
	専門性を養う	専門的な指導，研修，子どもの記録など専門性を養うもの
	家族支援	家族との連絡・相談に関する職務内容
	ネットワーク	施設外諸期間との関係に関するもの
	アフターケア	退所した子どもに関する職務内容
	その他	宿直，実習生への対応，来客対応，勤務に関すること

出所）小川恭子「児童養護施設保育士に求められるソーシャルワーク機能—日常生活支援を通して」『藤女子大学人間生活学部紀要』第52号，2015年，p.93

に生活を営むことにある。日常生活のすべての場面で子どもと関わることができるのは大きな利点である。

　図表6-3は小川が「児童養護施設の保育士に求められるソーシャルワーク機能」についてまとめたものである。入所型の施設保育士には直接子どもと関わるなかで果たすべき役割と施設外の機関など子ども以外との関わりのなかで果たすべき役割がある。またレジデンシャルソーシャルワークは施設において広い視野と幅広い知識や技術が求められる。

4　障害児施設

(1) 障害のある子どもの施設と養護学校設置義務制度
1) 障害の定義

　障害児とは，児童福祉法第4条において身体に障害のある児童，知的障害のある児童，精神に障害のある児童（発達障害者支援法に規定する発達障害児を含む。）具体的には身体障害，知的障害，精神障害，発達障害，一部難病などが該当する。

① 身体障害

　身体障害は身体障害者福祉法第4条に「身体障害者とは，別表に掲げる身体上の障害がある18歳以上の者であって，都道府県知事から身体障害者手帳の交付を受けたものをいう」と定義されている。別表に掲げる身体上の障害とは，視覚障害，聴覚障害又は平衡機能の障害，音声機能・言語機能又はそしゃく機能の障害，肢体不自由，心臓・じん臓又は呼吸器の機能の障害その他政令で定める障害で，永続し，かつ，日常生活が著しい制限を受ける程度であると認められるものである。

② 知的障害

　知的障害については，知的障害者福祉法において定義はされていない。ただし，2005年に実施された「知的障害児（者）基礎調査」では，「知的障害とは，知的機能の障害が発達期（おおむね18歳まで）にあらわれ，日常生活に支障が生じているため，何らかの特別の援助を必要とする状態にあるもの」と定義している。

　なお，知的障害であるかどうかの判断基準は，次の(a)及び(b)のいずれにも該当するものとしている。

　(a)「知的機能の障害」について

　標準化された知能検査（ウェクスラーによるもの，ビネーによるものなど）によって測定された結果，知能指数がおおむね70までのもの。

　(b)「日常生活能力」について

　日常生活能力（自立機能，運動機能，意思交換，探索操作，移動，生活文化，職

業等）の到達水準が総合的に同年齢の日常生活能力水準に照らし合わせたものにより判断したもの。

③ 精神障害

精神障害は，「精神保健及び精神障害者福祉に関する法律」（精神保健福祉法）第5条に，「『精神障害者』とは，統合失調症，精神作用物質による急性中毒又はその依存症，知的障害，精神病質その他の精神疾患を有する者をいう」と規定されている。また精神保健福祉手帳では，知的障害者は含まれない。

④ 発達障害

発達障害は，「発達障害者支援法」第2条に，「『発達障害』とは，自閉症，アスペルガー症候群その他の広汎性発達障害，学習障害，注意欠陥多動性障害その他これに類する脳機能の障害であってその症状が通常低年齢において発現するものとして政令で定めるものをいう」と規定されている。また「発達障害児」を発達障害者のうち18歳未満のものとし，子どもと成人とを区別している。

2）児童福祉法における施設サービス体系

障害児施設は，「児童福祉法」の一部改正に伴い2012（平成24）年から障害のある児童を対象とする入所施設は「障害児入所施設」に一元化された。「児童福祉法」第42条に「『障害児入所施設』は，障害児を入所させて，支援を行うことを目的とする施設」であると規定されている（図表6-4参照）。

また障害児通所施設は「児童発達支援センター」に一元化された。「児童福祉法」第43条に「『児童発達支援センター』は，障害児を日々保護者の下から通わせて，支援を提供することを目的とする施設」であると規定されている。

障害児入所施設，児童発達支援センターともに福祉型と医療型があり，それ

図表6-4　障害児施設・事業の一元化

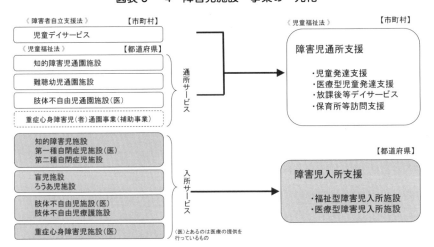

（注）障害児支援の強化を図るため，従来の障害種別で分かれていた体系（給付）について，通所・入所の利用形態の別により一元化。

出所）厚生労働統計協会『国民の福祉と介護の動向 2014/2015』厚生労働統計協会，2014年

それ目的・役割や対象が異なっている。また障害児通所支援には，放課後等デイサービスや保育所等訪問支援事業などもある。

3) 障害児通所支援 （図表 6 - 4 参照）

① 児童発達支援センター

　児童発達支援センターは，障害のある児童を通わせて，支援を提供することを目的とする。

　福祉型発達支援センターでは日常生活における基本的動作の指導，独立自活に必要な知識や技能の付与または集団生活への適応のための訓練を行う。

　医療型発達支援センターでは上肢，下肢または体幹機能に障害のある児童に発達支援及び治療を行う。

② 放課後等デイサービス

　放課後等デイサービスとは，2012（平成24）年の「児童福祉法」の一部改正によって新しく創設された，障害児通所支援事業のひとつである。対象は学校教育法に規定する学校（幼稚園，大学を除く）に就学している障害児であり，学校授業終了後又は休業日において，生活能力の向上のために必要な訓練，社会との交流の促進，放課後等の居場所づくりを目的とする。

③ 保育所等訪問支援

　保育所等訪問とは，2012年の「児童福祉法」の一部改正によって新しく創設された，障害児通所支援事業のひとつである。対象は保育所等を現在利用中の障害児，又は今後利用する予定の障害児であり，保育所等における集団生活の適応のための専門的な支援を必要とする場合に，「保育所等訪問支援」を提供することにより，保育所等の安定した利用を促進することを目的とする。

4) 養護学校設置義務制度

　インクルーシブ教育・保育システムとは，「障害者の権利に関する条約」第24条を概観すると，「人間の多様性の尊重等の強化，障害者が精神的及び身体的な能力等を可能な最大限度まで発達させ，自由な社会に効果的に参加することを可能とするとの目的の下，障害のある子どもと障害のない子どもが共に学ぶ仕組みであり，障害のある子どもが『教育制度一般』から排除されないこと，自己の生活する地域において初等中等教育の機会が与えられること，個人に必要な『合理的配慮』とその基盤となる『基礎的環境整備』が提供される等が必要」とされている。

　インクルーシブ教育・保育システムにおいては，同じ場で共に学ぶことを追求するとともに，個別の教育的ニーズのある幼児児童生徒に対して，自立と社会参加を見据えて，その時点で教育的ニーズに最も的確に応える指導を提供できる，多様で柔軟な仕組みを整備することが重要である。

　日本でも，保育所，幼稚園等での障害のある子どもの受け入れの拡大，「保育所保育指針」の改定，「特殊教育」から「特別支援教育」への移行など，障

害児保育・教育の在り方が見直され，インクルーシブ保育・教育の実現に向けて進んでいる傾向にある。結果としてすべての子どもたちがそれぞれの教育的ニーズに応じた特別な教育的配慮を受けながら教育を受けることが可能になりつつある。

　日本では明治時代の中期ごろから義務教育の基盤が出来上がり始めた。しかし，同時期に学校教育の就学猶予・免除制度が導入されたため，障害のある子どもは義務教育から合法的に対象外とされていた時代が長く続いた。

　1886（明治19）年に「第一次小学校令」において就学猶予，1890（明治23）年の「第二次小学校令」では就学猶予に加え就学免除が規定された。そして1900（明治33）年「第三次小学校令」において就学義務の猶予は「病弱または発育不良」なども対象とされ，免除には「重度の知的障害または重度障害」を対象とすると規定された。このことにより障害の重い知的障害のある子ども，肢体不自由のある子ども，重複障害のある子どもは義務教育の対象から外れ，病弱・虚弱児は就学猶予の対象となった。

　養護学校設置義務制度は1956年に「公立養護学校整備特別措置法」（現在は廃止）が公布され，それまで設置が義務化されていなかった養護学校を設置する際，建築費，教職員の給与，教材費などが国庫負担されることになり，養護学校の数が増加した。また1971年の中央教育審議会答申「今後における学校教育の総合的な拡充整備のための基本的施策について」においても「特殊教育の積極的な拡充整備」が取り上げられ，障害のある子どもに対して特殊教育の機会を確保するために国が行政上，財政上の措置を講ずるべきであることが示された。

　1973年には「学校教育法中養護学校における就学義務及び養護学校の設置義務に関する部分の施行期日を定める政令」が公布され，1979年度から養護学校教育が義務教育になることが確定した。こうして障害のある子どもたちにも教育が保障されることになり，障害を理由とする就学猶予・免除者が激減することになった。

　なお，学校教育法の改正（2006年）によって，2007年度から，それまで「盲学校」「聾学校」「養護学校」に区分されていた制度は，「特別支援学校」に一本化された。学校教育法第80条において，「都道府県は，その区域内にある学齢児童及び学齢生徒のうち，視覚障害者，聴覚障害者，知的障害者，肢体不自由者又は病弱者で，その障害が第75条の政令で定める程度のものを就学させるに必要な特別支援学校を設置しなければならない。」と規定されている。

（2）福祉型障害児入所施設と医療型障害児入所施設

① 福祉型障害児入所施設

　障害のある児童を入所させて，保護，日常生活の指導及び独立自活に必要な

知識技能の付与を行う施設。重度・重複化への対応や障害者福祉につなぐための自立支援機能を強化するなどして，個別支援計画をふまえた支援を提供する。

　　具体的な支援内容は次の通りである。

・食事，排せつ，入浴等の介護

・日常生活上の相談支援，助言

・身体能力，日常生活能力の維持・向上のための訓練

・レクリエーション活動等の社会参加活動支援

・コミュニケーション支援

・身体能力，日常生活能力の維持・向上のための訓練

② 医療型障害児入所施設

　　障害のある児童を入所させて，保護，日常生活の指導，独立自活に必要な知識技能の付与及び治療を行う施設。専門医療と福祉サービスが併せて提供されているこれまでの形態をふまえ，専門性の維持や多機能化がはかられた。また支援内容について，障害者福祉につなげる観点から，個別支援計画をふまえた支援を提供する。

　　具体的な支援内容は次の通りである。

・疾病の治療

・看護

・医学的管理の下における食事，排せつ，入浴等の介護

・日常生活上の相談支援，助言

・身体能力，日常生活能力の維持・向上のための訓練

・レクリエーション活動等の社会参加活動支援

・コミュニケーション支援

注

1）厚生労働省雇用均等・児童家庭局家庭福祉課「社会的養育の推進に向けて」2019年
2）小林真『基本的生活習慣の確立』尾崎康子・小林真・水内豊和・阿部美穂子編著『よくわかる障害児保育（第2版）』ミネルヴァ書房，2018年，p.50
3）鶴宏史『障害児保育』晃洋書房，2018年，p.148
4）ロジャー・クロウ著，杉本敏夫訳『これからの施設福祉を考える―レジデンシャルワークの理論と実際』久美出版，2002年，pp.30-33

参考文献

井村圭壯・相澤譲治編著『保育と家庭支援論』学文社，2015年
大竹智・山田利子編『保育と社会的養護原理　第2版』みらい，2018年
小野澤昇・田中利則・大塚良一編著『子どもの生活を支える社会的養護』ミネルヴァ書房，2013年
立花直樹・波田埜英治編著『児童福祉論第2版』ミネルヴァ書房，2017年
立花直樹・中村明美・松井剛太・井上和久編著『障害児の保育・福祉と特別支援教

育』ミネルヴァ書房，2019年

河合康・小宮三彌編著『わかりやすく学べる特別支援教育と障害児の心理・行動特
　　性』北樹出版，2018年

プロムナード

　　今後の社会的養護は施設養護から家庭的養護や家庭養護へと移行していく
ことが厚生労働省による報告書で示されています。児童虐待を受けている子
どもに対して，施設よりも家庭的環境のなかでの養育により，大人との信頼
関係を回復することが期待されています。その中心的な施策は施設の「小規
模化」「地域化」になります。
　　家庭的養護のさらなる推進に向けては，施設の「小規模化」「地域化」を
実現するために必要な「職員の配置基準の見直し」，「職員支援の強化」など
についても考えていく必要があります。

学びを深めるために

日本発達障害連盟編『発達障害白書　2020年版』明石書店，2019年
　　知的障害をはじめとする発達障害のある人々を支援する医療，福祉，教育，
　労働など，さまざまな分野の動向を民間の立場で記録するイヤーブック。本書
　2020年版は概ね2018年から2019年にかけての1年間について論考している。

第 7 章

家庭養護の実際

毎日のように繰り返される子どもへの虐待，暴力そしていじめ…それによって自虐的な行動に追い込まれざるを得ない子どもたちもいる。子どもを取り巻く環境（物的・人的）の変化，特に地域や家庭における機能の脆弱化が，子どもの適切な養育環境下での発達にマイナスの影響を与えていると感じられる。子どもの出すいろいろなサインを周囲へのSOS言動としてどのように受け止め，より良い方向に導いていくのかが問われている。つまり子どもの「言動」にはすべて意味があり，その意味の一つひとつをしっかりと受容，共感しながら捉え，その行動を揺り動かす感情，気持に焦点化し，周りにいる大人が早期に適切な対応することが緊急の課題であると考えられる。この章においては特に家庭養護の意味，現状を理解し，今後の課題に何が必要となるのかを考察していく。

1　家庭養護とは

（1）家庭養護の背景

「全ての児童が健全に育成されるよう，児童虐待について発生予防から自立支援まで一連の対策の更なる強化等を図るため，児童福祉法の理念を明確化するとともに，母子健康包括支援センターの全国展開，市町村及び児童相談所の体制の強化，里親委託の推進等の所要の措置を講ずる。」（平成29年4月1日施行）。その児童福祉法改正のなかで特に，「被虐待児童への自立支援」では，①親子関係再構築支援について，施設，里親，市町村，児童相談所などの関係機関等が連携して行うべき旨を明確化する。②都道府県（児童相談所）の業務として，里親の開拓から児童の自立支援までの一貫した里親支援を位置付ける。③養子縁組里親を法定化するとともに，都道府県（児童相談所）の業務として，養子縁組に関する相談・支援を位置付ける。④自立援助ホームについて，22歳の年度末までの間にある大学等就学中の者を対象に追加するとしている。このように児童虐待などで親と離れて暮らさざるを得ない子どもが家庭に近い環境で愛情を共有しながら育つためには原則として里親などに委託することを「児童福祉法」のなかで盛り込んだ。2016年1月31日　厚生労働省が行った「児童養護施設入所児童等調査」（平成25年2月1日現在）からは，何らかの理由で親と離れて暮らさざるを得ない子どもの数約46,000人と推定され大半が乳児院，児童養護施設で暮らしている。全国に595施設の児童養護施設は，その内約34,000人の子どもが暮らしている。入所理由は児童虐待が約60％を超えている。その意味でも社会的養護の中核を担ってきていると考えられる。平均の在籍期間は4.6年だが，12年以上の子どもも約6％いる。それだけ虐待を受けた子どもとのかかわりとしての難しさがある。特に愛着関係の再構築としてそのプロセスのなかで出てくる「行動」を「問題行動」として捉えていくの

受容・共感
　受容（無条件の肯定的配慮）とは，条件づけで相手を認めるのではなく，人間そのものを価値ある存在としてあるがままに受け入れる。共感とは，クライエント自身が生活を重ねていくことで経験してきた体験や内的世界をクライエントの見地から理解していくこと。

問題行動
　この捉え方は，まず誰にとっての「問題行動」であるのかを考えなくてはならない。それは，子どもの「行動」の意味を子どもの視点に立って考察することが難しくなるばかりでなく，「問題」という言葉が独り歩きし，レッテルのような枠組みを無意識に作ってしまう危険性がある。つまり「問題行動」という言葉ではなく「課題行動」することによって，その子どもが問題というような行動をとらざるを得ない状況をまず理解し，その行動の意味を考察する必要がある。

ではなく，あくまでもその行動をその子どもの発達の課題としての「課題行動」として捉えながら，その行動の背景にある子どもの気持ち，感情，心の揺れをどのように受け止めていくのかの視座が必要となる。子どもの課題行動，つまり子どもが抱える心の問題とともに，家庭，学校，友人，地域社会など，子どもを取り巻く環境（社会）の問題が複雑に絡み合って表出することにも注視しながら，目の前にいる子どもと向き合っていく姿勢が問われる。

(2)「家庭養護」の言葉の意味について

「児童の代替的養護に関する指針」抜粋（2009年12月国連総会決議）国連指針では，residential care（施設養護）と family-based care（家庭を基本とする養護＝家庭養護）が相互に補完しつつ児童のニーズを満たしているとし，施設養護は必要な場合に限られるべきこと，幼い児童の代替的養護は原則として family-based care で提供されるべきこと，大規模な施設養護は廃止していくべきこと，施設養護は可能な限り家庭や少人数に近い環境（a Setting as close as possible to a family or small group situation）であるべきとしている。

「社会的養護の課題と将来像」（厚生労働省，2011年）からの 3) 社会的養護の基本的方向 ① 家庭的養護の推進においては，次のように説明している。

社会的養護は，できる限り家庭的な養育環境のなかで，特定の大人との継続的で安定した愛着関係の下で，行われる必要がある。このため，社会的養護においては，原則として，家庭的養護（里親，ファミリーホーム）を優先するとともに，施設養護（児童養護施設，乳児院等）も，できる限り家庭的な養育環境（小規模グループケア，グループホーム）の形態に変えていく必要がある。社会的養護が必要な子どもを，養育者の住居で生活をともにし，家庭で家族と同様な養育をする里親やファミリーホームを，家庭的養護と呼ぶ。一方，小規模グループケアやグループホームは，施設養護のなかで家庭的な養育環境を整えるものであるが，養育者が交代制である点で，家庭的養護とは異なる。しかし，「家庭的養護の推進」という言葉は，施設養護から家庭的養護への移行のほか，当面，施設養護もできる限り家庭的な養育環境の形態に変えていくことを含めて用いることとする。里親及びファミリーホームは，保護の必要な児童を養育者の家庭に迎え入れて養育を行う「家庭養護」であるという理念を明確にするため，「家庭養護」と「家庭的養護」の用語を区別している。「施設養護」に対する言葉としては，里親等には「家庭養護」を用い，施設において家庭的な養育環境を目指す小規模化の取り組みには，「家庭的養護」を用いる。両者を合わせて言うときは，これまで通り，「家庭的養護の推進」を用いる。国連の代替的養護の指針との関係では，family-based care が「家庭養護」，family-like care が「家庭的養護」としている。また，1948（昭和23）年の「里親等家庭養育の運営について」及び 1988（昭和63）年の「里親等家庭養育運営要綱」では，

里親を「家庭養育」としていた。これまで,「家庭的養護」と「家庭養護」の言葉を区別してこなかったが,家庭養育という用語との関係や,国連の代替的養護の指針での用語の区別などを踏まえ,今回の指針では,「施設養護」に対する言葉としては,里親等には「家庭養護」の言葉を用いるよう,用語の整理を行っている。

2　家庭養護の意義と位置づけ

　「児童の権利に関する条約」(1989) の前文のなかに「家族が,社会の基礎的な集団として,並びに家族のすべての構成員特に児童の成長及び福祉のための自然な環境として,社会においてその責任を十分に引き受けることができるよう必要な保護及び援助を与えられるべきであることを確信し,児童が,その人格の完全なかつ調和のとれた発達のため,家庭環境の下で幸福,愛情及び理解のある雰囲気の中で成長すべき」と規定され,子どもは本来自分が生まれた環境のなかで見守られ,家庭のなかで愛情深く育まれていくことが期待されている。しかし,不適切な環境のなかで声も上げられずにその環境に従わざるを得ない生活をしている子どもたちもいる。社会の責任として,「児童福祉法」の第2条「国及び地方公共団体は,児童の保護者とともに,児童を心身ともに健やかに育成する責任を負う」と示されている。改正案においては,「すべて国民は,児童が良好な環境において生まれ,かつ,社会のあらゆる分野において,児童の年齢及び発達の程度に応じて,その意見が尊重され,その最善の利益が優先して考慮され,心身ともに健やかに育成されるよう努めなければならない。② 児童の保護者は,児童を心身ともに健やかに育成することについて第一義的責任を負う。③ 国及び地方公共団体は,児童の保護者とともに,児童を心身ともに健やかに育成する責任を負う。」としている。子ども自身が本当に生まれてきてよかった,自分の親で良かったと思えるようにも将来,家庭で親と暮らせるような環境醸成も社会的養護の目的でもある。また,「子どもの権利条約」は,子どもの権利に関する国際文書として法律的拘束力のある初めての歴史的な条約であり,「子どもの最善の利益の確保」として子どもを「生きる権利」「守られる権利」「育つ権利」「参加する権利」としての主体者であると考え,国の役割と責任の所在をはっきりと示すものとなった。日本においてこの条約の批准は 1994 年 4 月に行われた。特に,第 20 条「家庭環境を奪われた児童又は児童自身の最善の利益にかんがみその家庭環境にとどまることが認められない児童は,国が与える特別の保護及び援助を受ける権利を有する」においては,子ども自身は,その保護を国に求めて受けられることを保障し,代替的な養護を確保しなければならないと明確に示し「子どもの家庭で暮らす権利」として明確にするものとなっている。家庭的な養護を充実するために,

2008 年「里親支援機関事業」が始められ，さらなる里親制度の普及啓発を積極的に進められている。里親制度と同様に養子縁組についても今回の「児童福祉法の一部を改正する法律」のなかで① 児童を養子とする養子縁組に関する相談支援を，児童相談所の業務に位置づける。② 養子縁組里親を法定化し，研修義務化や欠格要件，都道府県知事による名簿登録を規程。これにより，特に児童相談所の業務について，養子縁組に関する相談支援と養子縁組里親が法に位置づけられたことによりさらなる取り組みを促進することにつながった。平成 24 年 3 月 29 日 厚生労働省雇用均等・児童家庭局長通知「里親及びファミリーホーム養育指針—家庭養護のあり方の基本」(1) 基本的な考え方 (家庭の要件) として，家庭は子どもの基本的な生活を保障する場である。家庭のあり方やその構成員である家族のあり方は多様化してきているが，子どもの養育について考慮した場合，家庭には養育を担う上での一定の要件も存在する。社会的養護における「家庭養護」は，次の 5 つの要件を満たしていなければならないとしている。

① 一貫かつ継続した特定の養育者の確保

同一の特定の養育者が継続的に存在すること。子どもは安心かつ安全な環境で永続的に一貫した特定の養育者と生活することで，自尊心を培い，生きていく意欲を蓄え，人間としての土台を形成できる。

② 特定の養育者との生活基盤の共有

特定の養育者が子どもと生活する場に生活基盤をもち，生活の本拠を置いて，子どもと起居をともにすること。特定の養育者が共に生活を継続するという安心感が，養育者への信頼感につながる。そうした信頼感に基づいた関係性が人間関係形成における土台となる。

③ 同居する人たちとの生活の共有

生活のさまざまな局面やさまざまな時をともに過ごすこと，すなわち暮らしをつくっていく過程をともに体験すること。これにより，生活の共有意識や，養育者と子ども間，あるいは子ども同士の情緒的な関係が育まれていく。そうした意識や情緒的関係性に裏付けられた暮らしのなかでのさまざまな思い出が，子どもにとって生きていく上での大きな力となる。また，家庭での生活体験を通じて，子どもが生活上必要な知恵や技術を学ぶことができる。

④ 生活の柔軟性

コミュニケーションに基づき，状況に応じて生活を柔軟に営むこと。一定一律の役割，当番，日課，規則，行事，献立表は，家庭になじまない。家庭にもルールはあるが，それは一定一律のものではなく，暮らしのなかで行われる柔軟なものである。柔軟で相互コミュニケーションに富む生活は，子どもに安心感をもたらすとともに，生活のあり方を学ぶことができ，将来の家族モデルや生活モデルを持つことができる。日課，規則や献立表が機械的に運用されると，

子どもたちは自ら考えて行動するという姿勢や，大切にされているという思いを育むことができない。生活は創意工夫に基づき営まれる。そうした創意工夫を養育者とともに体験することは，子どもの自立に大きく寄与し，子どもにとって貴重な体験となる。

⑤ 地域社会に存在

地域社会のなかでごく普通の居住場所で生活すること。地域の普通の家庭で暮らすことで，子どもたちは養育者自身の地域との関係や社会生活に触れ，生活のあり方を地域との関係のなかで学ぶことができる。また，地域に点在する家庭で暮らすことは，親と離れて暮らすことに対する否定的な感情や自分の境遇は特別であるという感覚を軽減し，子どもを精神的に安定させる。

3　里親制度

(1) 里親の定義

里親制度の概要としては，児童福祉法第27条第1項第3号の規定に基づいて，児童相談所が要保護児童（保護者のない児童又は保護者に監護させることが不適当であると認められる児童）の養育を委託する制度です。また児童福祉法第6条の4には，保護者のいない子どもまたは保護者に監護させることが不適切であると認められる子どもの養育について，都道府県が里親に委託する制度。その推進を図るために，平成14年度，新たに親族里親，専門里親を創設し，平成20年の児童福祉法改正においては，「養育里親」と「養子縁組を希望する里親」とを制度上区分しました。平成16年の児童福祉法の一部を改正する法律においては，総則のなかに，新たに里親の定義規定が設けられ，社会的養護における里親の重要性が明瞭化された。児童福祉法第6条の3「この法律で，里親とは，保護者のいない児童又は保護者に監護させることが不適当であると認められる児童（以下「要保護児童」という。）を養育することを希望するものであって，都道府県が適当と認められる者をいう。」また平成21年度からは，社会的な状況を鑑みて養育里親と専門里親についての研修を義務化した。平成29年度からは，里親の新規開拓から委託児童の自立支援までの一貫した里親支援を都道府県（児童相談所）の業務として位置付け，養子縁組里親を法定化し，その研修を義務化した。

(2) 里親の種類（全国里親会，里親委託ガイドライン）

里親には対応する児童の特性や，児童との関係，また里親の希望に合わせて4つの種類に分けられている。里親の要件としては「保護者のいない児童，あるいは，保護者に監護させることが不適当であると認められる児童（＝「要保護児童」）を養育することを希望する者であって，都道府県知事が適当と認める

者」である。そのような児童を一時的に，あるいは継続的に自身の家庭にあずかり養育する。

1）養育里親

養子縁組を目的とせずに，要保護児童を預かって養育する里親である。基本的には，実親の元で暮らすことができるようになるまでとなるが，期間はまちまちで，長い場合は成人になるまで委託を続けるケースもある。数週間や1年以内の短期間委託するなど，ニーズに応じた多様な里親委託ができる。施設で育つ子どもたちにとっては，社会に出る前に一般家庭での生活を経験することはとても重要な機会である。また，将来的に養子縁組に至るケースも見受けられる。この場合，児童が6歳を超えている場合は一般的な養子縁組になる。事前に研修を受けてから登録をする。またこの登録の有効期間は5年間で，更新研修を受ける必要がある。また，委託できる児童は4人までで，実子等を含めて6人までとなる。子どもたちは何らかの形で実親や保護者との関係を継続する場合があり，定期的な面会や外出等の工夫や家族再統合の支援を行うなど，親子関係が永続的なものになるよう配慮することも必要である。このようなときには里親に協力してもらうこともある。なお，養育里親であっても，長期間委託が続くなどして一般養子になるケースもある（児童が6歳未満の場合は特別養子縁組となるが，6歳を超えてから養子になる場合は戸籍にも記載される一般養子となる）。

2）専門里親

虐待された児童や非行等の問題を有する児童，及び身体障害児や知的障害児など，一定の専門的ケアを必要とする児童を養育する里親である。実家庭への家庭復帰や家族再統合，自立支援を目的としている。専門里親は，養育里親よりも難しい養育であるので，専門的な研修を受けることが必要である。また，児童の養育は丁寧にすることが必要なので，養育に専念できる環境も必要である。

なお，専門里親は，養育里親の経験が3年以上などの条件があるケースがある。専門里親に委託できる児童の数は2人までで，委託期間は2年となる。必要に応じて，委託期間の延長が認められる。専門里親の登録有効期間は2年で，更新には研修を受ける必要がある。児童相談所では，特に，施設から措置変更で委託する場合は，必要に応じて，施設の指導員等子どもの担当職員やファミリーソーシャルワーカーに委託後の里親への助言や養育相談の支援を依頼するとしている。

3）養子縁組里親（養子縁組前提の里親）

保護者のいない子どもや家庭での養育が困難で実親が親権を放棄する意思が明確な場合の養子縁組を前提とした里親である。児童が6歳未満の場合は特別養子縁組制度によって，裁判所の審判により，実子扱いでの入籍が可能になる

（民法 817 条の 2）。審判は，特別養子縁組を届けた後，6 カ月間同居しての様子を見たうえで決定されるようになっている。実親が行方不明になったりで，裁判所の手続きができずに養子縁組に進めないケースも時折ある。児童相談所では，養子縁組を希望する里親の場合，子どもとの適合を見るために面会や外出等交流を重ね，里親の家族を含め，新しい家族となることの意志を確認する。子どもとの面会等に際して，里親の呼び方など子どもへの紹介の方法はそれぞれの状況に応じて対応する。また，養子里親の年齢は，子どもが成人したときに概ね 65 歳以下となるような年齢が望ましい。子どもの障害や病気は受け止めること，養子縁組の手続き中に保護者の意向が変わることがあることなどの理解を確認する。養子縁組には，普通養子縁組と特別養子縁組があり，特別養子縁組は実親との親子関係が切れ，戸籍上は長男・長女等と記載される。しかし，裁判所での審判決定によることは記載され，実親をたどることはできることを説明する。

　また，特別養子縁組の手続きは，養親となる者が居住地の家庭裁判所に申し立てを行い，6 カ月以上の養育状況を踏まえ，審判により成立する。6 カ月の期間は申立時点から起算されるが，申し立てる前に，児童相談所から里親委託され，養育の状況が明らかな場合は，この限りではない。特別養子縁組は，父母による監護が著しく困難又は不適当である等特別の事情がある場合において，子どもの利益のために特に必要があると認められるときに成立するものであり，そのような場合には積極的に活用する。なお，特別養子縁組の成立には，父母の同意が原則として必要とされるが，父母において子どもの利益を著しく害する事由がある等の場合には，父母の同意がなくても，家庭裁判所は特別養子縁組を成立させることができる（民法 817 条 6）としている。

4）親族里親

　3 親等以内の親族（祖父母，叔父，叔母など）の児童の親が死亡，行方不明，拘禁，入院や疾患などで養育できない場合の里親のこと。児童の精神的な負担を考慮し，養育里親よりも親族里親が優先されることが多いといえる。なお，親族里親のうち，扶養義務のない親族については，養育里親と同様に里親手当が支給される。なお，① 委託について，「両親等子どもを現に監護している者が死亡，行方不明又は拘禁等の状態になったことにより，これらの者による養育が期待できない場合」には，疾病による入院や精神疾患により養育できない場合なども含まれる。なお，実親がある場合は，実親による養育の可能性を十分に検討する。② 本来親族は，民法 730 条に直系血族及び同居の親族は，互いに扶けあうとされている。このほかに季節里親として，お正月やお盆，夏休みなどに 1 週間前後，施設から家庭に帰省できない児童を迎える里親や，週末に児童たちを家庭に迎える，週末里親や，短期的に委託を受ける短期里親がある。こうした短期的な里親の場合は，事前研修の有無など，各自治体によって

運用が異なるので，自身が住んでいる自治体の児童相談所に確認する必要がある。研修については，状況により一部省略することがある。

(3) 里親制度の課題と展望

社会的養護の目的として，子どもが育つうえで適切な養育環境とともに，親子関係の再構築が重要な支援になる。「社会的養護の課題と将来像の実現に向けて」（平成23年7月）のなかで，社会的養護は原則として家庭的養護を優先するとともに，施設養護もできる限り家庭的な養育環境の形態に変えていく必要性があるとして，今後十数年間の社会的養護のあるべき姿を提示した。特に，取り組み状況の4項目目「4. 社会的養護の質の向上，親子関係再構築の充実，権利擁護など」に，子どもにとって，その生い立ちや親との関係について，自分の心のなかで整理をつけられるよう，親子関係の再構築について，子どもに対する支援の必要性を提言している。またその機能として「養育機能」：家庭での適切な養育を受けられない子どもの養育，「心理的ケア等の機能」：適切な養育が受けられなかったことによる発達のゆがみや心の傷を回復，「地域支援等の機能」：親子関係の再構築支援，自立支援，アフターケア，地域における養育の支援の3点にまとめられた。今後の社会的養護の基本的な方向性として「家庭的養護の推進」：里親が必要な子どもの数を里親等の委託率を増やしていく方向性を加速させる。また里親制度の周知について，地域住民への啓発活動とともに里親自身のレスパイトケアを充実させることが必要となる。養子縁組についても特別養子縁組と普通養子縁組の充実を図る。「専門的ケアの充実」：被虐待児，発達障害をもつ子ども，知的な遅れをもつ子ども，情緒に不安をかかえる子ども，病児，病後児等，その特性に応じた個別の対応が必要な子どもたちに対して，専門的なケアの充実を目的とする。「自立支援の充実」：職業観・勤労観を育みながら，将来幅広い職業について選択，決定ができうるように支援をしていく。また施設を退所してからの就労や社会生活等が円滑に進めていけるよう，継続的な安定を目指して支援していく。「家庭支援・地域支援の充実」：家庭機能の回復と子どもの安定となる場になるようアフターケアの充実を図る。里親との連携を強化し，市町村の実施している子育てにかかわるさまざまな事業を円滑かつ迅速に提供できるよう支援していく。社会資源を活用しながらネットワークをチームケアとして活用していく等という4つの指標が示された。

また，2011年「社会的養護の課題と将来像」において，社会的養護の基本的方向として次の4点を課題として掲げている。

① 家庭的養護の推進

社会的養護は，できる限り家庭的な養育環境のなかで，特定の大人との継続的で安定した愛着関係の下で，行われる必要がある。このため，社会的養護に

おいては，原則として，家庭的養護（里親，ファミリーホーム）を優先するとともに，施設養護（児童養護施設，乳児院等）も，できる限り家庭的な養育環境（小規模グループケア，グループホーム）の形態に変えていく必要がある。社会的養護が必要な子どもを，養育者の住居で生活をともにし，家庭で家族と同様な養育をする里親やファミリーホームを，家庭的養護と呼ぶ。一方，小規模グループケアやグループホームは，施設養護のなかで家庭的な養育環境を整えるものであるが，養育者が交代制である点で，家庭的養護とは異なる。しかし，「家庭的養護の推進」という言葉は，施設養護から家庭的養護への移行のほか，当面，施設養護もできる限り家庭的な養育環境の形態に変えていくことを含めて用いることとする。

② 専門的ケアの充実

社会的養護を必要とする子どもたちは，愛着形成の課題や心の傷を抱えていることが多い。適切な愛着関係に基づき他者に対する基本的信頼を獲得し，安定した人格を形成していけるよう，また，子どもが心の傷を癒して回復していけるよう，専門的な知識や技術を有する者によるケアや養育が必要である。また，早期の家庭復帰のためには，親子関係の再構築支援など，家庭環境の調整が必要である。さらに，DV 被害を受けた母子や，地域での自立した生活が困難な母子家庭には，母子生活支援施設による専門的な支援が必要である。このため，その体制の整備と支援技術の向上を図っていく必要がある。

③ 自立支援の充実

社会的養護の下で育った子どもも，他の子どもたちとともに，社会への公平なスタートを切り，自立した社会人として生活できるようにすることが重要である。このため，自己肯定感を育み自分らしく生きる力，他者を尊重し共生していく力，生活スキル，社会的スキルの獲得など，一人の人間として生きていく基本的な力を育む養育を行う必要がある。また，施設退所後の相談支援（アフターケア）の充実が必要である。

④ 家族支援，地域支援の充実

虐待事例のうち親子分離に至らないものについて，虐待防止のための親支援，親子関係への支援，家族支援の充実が必要である。また，施設等での養育の後，早期の家庭復帰を実現するための親子関係の再構築等の家庭環境の調整や，家庭復帰後の虐待再発防止のための親支援の充実も必要である。さらに，施設が地域の里親等を支える地域支援や，ショートステイなどによる地域の子育て支援の機能も重要である。施設のソーシャルワーク機能を高め，施設を地域の社会的養護の拠点とし，これらの家族支援，地域支援の充実を図っていくことが必要である。施設は，虐待の発生予防，早期発見から，施設や里親等による保護，養育，回復，家庭復帰や社会的自立という一連のプロセスを，地域のなかで継続的に支援していく視点を持ち，関係行政機関，教育機関，施設，里親，

子育て支援組織，市民団体などと連携しながら，地域の社会的養護の拠点としての役割を担っていく必要がある。

4　ファミリーホーム

（1）小規模住居型児童養育事業（ファミリーホーム）

　ファミリーホーム（小規模住居型児童養育事業）は，2009（平成21）年度に創設された，「家庭的養護を促進するため，保護者のない児童又は保護者に監護させることが適当でない児童に対し，養育者の住居（ファミリーホーム）において，児童の養育を行う」制度である。養育者の住居において行う点で，里親と同様であり，児童5～6人を養育者の居宅で受け入れ，3人以上の養育者で養育を行う点では，里親を大きくした里親型のグループホームというようにも考えられる。2019年はホーム数347カ所，委託児童数1,434人である。

図表7－1　小規模住居型児童養育事業（ファミリーホーム）の概要

1．事業内容	小規模住居型児童養育事業は、養育者の家庭に児童を迎え入れて養育を行う家庭養護の一環として、要保護児童（保護者のない児童又は保護者に監護させることが不適当であると認められる児童）に対し、この事業を行う住居において、児童間の相互作用を活かしつつ、児童の自主性を尊重し、基本的な生活習慣を確立するとともに、豊かな人間性及び社会性を養い、児童の自立を支援する。
2．法律上の根拠	児童福祉法第6条の3第8項
3．実施主体	都道府県、指定都市、児童相談所設置市
4．運営主体（事業者）	都道府県知事等が適当と認めた者
5．職員配置について	養育者2名（配偶者）＋補助者1名、又は養育者1名＋補助者2名
	※　養育者は、小規模住居型児童養育事業を行う住居に生活の本拠を置く者に限る。（それ以外は補助者）
6．ホームへの入居	児童福祉法第27条第1項第3号の規定に基づき、児童相談所が要保護児童の養育を委託
7．補助根拠	児童福祉法第53条
8．補助率	1／2（国1／2、都道府県・指定都市・児童相談所設置市1／2）
9．ホーム数、委託児童数	ホーム数：347か所、委託児童数：1，434人　※福祉行政報告例（平成30年3月末現在）

（注）従来，「小規模住居型児童養育事業所」としていたが，施設的な印象となっていたことから，平成24年4月施行の改正児童福祉法施行規則より，「小規模住居型児童養育事業を行う住居（ファミリーホーム）」と称することとし，小規模住居型児童養育事業所の用語を廃止した。（規則第1条の14～第1条の17，第1条の19）なお，「管理者」は「養育者」に（規則第1条の16），「入居定員」は「委託児童の定員」（規則第1条の17，第1条の19）となった。
出所）厚生労働省「ファミリーホームの要件の明確化について」平成24年4月

（2）ファミリーホームの課題と展望
1）ファミリーホームにおける家庭養護

　ファミリーホームは，養育者の住居に子どもを迎え入れる家庭養護の養育形態である。里親家庭が大きくなったものであり，施設が小さくなったものではない。ファミリーホームの養育者は，子どもにとって職員としての存在ではなく，共に生活する存在であることが重要である。したがって養育者は生活基盤をファミリーホームにもち，子どもたちと起居を共にすることが必要である。ファミリーホームの基本型は夫婦型であり，生活基盤をそこに持たない住み込

み職員型ではない。児童養護施設やその勤務経験者がファミリーホームを設置する場合には，家庭養護の特質を十分理解する必要がある。養育者と養育補助者は，養育方針や支援の内容を相互に意見交換し，共通の理解を持ち，より良い養育を作り出す社会的責任を有している。養育補助者は，家事や養育を支援するとともに，ファミリーホーム内での養育が密室化しないよう，第三者的な視点で点検する役割も担うことを理解する。補助者が養育者の家族である場合には，養育がひらかれたものとなるよう，特に意識化することが必要である。ファミリーホームは，複数の子どもを迎え入れ，子ども同士が養育者と一緒に創る家庭でもある。子ども同士の安定を図るため，子どもを受託する場合は，子どもの構成や関係性を考慮し，児童相談所との連携が大切になる。また，養育者が子ども同士の関係を活かし，子ども同士が成長しあうために，どのようなかかわりが必要かという観点を持ちながら養育にあたることが必要となる。特にファミリーホームは，あらゆる地域に生活する独立した養育環境を提供できる場であるが，地域の有機的な連携が，閉鎖的で孤立的な養育の場にならないよう外部からの風通しに気を配ることが必要である。

2) 社会的養護の担い手として

　里親及びファミリーホームにおける家庭養護とは，私的な場で行われる社会的かつ公的な養育である。養育者の家庭で行われる養育は，気遣いや思いやりに基づいた営みであるが，その担い手である養育者は，社会的に養育を委託された養育責任の遂行者である。養育者は，子どもに安心で安全な環境を与え，その人格を尊重し，意見の表明や主体的な自己決定を支援し，子どもの権利を擁護する。養育者は子どもにとって自らが強い立場にあることを自覚し，相互のコミュニケーションに心がけることが重要である。養育者は独自の子育て観を優先せず，自らの養育のあり方を振り返るために，他者からの助言に耳を傾ける謙虚さが必要である。家庭養護の養育は，知識と技術に裏付けられた養育力の営みである。養育者は，研修・研鑽の機会を得ながら，自らの養育力を高める必要がある。養育者が，養育がこれでよいのか悩むことや思案することは，養育者としてよりよい養育を目指すからこそであり，恥ずべきことではない。養育に関して SOS を出せることは，養育者としての力量の一部である。養育が困難な状況になった場合，一人で抱え込むのではなく，社会的養護の担い手として速やかに他者の協力を求めることが大切である。

3) 家庭の弱さと強さの自覚

　子どもを迎え入れるどの家庭にも，その家庭の歴史があり，生活文化がある。養育者の個性，養育方針，養育方法等にはそれぞれ特色がある。また，地域特性もある。そして，これらには「弱さ」も「強さ」もある。新たに子どもが委託されたり，委託人数が減るなど構成員に変化が加わることで，不安定さが現れたり，安定性が増す変化があったり，養育者に柔軟な工夫が求められること

もある。また，養育者が子どもの養育に心身の疲れを覚えたり，家族構成員の変化から養育力に影響が出る場合もある。それぞれの養育の場に含まれる「弱さ」の部分も自覚し，支援やサポートを受け，研修等を通して養育力を高めるとともに，ごく当たりまえの日常生活のなかに含まれる，養育の「強さ（Strength）」をより発揮できるよう意識的に取り組む姿勢が求められる。養育者と子どもの日々の生活が養育者の成長にもなり得る。

4）安心感・安全感のある家庭での自尊心の育み

　子どもにとって自尊心は，生きていく上で必要不可欠な自信，意欲や希望をもたらし，他者に対する寛容性や共感性，困難に立ち向かう力，粘り強さ，忍耐力の形成に結び付く。子どもが自分の存在について，「大切にされている」「生まれてきてよかった」と感じられるように，養育者の家庭は，子どもに安心感・安全感とともに，心地よさを提供することが重要である。生活が落ち着いてくると，子どもは，養育者との関係や許容範囲などを確かめる行動や退行を示すことがある。そのような時に，養育者は無力感を感じ，子どもに否定的感情を抱き，子どもとの関係が悪循環に陥ることもある。どうにか改善したいという思いが，子どもへの叱咤激励や，問題点の指摘に傾斜し，子どもにとって，あるがままの自分の存在が受け入れられないことに対する思いが，自尊心とは対極にある自己否定感を生み出すこともある。生活のなかでは，すぐに実感できる改善はみられなくても，変化を無理に求めず，子どもの実像を受けとめる。安心と安全のある家庭で，子どもと時間を共有し，思い出を積み重ねることで，子どもは変化していく。

5）自立して生活できる力を育む

　自立とは，誰にも頼らないで生きていくことではなく，適宜他者の力を借りながら他者と関係を結びながら自分なりに生きていくことである。そのことを子どもが認識できるよう，まずは日常生活のなかでの安心感・安全感に裏付けられた信頼感を育むことが重要である。子どもには，あるがままの自分を受け入れてもらえるという依存の体験が必要である。日々自然にくり広げられ，くり返される家庭のなかでの日常生活のなかで，子どもの可能性を信じつつ寄り添うおとなの存在と歩みが，子どもにとって将来のモデルになる。子どもが生活を通して体験したこと，学習したことは，意識的，無意識的な記憶となり，生活の実体験が子どもに根づき，再現していくこととなる。困難な出来事があった際にどのように乗り超えていくかなどは，すべて子どもにとって重要な暮らしの体験であり，困ったとき，トラブルがあったときにはとくに他者に協力を求めるという姿勢が持てるよう，ともに生活する中でそうした体験を子どもに提供する。

6）帰ることができる家

　措置解除後においても，養育者と過ごした時間の長短にかかわりなく，子ど

もが成人した時，結婚する時，辛い時，困った時，どんな時でも立ち寄れる実家のような場になり，里親家庭やファミリーホームがつながりを持ち続けられることが望ましい。養育の継続が難しくなり，委託の解除となった場合でも，成長過程の一時期に特定の養育者との関係と家庭生活の体験を得たことは，子どもにとって意味を持つ原体験となるので，いつでも訪ねて来られるよう門戸を開けて待つことも大切である。

（3）地域とのつながりと連携

1）地域や社会へのひろがり

子どもの育ちには，家庭が必要であると同時に，地域の人びとや機関・施設の関与や支援が必要である。私的な生活の営みを軸とする家庭に子どもを迎え入れる場合であっても，公的な養育となる里親，ファミリーホームにおける養育には，地域社会と関係を結び，必要に応じて助け，助けられる関係を作る社会性が必要である。関係機関との協働はもとより，子どもの通園・通学先の職員，近隣住民が，委託されている子どもの状況を理解し養育を応援してくれる関係づくりを試みていくことが養育者に求められる。

2）里親会等への参加

日々の暮らしのなかで起こる養育者としての悩み等は，時に社会的養護に携わる養育者の立場でしか共有できない，あるいは理解されにくいこともある。同じ立場で話すことができる里親会や当事者のネットワークを活用することは大切である。

3）市町村の子育て支援事業の活用

家庭養護は，保護者として地域で生活していることを理解し，市町村の子育て支援が必要であることを養育者自身や関係機関が受け止め，積極的に活用する。生活が根ざしている身近な市町村の地域子育て支援につながることや利用できるサービスを活用していくことも，養育のサポートとしては有効である。

参考文献

厚生労働省児童養護施設等の社会的養護の課題に関する検討委員会・社会保障審議会児童部会社会的養護専門委員会とりまとめ「社会的養護の課題と将来像」2011年

厚生労働省「社会的養護の課題と将来像の実現に向けて」2013年

井村圭壯・相澤譲治編著『保育と社会的養護』学文社，2014年

流石智子監修『子ども家庭福祉』保育出版社，2016年

成清美治・吉弘淳一『児童や家庭に対する支援と児童・家庭福祉制度』学文社，2012年

厚生労働省「『子ども子育てビジョン』について―子どもの笑顔があふれる社会のために」2010年

プロムナード

「児童虐待防止対策の抜本的強化について③（平成31年3月19日関係閣僚会議決定）」
3 児童虐待発生時の迅速・的確な対応
（4）社会的養育の充実・強化
①里親の開拓及び里親養育への支援の拡充・里親の負担軽減（一時的に子どもを預かるサービスの利用促進）や手当の充実等。②特別養子縁組制度等の利用促進・特別養子縁組の成立要件を緩和する（養子となる者の年齢の上限を引き上げる）等の見直しを行う。③児童養護施設等の小規模かつ地域分散化の推進。④自立に向けた支援の強化・18歳到達後の者を含め，児童養護施設を退所した子ども等に対し，住まいの確保や進学・就職を支援する措置の拡充を図る。

学びを深めるために

家庭養護促進協会編『里親になってよかった―さとおや・養親ブックレット』エピック，2005年

　季節・週末里親と養育（養子）里親という役割の異なる里親について，実際の体験を踏まえながら記述している。特にそれぞれの役割を担っている里親たちが，子どもとの具体的な関わり，子育てへの想いを語っている。

第 **8** 章

社会的養護と
ソーシャルワーク

1　ソーシャルワークとは

（1）ソーシャルワークの目的

　人びとの生活や暮らしに何らかの生活課題が発生したときに，その生活課題の緩和や改善を図ろうとする専門援助技術にソーシャルワーク（Social Work）がある。

　図表8－1は，保育士によってソーシャルワークが展開される際のしくみを表したものである。社会的養護のなかでも，特に児童福祉施設での実践を踏まえて説明するとわかりやすい。保育士は，まず主として，日々の生活を通じて子どもの様子を把握し，状況に応じた働きかけを行う（①）。そして，必要に応じて保護者と面談したり，子どもの様子を伝達したりするなど，保護者に対するアプローチを行う（②）。日々の生活のなかで子どもに直接的な支援を行うことにより，子どもの現状や心の動きを把握しており，子どもと保護者の関係性をつなぐ役割も果たしている（③）。

　また，子ども（場合によって保護者・家庭，以下，子ども等）が生活する環境（人間関係や生活環境）へアプローチし（④），子ども等と，その取り巻く環境との調整を果たす役割も担う（⑤）。生活課題の性質や支援の内容によっては，さまざまな社会資源を活用しながら実践を展開するという側面もある（⑥）。主にケアワーク（子どもへの直接的な支援）にその専門性を有するのが保育士だとすると，④⑤⑥の方向性については，とりわけ他の職種との連携による子ども等への継続的支援が必要となる領域だということができる。

　このようにソーシャルワークは，対象者の身体的側面や心理的側面だけに焦点を当てた支援なのではなく，社会的側面をも視野に入れた，生活全体からのアプローチを特色としている。

社会資源

　子どもや保護者が抱える生活上のニーズを充足するために用いられる，制度・政策や社会的サービス，人材などを指している。社会資源は，公的（フォーマル）な資源だけではなく，家族や地域住民などのような私的（インフォーマル）な資源をも含んでいる。

図表8－1　保育士によるソーシャルワークの視点

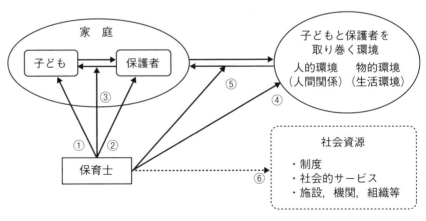

（注）必ずしも⑥を活用した支援が，保育士の主たる業務の範疇とはいえないため，点線で示している。
出所）筆者作成

(2) ソーシャルワークの定義

　社会的養護の実践とソーシャルワークは，不可分な関係にあるといえる。家庭において，さまざまな生活課題や複雑な家庭事情を抱えながら生活してきた子どもたちが多く，そのためにやむを得ず家庭で生活することが困難になった子どもたちが，社会的養護を利用することになる。

　この生活課題や生活上の困難を緩和・解決するために用いられる専門援助技術がソーシャルワークであり，社会的養護の実践に当たっては，保育士にもソーシャルワークに対する理解が求められる。

　ソーシャルワークの性質について端的に言い表したものが，ソーシャルワークの定義である。ここでいくつかのソーシャルワークの定義を取り上げる。先に示した図表8−1と関係づけながら，確認してほしい。

　保育士がソーシャルワークについて学ぶ上でよく目にする定義は，2008年の『保育所保育指針解説書』第6章「保護者に対する支援」コラムに掲載された定義であろう。この定義は，わかりやすくソーシャルワークの性質をまとめている。

> **保育所保育指針解説書**
> 厚生労働省により，保育所保育指針とともにその解説書が著されている。なお，保育所保育指針および解説書は，2018年に改訂されており，保護者に対する支援は「第4章　子育て支援」に改められた。

　生活課題を抱える対象者と，対象者が必要とする社会資源との関係を調整しながら，対象者の課題解決や自立的な生活，自己実現，よりよく生きることの達成を支える一連の活動をいいます。対象者が必要とする社会資源がない場合は，必要な資源の調整や対象者のニーズを行政や他の専門機関に伝えるなどの活動も行います。さらに，同じような問題が起きないように，対象者が他の人びとと共に主体的に活動することを側面的に支援することもあります。保育所においては，保育士等がこれらの活動をすべて行うことは難しいといえますが，これらのソーシャルワークの知識や技術を一部活用することが大切です[1]。

　また，日本における「ソーシャルワーカー（日本社会福祉士会）の倫理綱領」(2005)が示すのは次の定義である。この定義は，国際ソーシャルワーカー連盟(IFSW)が2000年に採択したソーシャルワークの定義を援用したものである。

> **倫理綱領**
> 専門職団体が，その資格を有する者が遵守すべき倫理責任を明文化したものである。保育専門職についても，2003年に「全国保育士会倫理綱領」が採択されている。

　ソーシャルワーク専門職は，人間の福利（ウェルビーイング）の増進を目指して，社会の変革を進め，人間関係における問題解決を図り，人びとのエンパワーメントと解放を促していく。ソーシャルワークは，人間の行動と社会システムに関する理論を利用して，人びとがその環境と相互に影響し合う接点に介入する。人権と社会正義の原理は，ソーシャルワークの拠り所とする基盤である[2]。

その後，国際ソーシャルワーカー連盟は，2014 年に開催した総会において「ソーシャルワーク専門職のグローバル定義」を採択している。

ソーシャルワーク専門職のグローバル定義

日本語訳は，社会福祉専門職協議会（日本ソーシャルワーカー協会・日本社会福祉士会・日本医療福祉協会・日本精神保健福祉士協会）によるものである。なお，このグローバル定義を採択した後もなお，日本におけるソーシャルワーカー（日本社会福祉士会）の倫理綱領は旧定義を採用している。

> ソーシャルワークは，社会変革と社会開発，社会的結束，および人びとのエンパワメントと解放を促進する，実践に基づいた専門職であり学問である。社会正義，人権，集団的責任，および多様性尊重の諸原理は，ソーシャルワークの中核をなす。ソーシャルワークの理論，社会科学，人文学，および地域・民族固有の知を基盤として，ソーシャルワークは，生活課題に取り組みウェルビーイングを高めるよう，人びとやさまざまな構造に働きかける。
>
> この定義は，各国および世界の各地域で展開してもよい[3]。

エンパワメント

生活環境や地域環境によって弱められた強みや持ち味，可能性などに焦点を当て，環境を調整・改善することによってそれらが現れやすい状況を作る支援のあり方を指す。ソロモン（Solomon, B.）によって指摘され，広く知られるようになった。

ソーシャルワークは，人間が抱えるさまざまな生活上の困難は環境によって形作られるという基本的視点に立っている。つまり，人間の生活は，その人を取り巻く社会環境から影響を受けているのである。ソーシャルワークは，人間と社会環境が互いに影響を与え合う関係であることを視野に入れながら展開していくことに特徴があるため，先に述べた国際定義は共に，人間と社会環境における諸理論に対する理解が必要であることを述べている。

そして，対象者のニーズを丁寧に聴き取ったうえで，人間関係を調整したり，ニーズに沿った社会資源を活用したりしながら，生活課題を解決するために，状況に応じたさまざまなアプローチを取り入れ，対象に働きかけていくのである。

社会的養護の実践現場においてソーシャルワークを活用する場合，子どもの最善の利益を実現するという目的との関連において，ソーシャルワークの特質を反映させた実践活動を展開していく必要がある。

（3）ソーシャルワークの方法と技術

ソーシャルワークの専門援助技術は，2つの「直接援助技術」と5つの「間接援助技術」を基本として構成される。

「直接援助技術」は，子どもや保護者と直接対面することにより展開される実践方法である。社会的養護において保育士は，ケアワークと並行してこの直接援助技術を活用する場面や，児童指導員等が実践する直接援助技術と協働して子どもや保護者を支えていく場面が多々ある。そのため，もっとも理解を深めておきたい技術だといえる。

「間接援助技術」は，子どもや保護者を取り巻く環境に働きかけ，調整することにより，間接的にアプローチする方法である。子どもや保護者・家庭と，その環境を調整することにより，生活課題の源となっている人間関係や生活状

図表 8 － 2　ソーシャルワークの専門援助技術とケアワーク，レジデンシャルワークの関連

◀──── レジデンシャルワーク（社会福祉施設における実践援助技術）はこの両者を往還しながら展開 ────▶

ソーシャルワークの専門援助技術（区分・名称・目的）				ケアワークの内容
直接援助技術	ケースワーク（直接援助技術）	子どもやその保護者，家庭をひとつのケースとして支援する技術。主として面接を用いながら子どもや保護者が有するニーズの理解に努めた上で，系統立った支援の過程に基づき進められる。	相互に関連し合う領域	身辺自立に向けた支援 配膳，食事，歯磨き，排泄，入浴など身辺の自立に関わる業務。
直接援助技術	グループワーク（集団援助技術）	グループの相互作用とそのなかで生じるグループダイナミックス（集団力動）を効果的に運用しながら，個人の内面的成長とグループとしての成長を目指す技術。	相互に関連し合う領域	家事に関連する支援 掃除，洗濯，衣類の整理，買い物，施設内環境整備など家事に関わる業務。
間接援助技術	コミュニティワーク（地域援助技術）	地域が抱える課題に対する地域住民の気づきを促し，住民自ら主体的に課題解決を図ることができるよう支援する技術。	相互に関連し合う領域	心理的・精神的支援
間接援助技術	ソーシャルワークリサーチ（社会福祉調査法）	子どもや保護者，また地域の実態や，そのニーズを把握するための方法。	相互に関連し合う領域	心理的・精神的支援
間接援助技術	ソーシャルプランニング（社会福祉計画法）	福祉ニーズを充足するために必要な計画を策定する方法。行政が策定する国としての施策のみならず，自立支援計画にも関連する。	相互に関連し合う領域	心理的・精神的支援
間接援助技術	ソーシャルアクション（社会活動法）	福祉行政に働きかけることにより，制度や政策，サービスの改善や整備，拡充を求める行動を起こす方法。	相互に関連し合う領域	社会的支援
間接援助技術	ソーシャルアドミニストレーション（社会福祉運営管理法）	社会福祉施設や機関における人員・施設の整備やサービスの質的向上に向けた管理・運営の取り組みなどに関わる方法。	相互に関連し合う領域	社会的支援

関連援助技術	カウンセリング	支援活動では，子どもや保護者が語る言葉に丁寧に耳を傾ける技術が担う役割が大きい。援助関係の形成において，心理的なアプローチにより自己洞察を促す技術である。
関連援助技術	スーパービジョン	経験の浅い援助者がより熟練した援助者から助言・指導を得ることを通して，専門性の向上や自己覚知につなげていこうとする方法。援助者を精神的に支える目的もある。
関連援助技術	コンサルテーション	他の領域の専門家から助言・指導を得る方法。
関連援助技術	ケアマネジメント	地域での生活を支えるために，迅速かつ適切に複数のサービスを組み合わせて提供する方法。
関連援助技術	チームワークネットワーキング	組織内における多職種の協働や関係機関・施設との連携を図るための方法。

出所）成清美治『ケアワークを考える―その周辺をめぐる諸課題』八千代出版，1996 年，p.53 を参考に筆者作成

況の改善，家族の再構築を目指す働きかけである。行政に働きかけて制度や社会的サービスの拡充を図るよう促したり，地域に不足する社会資源を開発したりすることもある。

　また，関連する近接領域の技術が，支援活動をより効果的に展開するために用いられる。このような技術を「関連援助技術」と呼んでいる。

　直接的な支援を主な業務とする保育士は，図表 8 － 2 に示したソーシャルワークの専門援助技術のうち，特に直接援助技術であるケースワークとグループワークに対する理解が不可欠である。

　したがって，直接援助技術について，その実践における基本的視点や実践展開の方法についてその詳細を後述することとする。

2　社会的養護におけるソーシャルワーク実践の意義と役割

(1) 社会的養護におけるソーシャルワーク実践の意義

　社会的養護を利用する子どもが置かれていた家庭環境や，子ども自身または保護者が抱える生活課題は，貧困家庭やひとり親家庭，子ども虐待やDV（ドメスティック・バイオレンス），障害，偏見など，複雑かつ多様である。そのような状況において，地域のなかで十分な人間関係を作ることができず，つながりが薄れ，より一層事態が深刻化するケースもみられる。

　児童養護施設等の社会的養護の課題に関する検討委員会・社会保障審議会児童部会社会的養護専門員会がとりまとめた「社会的養護の課題と将来像」（2011年7月）は，社会的養護の機能として，「養育機能」「心理的ケア等の機能」「地域支援等の機能」をあげており，子どもの育ちの観点から心理・社会的支援を担っていることがわかる。また，「施設のソーシャルワーク機能を高め，施設を地域の社会的養護の拠点とし，これらの家族支援，地域支援の充実を図っていくことが必要である」ということも指摘していることから，社会的養護に占めるソーシャルワークの位置づけの重さがうかがえる。

　また，「社会的養護の課題と将来像の実現に向けて」（2016年1月版，厚生労働省雇用均等・児童家庭局家庭福祉課）は，「社会的養護の基本理念と原理」のなかで述べる「社会的養護の基盤づくり」のひとつとして，「ケアワークとソーシャルワークを適切に組み合わせ，家庭を総合的に支援する仕組みづくりが必要」としている。この視点は，たとえば，厚生労働省雇用均等・児童家庭局家庭福祉課が作成した「児童養護施設運営ハンドブック」（2014年3月，p.16）にも記述されるものである。

　つまり，社会的養護の実践にあたっては，子どもの生活環境をより安心で快適なものとするために，保育士もまたケアワークのみならず，ソーシャルワークに対する理解が不可欠であることを意味している。

　近年は，社会的養護にとどまらず，保育実践を取り巻く生活課題の多様性や複雑化により，保育士の専門性に焦点を当てた相談援助技術として保育ソーシャルワークや保育相談支援（保護者支援）も注目されるようになった。

　対象者の抱える生活課題の性質や，社会的養護という場の特性を反映させたソーシャルワーク実践を展開していくためには，これら保育領域の相談援助技術の体系化と実践事例の蓄積により，保育者の立場からソーシャルワークをどのように展開していくことが可能であるかを検討していくことが必要である。

(2) 子どもの最善の利益と生活の再構築

　子どものパーソナリティや社会的行動は，もっとも基本的な社会集団と呼ばれる家庭のあり方から影響を受ける。何らかの事情により，生まれた家庭等で

児童養護施設運営ハンドブック

　厚生労働省雇用均等・児童家庭局家庭福祉課は，社会的養護施設ごとに運営ハンドブックを作成している。たとえば，児童養護施設運営ハンドブックには，「施設には，これまで培ってきた養育や支援に対しての専門的な知識や技術に基づき，専門的な地域支援の機能を強化し，総合的なソーシャルワーク機能を図っていくこと」（厚生労働省雇用均等・児童家庭局家庭福祉課「児童養護施設運営ハンドブック」2014年3月，p.15）として，ソーシャルワークに対する期待が述べられている。

保育相談支援

　保育士には，「児童の保育」と「児童の保護者に対する保育に関する指導」という2つの役割がある（児童福祉法第18条の4）。そのうち，後者を具現化するために，保育士の専門性として体系化された実践方法を指す。それは，児童福祉施設を利用する保護者のみを対象としたものではなく，地域の子育て家庭への支援をも含んでいる。

生活することができなくなった子どもに対しては，児童福祉施設や里親など，社会的養護の場が家庭に替わって子どもの生活を創ることになる。

　特に，社会的養護を担う児童福祉施設においては，子どもの年齢や施設を利用するに至った背景事情により，日常の生活場面全体を見通しながら支援を展開していかなければならない。その時に用いられる方法のひとつが，ソーシャルワークである。

　保育士は，通常，ソーシャルワークの主たる担い手とは考えられていない。しかしながら，保育士は，ソーシャルワーカー（日本では主に社会福祉士や精神保健福祉士などを指す）と協働して子どもと保護者・家庭の支援に臨むこともあれば，保育士自らソーシャルワークの技術の一部を活用して実践を展開する場面もある。社会的養護を利用して生活を再構築しようとする子どもたちの多くは，生活の基盤が揺らぐなかで過ごしてきた子どもたちである。心に傷を負った子どもや，地域との結びつきが希薄ななかで生活してきた子どもがいる。また，保護者の事情にも目を向けながら，できるかぎり家族再構築へつながるような課題の解決にも取り組む必要がある。

　子どもの最善の利益を実現するためにソーシャルワークを実践していくということは，子どもの生活における各側面である，身体的側面，心理的側面，社会的側面といった各側面のつながりから，生活課題の背景を捉える視点を持つということである。

　近年，社会構造や家族のあり方に変容がみられ，保育の現場でもソーシャルワークを活用するべき複数の事例がみられるようになってきた。とりわけ社会的養護の場では，子どもの抱える複雑な背景事情に対応するため，保育士はソーシャルワークの知識や技術，価値観や倫理観を大切にしてきた。保育技術だけではなく，子どもやその保護者，家庭の全体性（holistic）を視野に入れたソーシャルワークの視点を携えながら保育を展開していくことが，社会的養護における保育士の役割なのである。

(3) 社会的養護における「ケア」と「ソーシャルワーク」

　社会的養護における保育士の役割は，基本的にはケアワークの担い手として理解されている。この「ケア」に関して，ミルトン・メイヤロフ（Mayeroff, M.）の「一人の人格をケアするとは，最も深い意味で，その人が成長すること，自己実現することをたすけることである」[4]というよく知られた一節がある。

　社会的養護における実践活動は，子どもや保護者と援助者による，その人格を介した，より豊かな生活の創造を目指して展開される支援である。それを横糸とするならば，その他のさまざまな人間関係や施設内資源，地域資源などは縦糸と呼べるであろう。横糸と縦糸が織りなす生活の営みが，社会的養護の実践といえる。保育士は，ケアワークという日々の直接的な営みに対して，ソー

全体性（holistic）

　ソーシャルワークが大切にしてきた基本的視点のひとつである。生活課題は，生活のひとつの側面だけを切り取ったからといって解決に結びつくものではない。人間の生活は，さまざまな要素の複合体として成立しており，それぞれの要素が互いに影響し合うものなのである。そのような視点を「全体性」と呼ぶ。

ミルトン・メイヤロフ（Mayeroff, M.）

　1925-1979年。哲学的観点から，ケアするということの意味をとらえようとした。メイヤロフはケアの主な要素として，「知識」「リズムを変えること」「忍耐」「正直」「信頼」「謙遜」「希望」「勇気」という8つの要素をあげている。

シャルワークという社会的な営みを編み込みながら，子どもたちの生活がより豊かなものになるよう日々の活動を支えていく。

　ケアワークの主たる役割が身辺の自立に向けた支援や家事支援であるとしても，そこには自ずと人格と人格の邂逅が含まれるはずである。その時，保育士は，どのような意識をもって子どもや保護者の人格に向き合うべきであろうか。保育士は常に自身が行う実践の意味について，自問自答する必要がある。

　そのためにも保育士は，子どもや保護者がたどってきた生活の道筋に対する想像力を働かせなければならない。なかには，保育士が想像することさえ困難な事態に直面し，心身ともに傷つき，ようやく辿り着いた安心して生活することのできる場が，社会的養護だったという子どもたちもいるだろう。切れ目のない子どもたちの生活のなかに入り込み，子どもと同じ時間や空間に身を置くことで感じられる日常の気がかりや，そのなかで見出す気づきや発見を大切にする感性が，保育士に求められている。

　また，子どもたちは身体的・心理的側面からのケアを必要としている存在であると同時に，社会的側面に焦点を当てた人的資源や地域資源とのつながりを感じさせる「ソーシャル」な側面からの支援が必要となる。

　それがソーシャルワークを必要とする側面であるが，保育士の専門性だけでは限界を感じさせる側面でもある。先に述べたように，社会的養護の現場が抱える課題は，複雑で多岐に及んでいる。そのため，多職種連携・協働の視点が求められる。したがって，保育士もまた，ソーシャルワークを実践する専門機関やソーシャルワーク専門職と連携・協働していくために，ソーシャルワークの価値や倫理，実践の特性について理解しておきたいところである。

３ 社会的養護におけるケースワーク実践

（１）援助関係の形成とバイステックの原則

　ケースワークにおいては，専門的援助関係を形成することが支援の基盤として必要となる。フェリックス・P・バイステック（Biestek, F.P.）は，クライエント（生活課題を抱える対象者）はその有するニーズに対して援助者にどのような反応を求めているかを考察する中で，援助者に求められる７つの態度を抽出している。

　日本では「バイステックの原則」と呼ばれており，社会的養護において，子どもや保護者との援助関係の形成において，保育士が大切にしなければならない実践の原理であり，基本的態度である。

　図表８−３は，バイステックの原則が伝えようとする考え方を表したものである。子どもや保護者は，揺れ動く心情のなかで，さまざまなニーズや期待をもって保育士と出会うことになる。そこで必要とされるのは，保育士側の援助

フェリックス・P・バイステック（Biestek, F.P.）

1912-1994年。ケースワークの研究者であり，ワーカー–クライエント関係における力動的相互作用に関心を寄せ，専門的援助関係を形成するためにはワーカー側の態度が重要な意味を持つことを強調した。

図表 8 − 3　バイステックの原則とその考え方

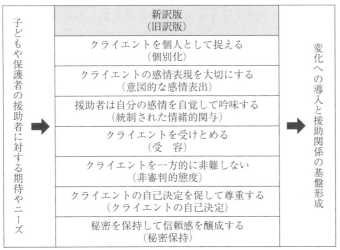

子どもや保護者の援助者に対する期待やニーズ	新訳版（旧訳版）	変化への導入と援助関係の基盤形成
	クライエントを個人として捉える（個別化）	
	クライエントの感情表現を大切にする（意図的な感情表出）	
	援助者は自分の感情を自覚して吟味する（統制された情緒的関与）	
	クライエントを受けとめる（受　容）	
	クライエントを一方的に非難しない（非審判的態度）	
	クライエントの自己決定を促して尊重する（クライエントの自己決定）	
	秘密を保持して信頼感を醸成する（秘密保持）	

出所）筆者作成

関係形成のために基盤となる姿勢や態度である。それが，子どもや保護者の変化を引き起こす重要な要素のひとつとなる。

　それぞれ新訳版と旧訳版を併記しているが，括弧書きの部分が旧訳を表している。なお，「クライエント」と記されている対象者の部分を，社会的養護における「子どもや保護者」と読み替えてみるのがよい。

　「クライエントを個人として捉える（個別化）」では，子どもや保護者・家庭の個別性が大切にされる。

　個別性をもって援助関係を築くためには，**「クライエントの感情表現を大切にする（意図的な感情表出）」**を心がけなければならない。それが必ずしも保育士にとって好ましいと思える反応ではなくても，あるがままの表現を大切にしようとする姿勢が援助関係を促進する。

　それを可能にするのが**「援助者は自分の感情を自覚して吟味する（統制された情緒的関与）」**であり，保育士自身が客観的に自己を見るまなざしを持つことを意味する。

　保育士が保持する先の態度が関連し合うことにより，**「クライエントを受けとめる（受容）」**ができるようになる。

　受けとめるということは，**「クライエントを一方的に非難しない（非審判的態度）」**ことでもある。受けとめることはたやすいことではない。表面的な出来事の善し悪しや保育士自身の価値判断に縛られることは，言動や行動の背景にある背景事情を見えにくくしてしまう。保育士には，一方的な見方や判断にならないような客観的態度が必要である。

　これら一連の態度によって，子どもと保護者は，保育士と共に課題解決に取り組もうとする気持ちや意欲が芽生え始める。子どもや保護者には，社会的養護による支援を離れた後も続く生活があるため，**「クライエントの自己決定を**

促して尊重する（クライエントの自己決定）」が必要なのである。そのためには，適切な情報提供により選択肢を示すことも必要となる。

そして，援助関係を形成するためには，保育士の職業倫理と社会的責任が問われる「秘密を保持して信頼感を醸成する（秘密保持）」が欠かせない。とりわけ，SNS（ソーシャル・ネットワーク・サービス）が普及している現代社会にあっては，その取扱いに慎重でなければならない。

(2) ケースワークの展開過程

子どもや保護者，家庭への支援は，自立支援計画票に基づき，一定の見通しをもって具体的に展開されるものである。

支援の流れには，養育・支援の前提となるような生活課題が児童相談所等の相談機関によって受理されてから始まる相談機関の展開過程と，社会的養護への措置によって始まる支援の展開がある。その具体的な対応の内容に違いがあるにせよ，大きな枠組みとしての展開過程は図表8－4の通りである。

まず，養育・支援の前提となる生活課題が発見され，ケースが持ち込まれるところから実践活動が始まる。しかしながら，必ずしも，子どもや保護者が自らの問題性を感じて相談機関を訪れるとは限らず，逆に深刻な生活課題を抱え

> **自立支援計画票**
> 社会的養護における，子どもの養育の基本となるものであり，児童相談所における診断や判定に基づき，専門的見地から作成される。子どもの養育状況や変化などをみながら，養育に携わる者と児童相談所が連携を図りながら，適宜見直すことが必要である。

図表8－4 ケースワークの展開過程

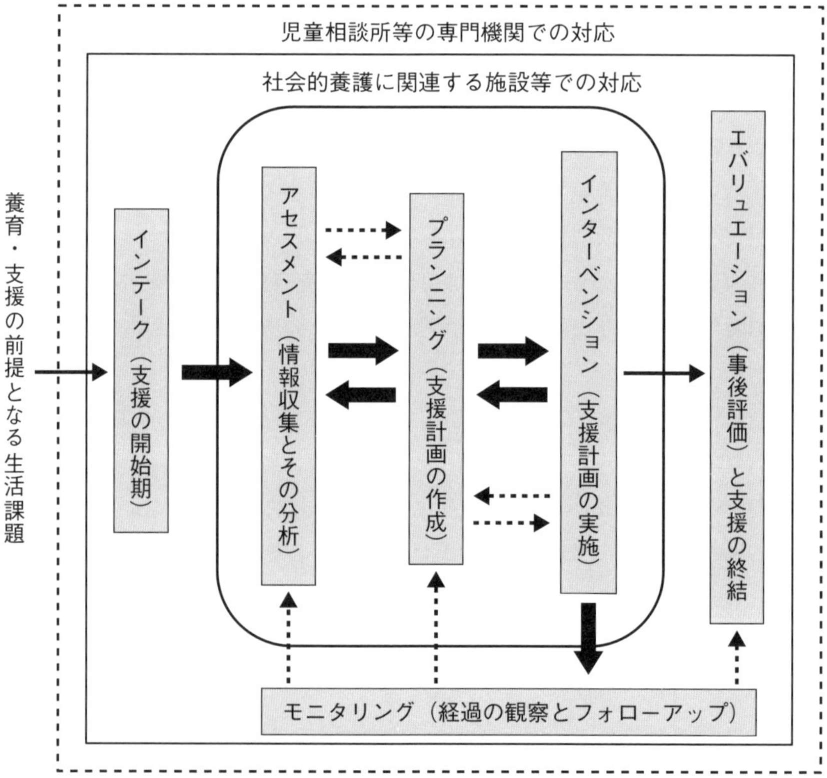

出所）渡邊慶一「保育相談支援の実際」成清美治・真鍋顕久編著『家庭支援論・保育相談支援』学文社，2017年，p.154を一部修正

た家庭のケースが発見されず，地域のなかで埋もれてしまうこともある。その
ため，ケースワーク実践においては，アウトリーチの手法が取られることがあ
る。

　ケースとしての対応が始まると「**インテーク**」という相談受理のための面接
が行われるが，子どもや保護者・家庭が置かれている状況に対する基本情報を
把握するとともに，対応できることとできないことの説明責任を果たすべき局
面でもある。ここでの対応によって信頼を得ることができなければ，支援が次
の段階へとつながっていかないことも起こり得る。そのため，一定の配慮を必
要とする場面でもある。「**アセスメント**」では，課題解決のために必要な情報
を収集し，分析を加え，支援計画の作成段階である「**プランニング**」，支援計
画に基づく実践段階である「**インターベンション**」へとつないでいく。この間，
支援展開やその効果について見極める「**モニタリング**」を経て，再アセスメン
トや支援計画の見直しが必要になることがある。そして，支援過程を総合的に
評価する「**エバリュエーション**」の段階へと入っていき，「**支援の終結（ターミ
ネーションと呼ばれる）**」を迎える。十分な成果が得られず，他の専門機関・施
設へ引き継ぐこともある。

> **アウトリーチ**
> 　社会福祉の領域では，必ずしも生活課題を抱えた人が自ら支援を求めて相談機関を訪れるケースばかりではない。アウトリーチとは，そうした人びとが生活する空間や地域社会に出向いて支援を行うことを意味している。

（3）社会的養護とケースワーク

1）生活場面面接

　ケースワークでは，面接を中心として把握されたニーズに対して，心理・社
会的支援が展開される。面接には「構造化された面接」と「構造化されない面
接」があるが，この場合の「構造化」とは，時間や場所，質問内容など，あら
かじめある程度の枠組みが決められていることを意味する。

　つまり，「構造化された面接」とは一定の枠組みをもった面接法を指してい
る。面接というと，このような面接室で行われるような面接をイメージしがち
であるが，社会的養護のような生活の場で展開される支援においては，むしろ
「構造化されない面接」としての「生活場面面接」の考え方を理解しておく必
要がある。

　社会的養護では，子どもと同じ生活空間に身を置きながら支援が行われる。
つまり，日常の生活場面の至る所に，子どもとの接点が散りばめられており，
生活場面面接は，子どもを理解するための手がかりに満ち溢れた，場の特性を
生かした方法だといえる。

2）自立に向けた支援

　子どもや保護者は，社会的養護による支援が終結を迎えた後も，自立した生
活を送ることになる。自立した生活は「自律」を必要としており，単に経済的
自立を指すものではない。社会生活に適応しながら，人間関係においては，時
として沸き立つ感情を抑制しなければならない場面もある。身体的，精神的，

> **生活場面面接（Life Space Interview）**
> 　レドル（Redl, F.）によって，情緒障害のある子どもたちの施設での治療原則として考案された。生活空間全体が治療のために必要な空間であるとの認識に基づいており，現在では情緒障害のある子どもだけではなく，さまざまな対象者に向けた方法として知られる。

社会的な自立のバランスを保ちながら成り立つものが「自律」した生活なのである。

　また，助けを必要とする状況に陥った時に，助けての声を上げ，他者の支えを受けながら生活することもまた，自立のためには必要である。助けを求められる人間関係を作っていくために，子どもや保護者には相談の仕方や意思の伝え方などについて学んでもらう必要がある。そうしたことも視野に入れながら，自立に向けた支援は行われる。

3）家族再統合への支援

　できるかぎり家族が元の生活を回復することができるよう，児童相談所等と連携を図りながら，親子関係の調整と家族再統合に向けた，持続的かつ継続的な支援を展開していくことが社会的養護では必要となる。

　必ずしも，家族が元通りの生活を取り戻すことができるような幸せな終結ばかりではない。だからこそ社会的養護には，家族機能の代替として子どもの最善の利益を実現するために，たとえば児童福祉施設では，「アドミッションケア（入所前後に行う支援）」「インケア（入所中に行われる支援）」「リービングケア（退所前に必要な支援）」「アフターケア（退所後の支援）」といった，入所から退所後に至るまでの一貫したケアの体制整備が不可欠なのである。

4　社会的養護におけるグループワーク実践

（1）グループワークと社会的養護

　社会的養護における子どもたちの生活は，グループ（集団）と切り離して考えることができない。それはグループ経験のなかで，生きるということの意味を問い直す体験でもある。

　集団経験は，社会的な行動をなすことの意味や他者との折り合いのつけ方など，これから社会生活を築いていかなければならない子どもや保護者にとって，貴重な体験の機会となっている。

　しかしながら，さまざまな考え方や価値観を持った個人により構成されるグループは，葛藤を引き起こすことがよくある。葛藤を解決することもまたグループの力であり，葛藤の解決により，個人としても，グループとしても，成長を遂げるのである。

　グループワークの特色は，こうしたグループのなかに生じる力動的な相互作用（グループダイナミックス）を支援のために活用するところにある。この相互作用ゆえに，グループは生き物であると表現されることもある。個人の成長のために貢献するグループへと発展することもあれば，グループメンバーが互いに傷つけ合ったり，心理的圧力を加えるリーダーの存在によって社会的問題行動を引き起こしたりするような，負の作用を引き起こすこともある。

**グループ
ダイナミックス**

　レヴィン（Lewin, K.）らの研究で知られる集団力動（集団力学）を意味する用語である。グループに生じる個人への影響や効果などに関する研究から，グループの法則性を発見しようとした。

だからこそ保育士は，グループダイナミックスがどのように作用しているかを見極めながら，グループを調整するために必要な支援を行う必要がある。

（2）グループワークの過程

グループワークには，個人の人間的かつ精神的な成長と，グループの凝集性が高まりグループとして成長することを期待する，2つの関心事がある。このためグループワークの展開過程においては，図表8-5のように，グループが個人を巻き込みながら展開していく図式を描くことができる。グループのあり方は個人に影響を及ぼし，個人のあり方がまたグループの雰囲気や方向性に影響を与える。

グループワークの展開過程は，「準備期」「開始期」「作業期」「終結・移行期」から成っている。

「準備期」では，グループワークに臨むために必要なさまざまな手続きが取られる。この段階では，グループメンバーの情報から，グループに参加するメンバーの思いや願いに対する洞察が必要となる（「波長合わせ」という）。また，個人やグループが抱えるニーズや課題を把握し，目標を設定する。**「開始期」**では，グループづくりのために必要な雰囲気づくり（アイスブレイク）や契約（役割と責任の明確化）が行われる。**「作業期」**では，プログラム活動を用いて，メンバーの情緒的交流や課題達成のために努力が促進される。状況をみながら，先にあげたグループワークの関心事に照らして，メンバーに対する支援とグループに対する支援が行われる。**「終結・移行期」**では，感情やプログラム活動の過程をふりかえり，分かち合い（シェアリング），新たなプログラム活動への移行のための支援が行われる。

> **グループの凝集性**
> 個人の，あるグループに対する関心を高めさせ，グループへの帰属意識が生じる状態を指している。一般的に，凝集性が高まれば団結力や結束力が強まり，目標に向けて協力体制が築かれるとされる。

> **波長合わせ（tuning-in）**
> シュワルツ（Schwartz, W.）が，準備期における重要事項のひとつとして取り上げた概念である。グループに参加するクライエントの心情に思いを寄せ，共感的理解を促進するために行われる準備段階の手続きをいう。

図表8-5　グループワークの展開過程

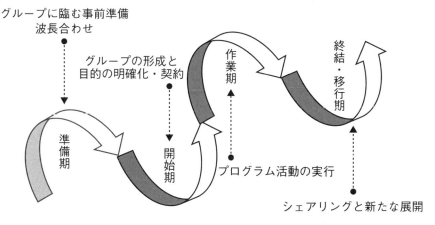

グループに臨む事前準備
波長合わせ

グループの形成と
目的の明確化・契約

作業期

終結・移行期

準備期

開始期

プログラム活動の実行

シェアリングと新たな展開

出所）筆者作成

（3）グループワークとプログラム活動

　グループワークの展開においては，グループの特性に対する把握と，その目的に応じてどのようなプログラム活動を設定するかということが大きな意味を持っている。また，グループを構成する個人がどのような思いを持ってグループに参加し，どのようなことに興味や関心を抱いているのかということについても，配慮しなければならない。

　図表 8 － 6 は，保育の 5 領域から考えたグループワークのプログラム活動を表している。保育士は，保育の 5 領域を視野に入れながら実践を展開することができる専門職である。保育士だからこそできる，多様かつ柔軟なプログラム活動の展開が可能になるだろう。

　社会的養護におけるプログラム活動は，社会的養護を利用する子どもたちが社会的養護を利用しない子どもと同じような，生活体験や余暇活動を過ごすことができるようなプログラムであることが求められる。

図表 8 － 6　保育の 5 領域からみたグループワークのプログラム活動（例示）

		言　葉				
		言語表現	身体表現	音楽表現	造形表現	総合表現
人間関係	表現	絵本読み 俳句・詩 川柳・朗読	フォークダンス 郷土色豊かな踊り・軽スポーツ	合唱 合奏	絵画・工作 手芸・折り紙	演劇（劇遊び）・紙芝居 人形劇・ペープサート エプロンシアター
			リトミック・手遊び			
	環境	ハイキング・キャンプ・天体観測・水泳 昆虫採集・植物観賞・スキー・スケート			ゲーム性のある遊び・トランプ・カルタ・囲碁・将棋	
		健　康				

（注 1）保育場面を限定せず，保育所保育と施設保育の両者で考えられるプログラム活動をあげている。
（注 2）「総合表現」は，複数の表現要素を組み合わせたプログラム活動である。
出所）渡邊慶一「保育場面と集団援助技術の実際」杉本敏夫・豊田志保編著『相談援助論』教育情報出版（発行時，保育出版社），2011 年，p.122 を一部修正

注）

1）厚生労働省編『保育所保育指針解説書』フレーベル館，2008 年，p.185
2）日本社会福祉士会ホームページ「倫理綱領と行動規範」
　https://www.jacsw.or.jp/01_csw/05_rinrikoryo/files/rinri_kodo.pdf（2019 年 6 月 1 日閲覧）
　日本ソーシャルワーカー協会ホームページ「倫理綱領」
　http://www.jasw.jp/about/rule/（2019 年 6 月 1 日閲覧）
3）日本社会福祉士会ホームページ「ソーシャルワーク専門職のグローバル定義」
　https://www.jacsw.or.jp/06_kokusai/IFSW/files/SW_teigi_japanese.pdf（2019 年 6 月 1 日閲覧）
4）ミルトン・メイヤロフ，田村真・向野宜之訳『ケアの本質―生きることの意味』ゆみる出版，1997 年，p.13

参考文献

大竹智・山田利子編著『学ぶ・わかる・みえる　シリーズ　保育と現代社会　保育と社会的養護原理』みらい，2014 年

柏女霊峰『子ども家庭福祉論〔第5版〕』誠信書房, 2018年

倉石哲也・伊藤嘉余子監修, 倉石哲也・鶴宏史編著『MINERVA はじめて学ぶ子どもの福祉11 保育ソーシャルワーク』ミネルヴァ書房, 2019年

倉石哲也・伊藤嘉余子監修, 伊藤嘉余子・福田公教編著『MINERVA はじめて学ぶ子どもの福祉5 社会的養護』ミネルヴァ書房, 2018年

フェリックス・P・バイステック著, 尾崎新・福田俊子・原田和幸訳『(新訳版)ケースワークの原則—援助関係を形成する技法』誠信書房, 1996年 (旧訳版: フェリックス・P・バイステック著, 田代不二男・村越芳男訳『ケースワークの原則—よりよき援助を与えるために』誠信書房, 1965年)

ミルトン・メイヤロフ著, 田村真・向野宜之訳『ケアの本質—生きることの意味—』ゆみる出版, 1997年

プロムナード

　社会的な養育・支援が必要になった子どもたちにとって, たとえ短い期間であったとしても, 生まれ育った家庭との間には一人ひとりの子どもたちが紡ぎ出してきた物語があるはずです。そのなかで抱いてきた感情も, 誰一人として同じではありません。社会的養護にかかわる専門職は, 子どもたちが現在語る言葉にできるかぎり耳を傾け, 子どもたちの未来にとってその時点で考え得るもっとも望ましいと思われる支援を提供していかなければなりません。

　社会的養護においては, ソーシャルワークの実践者として, 明確に「ソーシャルワーカー」という名称を担う2種の専門職があります。「家庭支援専門相談員(ファミリー・ソーシャルワーカー)」と「里親支援専門相談員(里親支援ソーシャルワーカー)」がそれです。

　「家庭支援専門相談員(ファミリー・ソーシャルワーカー)」は, 施設への入所から退所まで家族間の関係調整を担っています。まず, 1999年に乳児院で配置され, その後2004年以降, 児童養護施設等での配置も始まりました。

　「里親支援専門相談員(里親支援ソーシャルワーカー)」は2012年から配置が可能になった職種ですが, 家庭的な養育環境の保障という観点から, 里親への委託や委託先となった里親に対する専門的な支援を行っています。

　現実は厳しいものですが, 両者ともに, 立場は違えど, 家族に"なって"いくための育ちを支える専門職といえるでしょう。

学びを深めるために

山本智佳央・楢原真也・徳永祥子・平田修三編著『ライフストーリーワーク入門—社会的養護への導入・展開がわかる実践ガイド』明石書店, 2015年

　子どもたちが自己の歩んできた物語を肯定的に見つめ直し, これからの生活を前向きに紡ぎ出していこうとする取り組みである「ライフストーリーワーク」である。社会的養護におけるソーシャルワーク実践を, より豊かなものにするための試みのひとつとしても注目されている。本書では, 現場の実践者がその基礎を詳説してくれる。

大江ひろみ・山辺朗子・石塚かおる編著『子どものニーズをみつめる児童養護施設のあゆみ—つばさ園のジェネラリスト・ソーシャルワークに基づく支援』ミネルヴァ書房, 2013年

　つばさ園は, 京都市西京区にある児童養護施設である。本書では, つばさ園の実践者と研究者の協働により, ジェネラリスト・ソーシャルワークの視点から体系的にその実践に迫ろうとしている。また, 卒園生の声も取り上げることで, その実践の奥深さをより的確に伝えてくれる。

第 9 章

社会的養護の実施者

1　社会的養護の専門職の種別と実施内容

(1) 社会的養護における対象施設等の職員及び対象児童について

　本節においては，社会的養護における専門職の種別について，その要件及び根拠法等について触れ，その専門職の業務の実際について論じる。

　ここでは，広義の意味での社会的養護というより，むしろ限定的な範囲における社会的養護の専門職について説明する。

　まず，社会的養護の「限定的な範囲」について具体的に列挙すると，里親・小規模住居型児童養育事業（ファミリーホーム）及び，社会的養護を必要とする児童を監護する施設（乳児院・児童養護施設・児童心理治療施設・児童自立支援施設・母子生活支援施設・児童自立生活援助事業[自立援助ホーム]）における職員等である。

　次に，社会的養護の対象となる子どもは，何かしらの理由で親と離れて暮らす必要のある児童（父母の死別，行方不明，疾患，拘禁等）及び，親の監護が適当でない児童（非行児童・被虐待児等）である。

(2) 社会的養護に関わる職員等の基本的要件について

　この項においては，職員の一般的要件について説明する。根拠法令等については，児童福祉施設の設備及び運営に関する基準（第7条）にあり，以下のように記載されており，「児童福祉施設に入所している者の保護に従事する職員は，健全な心身を有し，豊かな人間性と倫理観を備え，児童福祉事業に熱意のある者であって，できる限り児童福祉事業の理論及び実際について訓練を受けた者でなければならない」とある。

　この記載からは，具体的な明文化とは言い難いのだが，「児童福祉施設に入所している者の保護に従事する職員」を広義の意味で解釈すると，里親及び小規模住居型児童養育事業（ファミリーホーム），そして児童自立生活援助事業（自立援助ホーム）で保護に従事する職員も対象として差し支えないと考えるのである。

　そこで，①健全な心身を有し，②豊かな人間性と倫理観を備え，③児童福祉事業に熱意のある者であって，④できる限り児童福祉事業の理論及び実際について訓練を受けた者について具体的に言及する。

　まず，「①健全な心身を有し」とあるが，子どもの育ち直しには職員自らが，精神的にも肉体的にもタフであることが求められる。自己肯定感の低い子どもと向き合い，生きるエネルギーを与えられるパワーが常に保持できないと職員の心身は枯渇してしまい，結果として子どもにエネルギーを与えることができないのである。

　職員は，心身にエネルギー補給し，リフレッシュしながら常にエネルギッ

シュに児童と向き合う職員が求められているのである。

次に，「② 豊かな人間性と倫理観を備え」とあるが，子どもの育ちを例えるならば，「孤島にたったひとり残され，周囲は航行不能な荒れた海のような心境の子どもに対して，職員は灯台のように航路を示し，漕ぎ出す勇気の持てない状況にしっかりと寄り添いながら支援する必要がある」[1]。

また，全国児童養護施設協議会の児童養護における養育のあり方に関する特別委員会報告書である『この子を受け止めて　育むために・育てる育ち合ういとなみ』において，子どもはどのようなおとなを求めているかの項を引用すると，「言葉や技法の会得はもちろんのこと，子どもと一緒に行動してくれる人，生活に根ざした知恵や感性をもち，ユーモアのセンスのある人，善悪の判断をきっぱりと示し，いざというときに頼りになる人でありたい」[2]と記されており，まさに言い得て妙である。さらに，「人は相手の器に応じて自分を開示する」[2]ともあり，子どもたちの求める職員像はここにあるのである。

次に，「③ 児童福祉事業に熱意のある者」とあり，当然の職員像といえるのだが，具体的にはおそらく，子どもに対する熱い胸（情熱や心）を持ち合わせていることは当然であるが，さらには冷静な頭を求めているのである。

イギリスの経済学者アルフレッド・マーシャルは，「熱い心と，冷たい頭をもて」と言っており，生前の一番ケ瀬康子氏もしばしば話されていたことを思い出すのである。

職員は，将来やってくる社会に巣立つ子どもに対して，心を揺さぶる程の情熱を持って，自立に向かって少しずつ手出しすることなく，温かい眼差しで見守る支援を，冷静に続けることなのである。

最後に，「④ できる限り児童福祉事業の理論及び実際について訓練を受けた者」については，それぞれの職種等によってさまざまである。以下，各職種等における訓練を意識しながら説明することとする。

2 社会的養護の専門職の種別と業務内容

(1) 児童指導員

児童福祉施設の設備及び運営に関する基準（以下，基準と略す）の第44条において，「児童に対して安定した生活環境を整えるとともに，生活指導，学習指導，職業指導及び家庭環境の調整を行いつつ児童を養育することにより，児童の心身の健やかな成長とその自立を支援することを目的として行わなければならない」とある。

また，基準の第45条において児童の，「生活指導は，自主性を尊重しつつ，基本的生活習慣を確立するとともに豊かな人間性及び社会性を養い，かつ，将来自立した生活を営む為に必要な知識及び経験を得ることができるように行わ

なければならない」とあるように，入所児童が当該施設等において，健康で文化的な生活を営み，社会に巣立った後も「あたりまえの生活」を実現できるような環境を整え，適宜，学習指導及び職業指導を行うことが求められるのである。

　児童指導員は任用資格であり，基準の第43条（児童指導員の資格）に規定されており，次節の任用資格と国家資格の存在に記載する。

(2) 保育士

　保育士について，歴史的背景という視点から遡ると，1948（昭和23）年に施行された「児童福祉施設最低基準」（平成23年に，「児童福祉施設の設備及び運営に関する基準」と改題）において，「保母」について規定されたのである。

　その後，名称通りに女性とされていた保母が，1977（昭和52）年に男性も取得可能となり，「保父」が登場するのである。

　1998（平成10）年の児童福祉法施行令の改正で，1999（平成11）年4月から「保育士」という名称に改められ，2001（平成13）年に児童福祉法が改正されたことによって保育士資格は，名称独占の国家資格になったのである。

　これまでも，保育士による「保育の質」は担保されていたが，国家資格となったことで，さらに高度な保育の質が求められるようになったのである。

　「保育所保育指針」では，「保育所の役割及び機能が適切に発揮されるように，倫理観に裏付けられた専門的知識，技術及び判断をもって，子どもを保育するとともに，子どもの保護者に関する指導も行うものであり，その職責を遂行するための専門性の向上に絶えず努めなければならない」（保育所保育指針1 保育所保育に関する基本原則〈1〉保育所の役割のエ）とされており，社会的養護に関わる職員等についても準用されるものである。

(3) 母子支援員

　母子支援員は，母子生活支援施設にのみ配置される職員の名称であり，母子生活支援施設において母子の生活支援を行う者をいい，法的根拠としては，基準の第28条に規定されており，その一部を抜粋し，一部加筆して説明する。

　母子支援員は，① 都道府県知事の指定する児童福祉施設の職員を養成する学校その他の養成施設を卒業した者，② 保育士及び社会福祉士並びに精神保健福祉士の資格を有する者，③ 高等学校等を卒業した者，大学への入学を認められた者，若しくは通常の課程による12年の学校教育を修了した者又は文部科学大臣がこれと同等以上の資格を有すると認定した者であつて，2年以上児童福祉事業に従事したものである。

　生活支援については，基準の第29条に「母子をともに入所させる施設の特性を生かしつつ，親子関係の再構築等及び退所後の生活の安定が図られるよう，

保父

　保父とは，児童福祉施設で子どもの保育に従事する男子職員の俗称である。1977年の児童福祉法施行令によってこの呼称が認められ，さらに，1998年の同施行令の改正によって，子どもの保育に従事する男・女職員の呼称が保育士となった。

個々の母子の家庭生活及び稼働の状況に応じ，就労，家庭生活及び児童の養育に関する相談，助言及び指導並びに関係機関との連絡調整を行う等の支援により，その自立の促進を目的とし，かつ，その施設生活を尊重して行わなければならない」のである。

(4) 児童自立支援専門員・児童生活支援員

基準の第80条において，「児童自立支援専門員は，児童自立支援施設において，児童の自立支援を行う者」である。

「児童生活支援員は，児童自立支援施設において児童の生活支援を行う者である」とあるように，児童の自立支援と生活支援の両面から支援する専門職員が配置されているのである。

児童自立支援専門員は任用資格であり，基準の第82条を抜粋すると，精神保健に関しての知識のある医師，社会福祉士，児童自立支援専門員を養成する学校，養成施設を卒業した者，大学または大学院，及び海外の大学において，社会福祉学，心理学，教育学もしくは社会学を専修する学科や課程を卒業し1年以上児童自立支援事業に従事した者，高等学校を卒業し3年以上児童自立支援事業に従事した者，教員免許をもち1年以上児童自立支援事業に従事した者または2年以上教員として職務に従事した者等である。

上記のように，非常に幅広い範囲の資格要件が定められ，児童自立支援事業に従事した者という実務経験をその要件に入れているのである。

一方，児童生活支援員としての任用要件としては，基準第83条を抜粋すると，「保育士，社会福祉士や3年以上児童自立支援事業に従事した者」である。

主な業務としては，子どもが自立をすることを支援することであり，生活指導，学習指導，職業指導及び家庭環境の調整などを，保護者に代わる専任職員（夫婦制，交替制）が，家庭的な雰囲気の寮舎で，寝食を共にしながら生活，集団生活のなかで自律的・協調的な気風を身につけるのである[3]。

児童自立支援専門員及び児童生活支援員は，それぞれの業務についての役割を明確に分担しているわけではなく，相互に協力しながら子どもの自立を見守る支援をしているのである。

(5) 心理療法担当職員

心理療法担当職員は，児童心理治療施設，児童自立支援施設，乳児院，児童養護施設又は母子生活支援施設に配置される職員の名称であり，基準第42条第4項及び局長通知（以下，通知と略す）である「家庭支援専門相談員，里親支援専門相談員，心理療法担当職員，個別対応職員，職業指導員及び医療的ケアを担当する職員の配置について」によって規定されているのである。

要件等については，「学校教育法の規定による大学の学部で，心理学を専修

する学科若しくはこれに相当する課程を修めて卒業した者であって，個人及び集団心理療法の技術を有するもの又はこれと同等以上の能力を有すると認められる者でなければならない」のである。

主な業務としては，虐待等による心的外傷等のため心理療法担当を必要とする児童等に遊戯療法，カウンセリング等の心理療法担当を実施し，安心感・安全感の再形成及び人間関係の修正等の支援をすることである。具体的には，対象児童等に対する心理療法，対象児童等に対する生活場面面接，施設職員への助言及び指導，ケース会議への出席などである[3]。

(6) 医　師

医師は，医療及び保健指導を掌ることによって公衆衛生の向上及び増進に寄与し，もつて国民の健康な生活を確保するものである（医師法第1条，第2条，第6条）。

社会的養護を必要とする子どもの施設等のなかにおいて，とりわけ児童心理治療施設では，医療法の規定の診療所等となり，医師が常勤として必要である。

また，乳児院については，小児科診療の相当の経験を有するもしくは嘱託医を置かなければならないとされ，児童自立支援施設においては，嘱託医及び精神科の診療に相当の経験を有する医師または嘱託医となっている。児童養護施設及び母子生活支援施設においても嘱託医は必置義務がある。

> **嘱託医**
> 嘱託医とは，施設などの正規の職員（医師）でなく，当該施設などから委嘱を受けて健康診断・健康管理などを行う医師のことである。

(7) 看護師

看護師は，厚生労働大臣の免許を受けて，傷病者若しくはじよく婦に対する療養上の世話又は診療の補助を行うことを業とする者をいうとされ，妊産婦や傷病者の世話と，医師等による医療の補助を行う専門職である（保健師助産師看護師法第5条）。

乳児院や児童心理治療施設においては，配置が義務づけられており，根拠法令等としては，通知に規定されている。

主な業務としては，医療的ケアとして継続的な服薬管理，日常生活上の観察や体調把握，緊急時の対応等であり，具体的には，対象児童の医療的ケア及び緊急時における対応等，医師又は嘱託医との連携，常備薬の管理及び与薬，病欠児および早退児の観察，入所者の健康管理及び身体発達上の相談への対応，対象児童の医療機関への受診及び行事への付添，入所者の健康上の相談への対応，感染予防，緊急時における医療機関との連絡調整，その他医療的ケアのために必要な業務など多岐に渡るのである[3]。

(8) 栄養士

栄養士の名称を用いて栄養の指導に従事することを業とする者で，厚生労働

大臣の指定した栄養士養成施設あるいは管理栄養士養成施設において2年以上栄養士として必要な知識及び技能を修得し，都道府県知事の免許を受けたものを指し，根拠法令等については，栄養士法である。

主な業務としては，各施設運営指針のとおりであるが，栄養士は給食の計画立案やその調理など，食生活全般に対しての役割がある。児童の成長・発育に応じた栄養価のバランスを考慮し，さらに食事のマナーや食物の大切さなど，食生活に対して正しい知識を身につけさせるとともに，食事の意義深さを教示することも重要な業務である[3]。

(9) 家庭支援専門相談員 (ファミリーソーシャルワーカー)

家庭支援専門相談員は，基準第42条第2項及び通知に規定されており，要件等については，① 社会福祉士若しくは精神保健福祉士の資格を有する者，② 児童養護施設等（里親含む）において児童の養育に5年以上従事した者，③ 児童福祉司資格を有する者などである。

主な業務は，当該施設における施設職員への指導・助言や，ケース会議への出席などがあり，必要に応じて児童相談所やその他関係機関との連絡・調整である[3]。

当初は，乳児院で配置された専門職であり，中心業務と考えられていたのは，対象児童の早期家庭復帰のための保護者等に対する相談援助業務で，具体的には保護者等への施設内又は保護者宅訪問等による相談援助や，子どもや保護者等への家庭復帰後における相談援助など，措置解除後までの活動が求められているのである[3]。

また，里親支援専門相談員と連携して里親委託の推進等の業務があり，さらには，地域の子育て家庭に対する，育児不安等の解消のための相談援助や，要保護児童の状況の把握及び情報交換を行うための協議会への参画も求められているのである[3]。

(10) 里親支援専門相談員 (里親支援ソーシャルワーカー)

里親支援専門相談員は，通知に規定されており，要件等については，① 社会福祉士若しくは精神保健福祉士の資格を有する者，② 児童福祉司資格を有する者，③ 児童養護施設等（里親含む）において児童の養育に5年以上従事した者であって，里親制度への理解及びソーシャルワークの視点を有する者である。

主な業務としては，ケアワーカーの業務シフトから外れて，業務にあたることが必要とされているのである。里親の新規開拓はもちろんのこと，里親を希望する世帯の中から候補者を選び出し，週末里親等の実施の調整を行い，里親委託がスムーズに行えるようサポートするのである。里親を推進し，登録里親

となった里親に対する研修を実施し，里親家庭への丁寧な訪問及び電話相談によって，里親が心身ともに立ちゆかなくなる前に，レスパイト・ケアの調整をすることが求められるのである。また，里親サロンの運営や，里親会の活動への参加を奨励など，活動自体を支援サポートすることである[3]。

(11) 個別対応職員

　個別対応職員は，通知で規定されている。要件等については，配置施設の規定のみで資格要件の記載はないが，被虐待児童等への個別の対応が求められるため，相応の知識や経験を有する者が配置される専門職である。

　主な業務としては，被虐待児等への個別対応が必要な場合，担当職員ではなく，個別対応職員が児童への1対1の対応によって，児童の生きづらさを日常生活のなかで軽減させ，そのことによって，担当職員の負担を軽減することが業務である。

　また，親子関係再構築のため，保護者への相談援助等が必要な場合，施設内又は保護者宅訪問によって助言指導することも求められるのである[3]。

(12) 職業指導員

　職業指導員の要件等としては，配置施設における規定のみで，資格要件の記載はないが，実習施設を設けて職業指導を行う児童養護施設または児童自立支援施設において職業指導に関する相応の知識及び技術を必要とされていることが予想されるのである。

　根拠法令等については通知に規定されており，主な業務としては，勤労の基礎的な能力及び態度を育て，児童がその適性，能力等に応じた職業選択を行うことができるよう，適切な相談，助言，情報の提供，実習，講習等の支援により職業指導を行うことである。

　また入所児童の就職の支援については当然のことであるが，退所児童のアフターケアとしての就労及び自立に関する相談支援等も主な業務であるる[3]。

(13) 養子縁組里親・親族里親

　養子縁組里親は，要保護児童を養育することを希望する者であって，養子縁組によって養親となることを希望するもののうち，都道府県知事が児童を委託する者として適当と認めるものである[4]。

　親族里親は，民法に定める扶養義務者及び，その配偶者である親族であって，扶養義務者による養育が期待できない要保護児童の養育を希望する者のうち，都道府県知事が児童を委託する者として適当と認めるものである[4]。

　要件等としては，必要に応じ養育里親の研修を活用する等により適宜行うとされているのである。

(14) 養育里親

養育里親の対象児童は，要保護児童であり，養育里親には，研修が義務づけられており，養育里親研修制度の運用について児童福祉法施行規則第1条の34の厚生労働大臣が定める基準があり，机上の理論学習に加え，演習及び実習の履修が必要なのである。

(15) 専門里親

専門里親は，要保護児童のうち，都道府県知事がその養育に関し特に支援が必要と認めたものであり，① 児童虐待等の行為により心身に有害な影響を受けた児童，② 非行等の問題を有する児童，③ 身体障害，知的障害又は精神障害がある児童の養育をする者である。専門里親において，研修が義務づけられており，養育里親に比べ研修の質・量ともに多岐に渡っているのである。[4]

専門里親研修制度について，厚生労働大臣が定める基準があり，専門里親研修として，机上の学習に加え，演習及び実習の履修が必要であり，その履修を2年ごとに更新することが義務づけられているのである（児童福祉法施行規則第1条の37第2号）。

要件等としては，養育里親として3年以上の委託児童の養育の経験を有し，専門里親研修を修了していることである。

(16) ファミリーホーム養育者

ファミリーホーム養育者は，根拠法令等として児童福祉法（第6条の3の⑧），児童福祉法施行規則（第1条の9），小規模住居型児童養育事業（ファミリーホーム）の実施要綱（第7）にあり，要件等として，① 養育里親として2年以上同時に2人以上の委託児童の養育の経験を有する者，② 養育里親として5年以上登録し，かつ，通算して5人以上の委託児童の養育の経験を有する者，③ 児童養護施設等において児童の養育に3年以上従事した者，④ ① 〜③ までに準ずる者として都道府県知事が適当と認めた者であって，法第34条の20第1項各号の規定に該当しない者とあり，里親に準じ，養育里親研修，専門里親研修を受講し，養育の質の向上を図るよう努めなければならないのである[3]。

(17) ファミリーホーム補助者

ファミリーホーム補助者は，根拠法令等として，児童福祉法（第6条の3の⑧），児童福祉法施行規則（第1条の9），小規模住居型児童養育事業（ファミリーホーム）の実施要綱（第7）にあり，要件等としては，里親に準じ，養育里親研修，専門里親研修を受講し，養育の質の向上を図るよう努めなければならないのである[3]。

3 任用資格と国家資格の存在

　「任用資格」と「国家資格」を考える際に，社会的養護を必要とする子どもを保護する児童福祉施設における代表的な職種である保育士（国家資格）と児童指導員（任用資格）を比較して考えたい。

　保育士は，名称独占の国家資格であり，児童指導員は，任用資格である。保育士に関しては，児童福祉法（第18条の6）に規定されている。

　国家資格である保育士は，① 都道府県知事の指定する保育士を養成する学校その他の施設を卒業した者，② 保育士試験に合格した者である。保育士の法的定義は，児童福祉法（第18条の4）によって，「保育士とは，第18条の18第1項（保育士登録に関する事項）の登録を受け，保育士の名称を用いて，専門的知識及び技術をもって，児童の保育及び児童の保護者に対する保育に関する指導を行うことを業とする者をいう」と規定されているのである。

　社会的養護に関わる専門職において，国家資格化されているのは，社会福祉士，精神保健福祉士，公認心理師，医師，看護師等である。

　一方，児童指導員は，基準第43条（児童指導員の資格）に規定されており，その規定の一部を抜粋し，一部加筆して説明する。

　児童指導員は，① 都道府県知事の指定する児童福祉施設の職員を養成する学校その他の養成施設を卒業した者，② 社会福祉士及び精神保健福祉士の資格を有する者，③ 大学（外国を含む）の学部で，社会福祉学，心理学，教育学若しくは社会学を専修する学科又はこれらに相当する課程を修めて卒業した者，④ 高等学校等を卒業した者，大学への入学を認められた者，若しくは通常の課程による12年の学校教育を修了した者又は文部科学大臣がこれと同等以上の資格を有すると認定した者であつて，2年以上児童福祉事業に従事したもの，⑤ 小学校，中学校，義務教育学校，高等学校又は中等教育学校の教諭となる資格を有する者であつて，都道府県知事が適当と認めたもの及び⑥ 3年以上児童福祉事業に従事した者であつて，都道府県知事が適当と認めたものなどである。

　保育士は，資格取得したうえで，都道府県に保育士登録し，交付された保育士登録証をもって名乗ることが可能となるが，児童指導員は，厚生労働省の定めた資格要件を持って名乗れるわけではなく，資格要件を満たしたうえで，当該施設等の行う採用試験に合格し，児童指導員として任用されて児童指導員を名乗ることができるのである。

　児童指導員は，任用されている限り児童指導員であるわけだが，退職すると名称使用ができなくなる資格である。

（1）保育士の専門性とは

　保育士は，広範な職域を持つ国家資格であり専門職であり，児童福祉施設においてほぼすべて（助産施設を除く）の施設種別において必要とされる資格である。

　つまり，乳幼児においては，保育所等への通所機能だけでなく，乳児院のような生活施設もあり，また（福祉型・医療型）児童発達支援センターのように，障害を持つ乳幼児との関わりも当然含まれているのである。

　また，乳幼児のみならず学童期（児童館及び社会的養護を必要とする児童の生活する施設等）の活動及び生活支援も職域のなかにあり，さらには（福祉型・医療型）障害児入所施設では入所児童の高齢化が進み，学齢を超過した成人も含まれており，障害者支援施設等，成人に対応することも求められる資格である。

　ここでは，保育所における保育士の専門性について記載する。

　保育所における業務は，単に子どもの支援のみに終始するわけではなく，子育てに悩む保護者支援や地域における子育て相談など多岐にわたるのである。

　多様化する保育士業務について，「専門的な知識・技術」をもって子どもの保育と保護者への支援を適切に行うことは極めて重要である。しかし，単に知識や技術をいうのではなく，しっかりとした福祉的倫理観に裏付けられた「判断」が強く求められるのである。

　保育士は，子どもや保護者との関わりのなかで，常に自己研鑽し，その時々の状況に応じた「判断」をしていくことは，対人援助職である保育士の専門性として欠かせないのである。

> **障害者支援施設**
> 　障害者支援施設とは，障害者の日常生活及び社会生活を総合的に支援するための法律（障害者総合支援法）第5条の11に規定されている入所施設である。具体的な支援内容は，入所する障害者に対し，入浴や排泄，食事などの介護，また，生活などに関する相談や助言，その他の必要な日常生活上の支援（施設入所支援，生活介護，自立訓練，就労移行支援など）である。

（2）社会的養護における保育士の業務の役割と課題

　子どもの社会的養護について考える時，その支援内容が子どもに対して直接的な場合も，間接的である場合もあるが，施設等には多くの職種の援助者が関わっているのである。

　保育士は，社会的養護を必要とする子どもの施設等のなかで，施設種別等における職員名称などの違いがあるが，それぞれの施設等のなかで生活支援しているのである。

　子どもの支援は多岐にわたり，また何かしらの生きにくさを抱えて生活をしている子どもを取り巻く問題を意識しつつ，複雑かつ多様化した支援のためには，常に専門性の向上を意識しつつ対応せねばならないのである。

　保育士は，子どもを直接担当し，日常の生活支援を行い，生活場面のなかで学習指導をし，児童が就職や進学によって退所した時に，社会生活を営むことができるような多様な取り組みを児童自立支援計画票として策定し，他職種の

専門職と連携しながら実践することである。

　しかしながら，歴史的背景という視点から遡ると，第二次世界大戦後，混乱する日本社会のなかで戦災孤児，引き揚げ孤児などのいわゆる要保護児童が多く生まれたのである。この頃，12万人を越える孤児がいたと報告されており，そんな最中の1947年に児童福祉法が公布され，翌1948年より施行された。

　当時の養護施設（現，児童養護施設）における生活援助は，その専門性を論じるにはほど遠い状態で，戦災浮浪孤児対策として，要保護児童が生活に困窮する状況をどのように打破するかに懸命だったのである。

　そうした背景には，戦災孤児は終戦時に0歳児であっても，15年経つと「金の卵」として社会に巣立ち，戦災孤児対策としての養護施設の役割を終えるのである。

　1960年頃から，ようやく要保護児童の生活の場における職員の専門性を議論するようになったのである。

　当時，施設職員の専門性に関する議論は，日常の生活支援を排除して考えることが，専門性の確立に必要であるとの考えが多くあった時期である。この時代の専門性についての議論において，ルーティンワークは専門性の確立にあまり重要でないとして，議論の外に追いやられることがあった時代といえる。

　しかし，最終的には日常生活における雑務的と思われるルーティンワークを通して，児童との愛着等に関する問題を解消して，信頼関係が確立されていくと理解されるようになったのである。

　それ以来，ルーティンワークが子どもの権利を擁護し，一人ひとりの成長発達を保障されなければならないものと理解されるようになったのである。支援する職員が専門職として，常に子ども一人ひとりの身辺に起こる出来事に配慮し，安定したおとなの存在を子どもが感じられるように寄り添うことで，子どもたちの心の拠りどころとなるのである。そのことが，子ども一人ひとりの心身の成長に大きく寄与しているということである。

　しかし，施設職員は，優れた知識や技術があったとしても，子どもへの支援が必ずしも良いということではないのである。

　近年，職員の専門性について議論する時，人間性重視という考えが聞かれることもあるが，実践を通して起こるさまざまな現象のなかに，一定の意味や法則性や因果関係を発見し，問題解決の手法を見出す実践研究の低調さが，経験のなかに意味を見出せないことにつながっているようである。

　しかしながら，日々の実践のなかにみえてくる課題を解決すべく，仮説を立てて実践することによって検証する「実践研究」を活性化しなければ，施設での子ども支援という専門性のレベルアップは当然のことながら図れないのである。

　近年の社会的養護施設における子ども対する支援は，入所する子どもたちの

生活を支援し，子どもたちを取り巻く生活環境を整備し，将来への目標や見通しをしっかりと立てていく支援であり，いわゆる自立支援サービスと言い換えても差し支えないのである。

　その自立支援の目標は，子どもの権利擁護の姿勢を堅持し，子どもそれぞれの自己実現を保障することである。

　近年，入所するそれぞれの子どもには，多くの共通した傾向があり，被虐待児，引きこもり，知的障害，自閉症スペクトラム（ASD），注意欠陥多動性障害（ADHD），学習障害（LD）などさまざまな困難性を抱えている子どもが増加している。

　当然のことながら，高度な専門性を持った職員が必要になってくるが，子どもに対応することのみに忙殺されることになり，実践（生活支援）優先主義的な日常支援になりがちになるのである。

　しかし，保育士等は入所する子どもへの対応に必要なスキルにとどまらず，親子関係再構築などに関わるファミリーソーシャルワークなど，さまざまな専門性（知識や技術，それを支える福祉的価値観）が求められるのである。

　さらに，地域における子育てに関する情報提供・相談への助言等，子育て支援短期利用事業（ショートステイ・トワイライトステイ）による補完的養育機能や，レスパイト機能，などの地域貢献といった専門性も不可欠である。こうした，多岐にわたる業務を他職種間の連携・協働によって担うなどの総合的力量が必要なのである。

注
1) 全国児童養護施設協議会『子どもとおとなが紡ぎあう７つの物語』全国社会福祉協議会，2019年，p.37
2) 全国児童養護施設協議会『この子を受け止めて　育むために・育てる育ち合ういとなみ』全国社会福祉協議会，2008年，pp.33-34
3) 厚生労働省「子育て支援員研修制度に関する検討会第１回専門研修ワーキング」https://www.mhlw.go.jp/file/05 Shingikai-11901000-Koyoukintoujidoukateikyoku-Soumuka/0000064058.pdf（2019年12月21日閲覧）
4) 厚生労働省「里親の種類」https://www.mhlw.go.jp/bunya/kodomo/syakaiteki_yougo/dl/19.pdf#search=%27%E5%B0%82%E9%96%80%E9%87%8C%E8%A6%AA%27（2019年12月21日閲覧）
5) 坂本健編著『子どもの社会的養護』大学図書出版，2011年，p.143

```
┌─────────────────────────────────────────────┐
●   プロムナード
└─────────────────────────────────────────────┘
```

　2016（平成 28）年の児童福祉法の改正において，「児童の最善の利益」が明文化され，約 70 年続いた「保護パラダイム」は，終焉を迎えることになりました。

　そうしたなか，社会的養護に関する動向はめまぐるしく変化しています。社会的養護は，「社会的養護の課題と将来像」（平成 23 年 7 月）から「新しい社会的養育ビジョン」（平成 29 年 8 月）へ大きくパラダイムシフトしました。

　このことから，社会的養護に関わる保育士に求められる役割は，高機能化・多機能化しています。単に，子どもが好きというだけでは子ども支援はできません。子どもが好きのさらに向こう側には，子どもが将来自立するまでを見通した支援（パーマネンシケア）が必要です。今後は，国の制度の動向に注視し，ソーシャルワークの視点も持てるようにしましょう。

学びを深めるために

全国児童養護施設協議会『子どもとおとなが紡ぎあう 7 つの物語』全国社会福祉協議会，2019 年

　社会的養護に関わる保育士にとって，知識や技術は必要だが，最も重要なのは，福祉的倫理観である。社会的養護を必要とする子どもにとって，自らの自立を支援してくれる寄り添う保育士の存在を求めている。そうした心根の詰まった文献である。

第10章

社会的養護と地域福祉

1 ## 社会的養護及び地域福祉

(1) 地域福祉の歴史的経緯

　新聞やテレビ等で地域という言葉は連日のように取り上げられている。たとえば，地域福祉はもとより地域住民，地域社会，地域貢献等もその一部である。

　このように地域という言葉は，日常的に繰り返して使用されているので何となくイメージすることはできるが，ここでは少し掘り下げて考察してみたい。広辞苑 (第 7 版) によれば，地域とは「区切られた土地。土地の区域。住民が共同して生活を送る地理的範囲。」と説明されている。そして地域福祉とは，「自治体や地域住民・民間団体が連携しながら，地域を単位として行う福祉活動。」と説明されている。つまり地域福祉とは，特定の区域において自治体や住民，民間団体が協力して行う福祉活動ということができる。近隣住民の協力や助け合いは現代社会において新たに生じた活動ではなく以前から行われてきた。たとえば，かつて隣保制度に用いられた向う三軒両隣，五人組等を思い起こせば理解しやすい。

　しかし，国の重要な政策として地域福祉が取り上げられるようになった歴史は浅く，2000 (平成 12) 年に成立した社会福祉法が新たな出発点といえる。社会福祉法は，1990 (平成 2) 年から始まった一連の社会福祉基礎構造改革のなかで，1951 (昭和 26) 年に制定された社会福祉事業法の題名改正として制定された。この社会福祉法はすべての条文が地域福祉との関連において重要であるが，ここでは第 1 条，第 3 条，第 4 条を取り上げておきたい。

　まず第 1 条で「この法律は，……社会福祉を目的とする他の法律と相まって，福祉サービスの利用者の利益の保護及び地域における社会福祉 (以下「地域福祉」という。) の推進を図るとともに，……社会福祉を目的とする事業の健全な発達を図り，もつて社会福祉の推進に資することを目的とする。」と目的が示されている。第 3 条においては「福祉サービスは，個人の尊厳の保持を旨とし，その内容は，福祉サービスの利用者が心身ともに健やかに育成され，又はその有する能力に応じ自立した日常生活を営むこができるように支援するものとして，良質かつ適切なものでなければならない。」と福祉サービスの基本理念が示されている。第 4 条においては「地域住民，社会福祉を目的とする事業を経営する者及び社会福祉に関する活動を行う者は，……地域住民が地域社会を構成する一員として……あらゆる分野の活動に参加する機会が与えられるように，地域福祉の推進に努めなければならない。」と地域福祉の推進について示されている。

　社会福祉法は，従来の措置制度から選択・契約制度へ改変されたこと，サービスの質的向上が明示されたこと，そして地域福祉の推進が強調されたことに特徴がある。今日の地域福祉は社会福祉法に示されている理念に基づいて推進

隣保制度，五人組

　隣保制度とは，古代律令制下において唐より導入した，地域における近隣の人々が共同責任で助け合う制度のことである。5 人組とは，江戸時代において，近隣 5 戸を一組とし，租税の完納・犯罪防止・キリシタンの取り締まりなどに連帯責任を課したものである。

選択・契約制度

　選択・契約制度とは，利用者と事業者が対等な関係に立ち，利用者が福祉サービスを自己決定の下に選択し，契約するしくみのことである。

されている。

（2）高齢者や障害者を支える地域福祉

　前述のように社会福祉法の目的は，福祉サービス利用者の利益の保護と地域福祉の推進に重点が置かれている。ここでは地域福祉において特に重要な役割を担っている介護保険法と障害者の日常生活及び社会生活を総合的に支援するための法律（以下，障害者総合支援法）を取り上げておきたい。

1）介護保険法

　介護保険法は，急激な高齢化に対応するため1997（平成9）年に制定された。第1条には「この法律は，加齢に伴って生ずる心身の変化に起因する疾病等により要介護状態となり，入浴，排せつ，食事等の介護，機能訓練並びに看護及び療養上の管理その他の医療を要する者等について，これらの者が尊厳を保持し，その有する能力に応じ自立した日常生活を営むことができるよう，必要な保険医療サービスを行うため……」とされている。つまり介護を必要とする高齢者の費用負担を保険制度によって賄うという制度の導入であった。第3条には「市町村及び特別区は，この法律の定めるところにより，介護保険を行うものとする。」とされており，保険者は市町村及び特別区とされている。

　平成30年版の『高齢社会白書』（内閣府）によれば，2017（平成29）年10月1日現在，わが国の総人口は1億2,671万人とされている。そのうち，65歳以上人口は3,515万人，男女別では，男性は1,526万人，女性は1,989万人，総人口に占める65歳以上人口の割合（高齢化率）は27.7％である。なお，65～74歳人口は1,767万人，総人口に占める割合は13.9％，75歳以上人口は1,748万人，総人口に占める割合は13.8％である（図表10－1参照）。

　「2018（平成30）年9月現在の高齢化率は28.1％で，今後ますます高くなることが予測されており，2045（令和26）年には，後期高齢者と位置付けられている75歳以上の人口が20％を超える」（2018年3月31日付・朝日新聞）と予測されている。後期高齢期を迎えると，心身に異変が生じたり介護が必要になっ

図表10－1　高齢化の現状

		単位：万人（人口），％（構成比）			
		平成29年10月1日			
		総数	男		女
総人口		12,671	6,166	（性比）94.8	6,505
65歳以上人口		3,515	1,526	（性比）76.7	1,989
65～74歳人口		1,767	843	（性比）91.2	924
75歳以上人口		1,748	684	（性比）64.2	1,065
15～64歳人口		7,596	3,841	（性比）102.3	3,755
15歳未満人口		1,559	798	（性比）104.9	761

（注）性比は，女性人口100に対する男性人口。
出所）平成30年版『高齢社会白書』

たりする人が増加し，介護費用も増加する。「75 歳以上の年間医療費は 1 人あたり平均 90 万 7 千円，介護費は 53 万 2 千円」(2018 年 3 月 18 日・朝日新聞)とされている。その費用負担は一定の割合に基づいて国，都道府県，市町村及び本人が負担することになっている。高齢社会は金銭面での負担も増大していることから，すべての国民が支え合うことが求められており，介護保険法の目的に明示されているように，すべての国民が共同連帯理念の理解を深めることが重要とされている。

2) 障害者総合支援法

　障害者総合支援法は，2005（平成 17）年に障害者自立支援法として制定されたが，2012（平成 24）年に題名改正されて現在にいたっている。第 1 条第 1 項で「この法律は，……障害者及び障害児が基本的人権を享有する個人としての尊厳にふさわしい日常生活又は社会生活を営むことができるよう，必要な障害福祉サービスに係る給付，地域生活支援事業その他の支援を総合的に行い，もって障害者及び障害児の福祉の増進を図る……」と目的が示されている。そして，第 2 項においては「障害者及び障害児が日常生活又は社会生活を営むための支援は，全ての国民が，障害の有無にかかわらず，等しく基本的人権を享有するかけがえのない個人として尊重されるものであるとの理念にのっとり……可能な限りその身近な場所において必要な日常生活又は社会生活を営むための支援を受けられることにより社会生活の基本が確保される……」と基本理念が示されている。そして，第 2 条では市町村の責務として，必要な自立支援給付及び地域生活支援事業，必要な情報提供，福祉サービスを円滑に利用することができる便宜を供与すること等が示されている。高齢者と同じように障害者についても市町村はサービス提供の重要な役割を担うことになっている。

　平成 30 年版の『厚生労働白書』によれば，わが国の障害者数は 963 万 5,000 人と推定されている。障害種別では，身体障害者が 436 万人，知的障害者が 108 万 2,000 人，精神障害者が 419 万 3,000 人とされている（図表 10 － 2）。国民のおよそ 7.6％が何らかの障害を有していることになる。いずれの障害者も大部分は在宅者であるが，身体障害者の 7 万 3,000 人，知的障害者の 12 万人，精神障害者の 30 万 2,000 人は施設入所者である。今，障害者の生活の場は施設から地域へという流れが加速しているだけに，地域の果たす役割は今後ますます重要になってきている。

自立支援給付

　自立支援給付とは，障害者総合支援法に基づくサービスであり，利用するサービス費用の一部を行政が障害者へ個別に給付するものである。具体的には，介護の支援を受ける「介護給付」と訓練等の支援を受ける「訓練等給付」があり，原則，18 歳以上の者が対象となる。

地域生活支援事業

　地域生活支援事業とは，障害者が，その有する能力や適性に応じ自立した日常生活又は社会生活を営むことができるよう，地域で生活する障害者のニーズを踏まえ，市町村および都道府県がそれぞれの地域の実情に応じて柔軟な事業形態で実施する障害者総合支援法に規定される様々な事業（相談支援事業，移動支援事業，自発的活動支援事業，成年後見制度利用支援事業，日常生活用具給付等事業など）の総称である。

図表 10 － 2　障害者数

	障害者数		
	総　数	在宅者／外来患者	施設入所者／入院患者
身体障害者	436.0 万人	428.7 万人	7.3 万人
知的障害者	108.2 万人	96.2 万人	12.0 万人
精神障害者	419.3 万人	389.1 万人	30.2 万人

出所）平成 30 年版『厚生労働白書』

（3）地域福祉の事例

　社会福祉基礎構造改革以来，高齢者や障害者の生活の場は施設から地域へと移行しつつある。生まれ育った地域でその人らしく暮らせる社会の実現というノーマライゼーションの理念に基づくものであり，地域福祉の重要性が指摘される所以である。

　名古屋市内における地域福祉の事例を取り上げておきたい。名古屋市における地域福祉の基礎単位は各小学校区ごとに進められている。市の南東部に位置しているY学区は住宅地であり，人口約1万人，高齢化率は29％（2019年3月）である。

- ・名　　　称　名古屋市Y学区地域福祉推進協議会
- ・委　　　員　町内会，子ども会，老人クラブ，民生・児童委員，PTA，高齢者施設，障害者施設，有志ら30名余で構成されている。
- ・活動内容　委員会開催（年6回），学区だより発行（年3回），福祉勉強会開催（年1〜2回），見守り活動，お助け隊活動，コミュニティーセンターまつり（年1回）。

　ここでは福祉勉強会と見守り活動の概要を取り上げておきたい。

〈福祉勉強会〉

　勉強会の課題は地域住民から寄せられるアンケートをもとに関心や要望が強いい内容を取り上げている。最近では，認知症に関することや特殊詐欺（振り込め詐欺）に関する関心が高いことから，専門家を招いて繰り返して行っている。講演後の質疑応答も活発であり，参加者から自らの経験が具体的に紹介されることもある。

　たとえば，振り込め詐欺の勉強会では，被害者の立場からの経験談が具体的に紹介されたこともあった。その要旨は，ある女性（73）の自宅に息子を名乗る男から電話があり，「会社のお金を入れていたカバンを盗まれた，至急，立て替えてほしい」いうことであった。金曜日の午後のことであり，銀行の営業時間の関係もあり，誰にも相談することなく要求された通りに多額の金額を振り込んでしまった」ということであった。

　参加者からは他人ごとではない，被害に遭う危険性が身に染みた，電話に出ないよう注意したい等の感想が寄せられ，専門家からは，自分だけは騙されないという過信が危険であること，誰かに相談する余裕を与えない巧妙な手口であること等の指摘もあり，振り込め詐欺の危険性を共有することができた事例であった。

　振り込め詐欺事件では多くの高齢者が被害を被っているだけに，勉強会では市から提供される関連資料（図表10-3）やY学区が独自に作成した資料等も活用しながら被害防止に努めている。

社会福祉基礎構造改革

　社会福祉基礎構造改革とは，増大・多様化する福祉需要に対応するために，1997年11月より中央社会福祉審議会の社会福祉構造改革分科会により，措置制度から契約制度に移行していくことを中心とした，社会福祉制度全般にかかわる基本的事項についての改革の必要性が提案され，「社会福祉基礎構造改革」が具現化された「社会福祉の増進のための社会福祉事業法等の一部を改正する等の法律」が2000年に成立した。この改正の具体的内容は，①サービスの利用者と提供者の対等な関係の確立，②個人の多様な需要への地域での総合的な支援，③幅広い需要に応える多様な主体の参入促進，④信頼と納得が得られるサービスの質と効率性の向上，⑤情報公開等による事業運営の透明性の確保，⑥増大する費用の公平かつ公正な負担，⑦住民の積極的な参加による福祉の文化の創造の基本理念，⑧福祉サービスの利用制度などである。

図表10－3　見守り新鮮情報

目が不自由なのに……新聞の訪問販売トラブル

　あいさつ回りだと言って訪問してきた新聞の勧誘員から「お米や洗剤を
あげるから」などと言われ新聞の勧誘を受けた。目が不自由なので断った
にも関わらず，3ケ月間の新聞購読の契約をすることになってしまった。契
約書には勧誘員が代わりにサインをした。その後，販売店からお礼の電話
があったので，解約したいと申し出たら。勧誘員が再度訪問して来て「解
約するとは何だ」と言われた。

資料：名古屋市消費生活センター「なごや暮らしの安全情報」2018年11月号

〈見守り隊〉

　児童の登下校時に通学路に立って見守り活動を行っている。連れ去り，暴行
等の事件が発生しているだけに，せめてこの学区からは被害者を出さないよう
に，という願いが具体的な行動に結びついた結果である。この活動に当たって
は有志だけでなく，PTAの皆さんとも協働している。朝夕のわずかな時間で
はあるが，勤めのある人や家庭事情のある人は困難であるため，各自で可能な
限り参加するという形で取り組んでいる。日によって参加人数は異なるものの
だいたい30名前後の協力を得ている。年度末には学校主催で感謝の会も開催
され，見守り隊員と児童たちとの楽しい交流の場となっている。

　内外の状況を受けて，この地域の安全はこの地域に住む住民の手で守ろう，
この地域をもっと住みやすい町にしよう，誰もが住み続けたい町にしようとい
う思いから始まった推進協はすでに25年余の歴史があり，他の学区推進協や
区役所，地元社協，警察署，消防署，福祉施設等とも情報交換を図りながらこ
の地域に根付いた活動を進めている。

2 社会的養護施設と自治体の連携

（1）自治体との連携

　2004（平成16）年の児童福祉法改正により，市町村も児童家庭相談の役割を
担うことになった。その背景には児童虐待相談が急増したために，児童相談所
だけでは対応が困難になってきたという経緯もある。

　市町村における児童家庭相談は，2005（平成17）年に策定された「市町村児
童家庭相談援助指針」に基づいて，地域の実情に応じて実施されている。この
指針では，母子保健サービスや一般の子育て支援サービス，虐待の未然防止や
早期発見を中心に，次のような事業が進められている。

・住民等からの通告や相談又は乳児家庭全戸訪問事業や新生児訪問指導により把握した比較的軽微なケースは，一般の子育て支援サービス等の身近な各種の資源を活用して対応する。

・ケースの緊急度や困難度等を判断するための情報収集を行い，立ち入り調査や一時保護，専門的な判定，児童福祉施設への入所等の行政権限の発動を伴う対応が必要なケースは，児童相談所に連絡する。

・施設を退所した子どもが安定した生活を継続できるよう，相談や定期的な訪問等を行い子どもを支え見守るとともに，家族が抱えている問題の軽減化を図る。

市町村には地域に密着したきめ細かいサービスが求められており，子どもの最善の利益の尊重，子どもの安全の確保の徹底が最重要課題といえる。そのためには地域内の各種児童福祉施設との情報共有や連携はもとより，幼稚園，保育所，学校，警察，社会福祉協議会，民生・児童委員等，地域の関係団体との緊密な協力が求められている。

(2) 里親との連携

日本の社会的養護は，欧米に比べて施設が大部分を占めており，里親制度の普及率は低い。その要因はさまざまであるが，文化や家族制度の歴史，宗教上の問題等も考えられる。しかし，より家庭的な環境のもとでの育ちが重視されており，施設養護から里親委託という流れが加速している。それは次のような利点が期待されているからである。

・特定の大人との愛着関係の下で養育されることにより，自己の存在を受け入れられているという安心感のなかで，自己肯定感を育むとともに，人との関係において不可欠な，基本的信頼感を獲得することができる。

・里親家庭において，適切な家庭生活を体験する中で，家族それぞれのライフサイクルにおけるありようを学び，将来，家庭生活を築く上でのモデルとすることが期待できる。

・家庭生活のなかで人との適切な関係の取り方を学んだり，身近な地域社会のなかで，必要な社会性を養うとともに，豊かな生活経験を通じて生活技術を獲得することができる。

出所）厚生労働省「社会的養護の課題と将来像」平成29年より抜粋

このような利点が期待できることから，里親制度は施設養護に優先して進められている。今後ますます増加していくことが予測されており，社会全体として理解の広がりと深まりが求められている。特に直接の行政機関である児童相談所の支援はもとより，各児童福祉施設及び市町村においても十分な支援と緊密な協力が求められている。

（1）NPO の歴史的経緯と活動内容

　NPO（Non Profit Organization）とは，「民間非営利組織のこと。利益拡大のためではなく，その（営利性でない）使命実現のために活動するという組織原理をもつ。したがって，NPO が包括する範囲は広い。狭義の意味では，特定非営利活動法人（NPO 法人）として設立された組織をさす。しかし，一般的にはボランティア団体や市民活動団体も含まれる。広義にとらえれば，宗教法人，社会福祉法人，社団法人，私立学校法人，医療法人等非営利とされる法人や，農協，生協，町内会・自治会なども含まれる」（成清美治・加納光子編『現代社会福祉用語の基礎知識』学文社）。

　この活動を支える特定非営利活動促進法（以下，NPO 法）は，1998（平成 10）年に制定された。NPO 法が制定された背景には，1995（平成 7）年 1 月に発生した阪神・淡路大震災がある。地震と火災によって壊滅的な被害を受けた被災地に延べ 100 万人のボランティアが復興支援活動に携わった。かつてない民間人による自主的な活動であり，わが国におけるボランティア元年とも称されている。

　このような民間人による献身的な活動を受けて，1998（平成 10）年に議員立法として NPO 法が制定された。第 1 条で「この法律は，…ボランティア活動をはじめとする市民が行う自由な社会貢献活動としての特定非営利活動の健全な発展を促し，もって公共の増進に寄与することを目的とする」とされており，第 2 条においては次のように 20 項目の活動領域が示されている。

図表 10 − 4　NPO 法における活動領域

```
1  保健，医療又は福祉の増進を図る活動
2  社会教育の推進を図る活動
3  まちづくりの推進を図る活動
4  観光の振興を図る活動
5  農山漁村又は中山間地域の振興を図る活動
6  学術，文化，芸術又はスポーツの振興を図る活動
7  環境の保全を図る活動
8  災害救援活動
9  地域安全活動
10 人権の擁護又は平和の推進を図る活動
11 国際協力の活動
12 男女共同参画社会の形成の促進を図る活動
13 子どもの健全育成を図る活動
14 情報化社会の発展を図る活動
15 科学技術の振興を図る活動
16 経済活動の活性化を図る活動
17 職業能力の開発又は雇用機会の拡充を支援する活動
18 消費者の保護を図る活動
19 前各号に掲げる活動を行う団体の運営又は活動に関する連絡，助言又は援助活動
20 前各号に掲げる活動に準ずる活動として都道府県又は指定都市の条例で定める活動
```

（2）NPO の役割と課題

　NPO 法人は近年著しく増加しており，内閣府のホームページによれば令和

元年 6 月現在で 51,525 法人が認定されている。都道府県別では東京都が最も多く 9,367 法人，次いで大阪府（1,780 法人），埼玉県（1,758 法人），千葉県（1,618 法人），兵庫県（1,431 法人）の順となっている。

　NPO の役割は，非営利活動であり営利を追求することではない。しかし，活動によって収益を上げ，次の活動費に充てることは認められている。活動領域は多岐にわたっているが，2000（平成 12）年の介護保険制度導入に伴って，事業者として多くの NPO 法人がこの領域に参入した。また，障害児・者の支援や子ども食堂等の活動を通して貧困家庭の子どもの健全育成に貢献している NPO 法人も多い。そのなかのひとつとして，愛知県美浜町で貧困家庭の子どもたちに食事を提供する活動を行っている NPO 法人責任者へのインタビュー（2019 年 8 月）要旨を記しておきたい。

・どんないきさつでこの事業を始められたのですか？
　ある時，近所の子どもと話していたら，「ぼく，ごはんを食べてないからいつもお腹がすいているの」ということであった。理由を聞いてみると一人親家庭で複雑な事情を抱えているようであった。一人くらいなら何とか個人的な努力で救ってあげよう，と思い食事サービスを始めました。

・NPO 法人を立ち上げたいきさつは何ですか？
　最初は身近にいる一人の子どもに対する支援だったのですが，この話が口伝えに広がり，3 人，5 人と増えてきました。人数が多くなると個人の力だけでは限界がありますので町役場や地元の大学の先生にも相談しました。その結果が NPO 法人の設立ということにつながりました。

・事業運営ではどんな課題がありますか？
　正直なところ，課題が山積しています。まず一番はお金の問題です。子どもたちから食事代を集めることはできませんので，寄付を募ることにしていますがとても足りません。活動を進めていくうえで何より深刻な問題です。次に人手の問題です。食事提供のためには場所と人手が必要です。場所は役場と地域の自治会にお願いして公民館の一室をお借りしているのですが，一人だけでは食事の準備ができないので他の人の力添えが欠かせません。どうやって人手を確保するかも大きな問題です。

・今後の見通しはいかがですか？
　ごはんを食べていない子どもにせめて何か食べさせてあげたいという素朴な気持ちで始めたのですが，その後，子どもたちだけでなく高齢の方々，とりわけ認知症の方々に対する支援の必要性が生じてきました。NPO 法人としてどこまで支援できるか見通しは立ちませんが公的支援も期待しながらニーズに応えようと思っています。

・子どもの貧困が社会的な問題として取り上げられていますが，これについてはどのようにお考えですか？

日本における子どもの貧困率は 16％といわれていますが，実感としては
もっと多いような気がします。もちろん公的な支援もありますが，決して
十分とはいえない実態もあります。行政の隙間を埋めていく，それが
NPO の役割ではないかと思っています。

・ありがとうございました。ますますのご活躍を期待しております。

　活動資金と人手不足の問題は多くの NPO 法人が抱えている共通の課題であ
る。このような実態を踏まえて，2016（平成 28）年に「休眠預金活用法」が成
立した。金融機関に預けられたまま 10 年以上にわたって口座から出し入れの
ない預金を公益活動への助成や融資に活用しようとするねらいである。その効
果は期待されているものの実効性に不透明さも残されている。

(3) 社会的養護と各 NPO との連携

　私たちが暮らしている地域には，各種の社会的養護施設が設置されている。
そこには何らかの事情があって家庭では暮らせない子どもたちや障害のある子
どもたちも暮らしている。また地域には前掲のように各種の NPO 活動も展開
されている。社会的養護施設と NPO が相互に情報交換をしたり協力したりす
ることはきわめて重要である。それはそのすべてが子どもたちの安全確保や健
全育成につながるからである。また，社会的養護施設ではなく自宅で暮らして
いる子どもたちのなかにも地域住民による支えが必要なケースもある。どこで
どのような暮らしをしている子どもであっても，安心して安全に育つ権利を有
していることに例外はない。児童の権利に関する条約を待つまでもなく，育つ
権利はもとより生きる権利，守られる権利，参加する権利を保障していくこと
がすべての国民に求められていることを銘記しておきたい。

4　地域連帯におけるソーシャルアクション

(1) 地域連帯の必要性

　地域における社会的養護活動を進めるうえで，関係組織や関係機関が相互に
情報共有や協力関係を保つことはもとより，個人レベルにおいても地域内にお
ける連帯・協力が重要であることは論を俟たない。現代は情報社会であり，子
どもたちの健全育成を図るうえで情報の共有は不可欠である。そのための手段
は関係者による対面，通信等，多様であるが確実性と即応性が求められる。情
報内容に正確さを欠いたり連絡が遅れたりした場合には，子どもの安全や生命
に危険が及ぶこともあるので特に留意する必要がある。また，個人情報につい
てはプライバシーが侵害されることのないよう慎重な取り扱いが必要である。

(2) ソーシャルアクション

　ソーシャルアクション（social action）とは，「社会活動法。社会福祉の間接援助技術のひとつである。社会のなかで不適切であったり不足していたりする法律，制度，施設などの社会資源や社会サービスの改善，充足を求めて，当事者や一般住民を含める支援者と共に，議会や行政に対して組織的に働きかける技術である。署名や請願運動を行ったりして世論を喚起しながら行うが，社会変革を求めるものではない。」（成清美治・加納光子編『現代社会福祉用語の基礎知識（第13版）』学文社）とされている。

　つまり，地域住民が生活改善や生活向上を目指して議会や行政に対して組織的に働きかける活動である。このような事例は全国各地で行われており，道路建設，学校や保育所・医療施設の建設，障害者・高齢者施設の建設，市区町村役場の支所設置要求等はその一例といえる。ここでは，名古屋市南東部に位置している住宅地における道路建設請願を例として取り上げておきたい。

　この道路建設計画は，昭和20年代に都市計画の一端として計画されていた。しかし，財政問題から延期に次ぐ延期が繰り返され70年余が経過していた。その間，宅地造成が行われ，山や畑であった場所に住宅が立ち並ぶようになった。当然，人口も増加の一途をたどり地域は活性化したものの，緑は減少し，付近に生息していた昆虫類や小動物の絶滅が危惧されるようになった。

　その一方で，狭い住宅地内に通学路があり，そこを多くの自動車が走行することから子どもたちの安全を憂慮する機運が高まった。そこで地域住民から，当初の計画に一部修正を加えたうえで，住宅地を迂回する道路建設の請願が起こされたというのが概要である。

　この過程で，実は民意が大きく二分されるという事態が生じた。それは，子どもたちの安全確保のためには自動車の新しい迂回路が必要とする意見と，山を切り開いて道路を建設すると緑地が減少し，自然環境が悪化するという意見であった。つまり子どもたちをはじめとする住民の安全確保か環境保全かという意見の相違であった。結果として地域住民の合意は得られず道路建設計画は先送りとなった。

　地域住民の立場や考え方の相違によって意見が分かれる例は他にもみられる。

　たとえば保育所建設の場合も同様のことが生じている。女性の社会進出の増加や保育ニーズの多様化に伴って生じている保育所不足や待機児童問題は深刻さを増している。このため関係者から保育所増設要求が出される一方で，保育所ができることによって静寂さが損なわれるだけでなく送迎のための交通量が増加する等の理由で反対運動も見られる。

　ソーシャルアクションは社会改良や生活改善において重要であるが，その一方で地域住民の価値観が多様化してきているだけに意見の一致には困難を伴うことも少なくない。

(3) 今後の課題

　地域における社会改良や生活改善等のためには地域連帯におけるソーシャルアクションは重要である。地域住民の連帯や近隣地域との連帯によって多くの成果や実績が残されている。社会の変化とともに地域住民による活動は今後もますます増加していくものと思われる。しかし，その一方で立場や考え方の相違から合意に達しないことも見られる。今後，地域における活動を進めていくためには地域住民の合意を得るための新しい発想が求められているといえよう。そのためには，情報提供，現状認識，将来展望等についての共通理解が得られる努力と工夫が不可欠である。

　特に，地域内に社会的養護施設が存在していたり，特別な配慮を必要とする子どもたちや障害者・高齢者が居住していたりする場合には，それに該当する人たちの利益や権利が損なわれないよう慎重な判断と行動が求められる。

参考文献

市川一宏・大橋謙策・牧里毎治編著『地域福祉の理論と方法』ミネルヴァ書房，2017 年

朝日新聞取材班『子どもと貧困』朝日新聞出版，2016 年

2016（平成28）年7月，相模原市の障害者施設「津久井やまゆり園」で入所者19名が刺殺されるという事件が発生した。この事件の容疑者はこの施設の元職員であった。この元職員は「障害者は他の人に迷惑をかけるだけで生きている価値はない」という考えの持ち主であったとされている。

この事件について，ある学童保育所で子どもたちが話し合いをしていた。

職　　員　事件の概要を説明し，この事件についてみんなはどう思う？と感想を求めた。

タケシ　障害がある人は誰かに迷惑を掛けているかもしれない。でも，だからと言って殺される理由はない。殺した人が悪いと思う。

ススム　生きている価値があるかないか，勝手に決めてはいけないと思う。もし価値がないとしても殺してはいけないと思う。犯人は怖い人だという気がした。

ヨシト　僕は「お前はバカだ」とよく父さんから言われている。その施設に入っていたら殺されていたかもしれない。施設ってよく知らないけど怖い所だと思った。

ナナエ　そんな悪いことをする人を，回りの大人たちはどうして止められなかったのかな，不思議な気がする。

モ　エ　世のなかには人を傷つけたり殺したりする事件がよく起きている。この犯人だけ特別に責めるのはどうかと思う。

ハヤト　ぼくの家のおばあちゃんは足が悪くて動けないのでいつも寝ている。生きている価値がないと言われたら可哀そうだと思う。

ハルナ　田舎のおばあちゃんの家の近くに障害のある人たちが住んでいる施設がある。もう怖くてこれからはおばあちゃんの家に行けない。

子どもたちの目線，どのように受け取りますか。施設は怖い所ではない，職員から優しく支えられて，その人らしく楽しく生きることを保障されていると胸を張って子どもたちに説明できる施設でありたいものです。

しかし，目をそむけてはいけない暗い現実もあります。その新聞記事を取り上げておきます。

厚生労働省は27日，2016年度に虐待を受けた障害者は3,198人に上ったと発表した。12年度の調査開始以来最多だった。15年度比では微減だが，障害者施設の職員などによる虐待は件数，被害者とも前年度比18％増と急増し，過去最多を4年連続更新した。…施設職員などによる虐待は年々増加している。昨年度の相談・通報件数は2,115件で前年より減ったものの，401件（同62件増）が虐待と判断され，被害者は672人（同103人増）と急増した。障害の種別では知的障害が69％で最も多かった。　　　　　　　　　　　　（2018年4月23日『毎日新聞』）

この記事を施設職員として，これから施設職員を目指す者としてどのように受け止めたらいいのでしょうか。長い道のりですが，すべての関係者に求められている重い課題と言えます。

学びを深めるために

社会的養護の具体的な場である各種の児童福祉施設を理解するためには，実習だけでは限界がある。長期休業や週末等を利用して，自ら出向いて見学する，ボランティアとして参加する等の積極性が求められる。

第11章

社会的養護の課題

　わが国の社会的養護は大きな転換期を迎えている。戦後の流れのなかで子どもや家庭のニーズは変遷し，また子どもは権利主体として捉えられるようになった。社会的養護は施設養護から家庭（的）養護へ，また家庭養育優先原則の方向性が強く示されるようになり，その姿は大きく変わろうとしている。しかし，変化の課程でさまざまな課題が生じているのも事実である。本章では，社会的養護の現状を概観しながら，課題への対応について考えていきたい。

1 施設等の運営管理

（1）措置制度の意義と課題

　措置制度とは，都道府県等の自治体や児童相談所の長が行政権限を用いて施設利用を決定する仕組みである。対して利用契約制度は，自治体等からの紹介に基づいて施設等と直接契約を結びサービスを受ける仕組みである。2000年の社会福祉基礎構造改革以降，介護分野，障害分野等の多くの福祉サービスが措置制度から利用契約制度に移行したが，社会的養護については虐待等の権利侵害から子どもを守る砦として措置制度が残されている。たとえば，虐待のある家庭から子どもを職権保護せざるをえないケースでは，親が子どものことを考えて施設を選択し入所させることはまずない。親の抵抗があったとしても，子どもの命や人権を守るために行政（児童相談所）が保護し，適切な場所へ措置しなければならないのである。

職権保護

　児童相談所は子どもの生命に危険が迫っている場合や著しく権利が侵害されている恐れがある場合等，親の承諾なしに子どもを強制的に一時保護する権限を持っている。

　施設運営に必要な経費は都道府県等から「措置費」として支払われる。措置費は，施設管理費や職員の人件費等にあてられる「事務費」と，入所する子どもの生活費や教育費等にあてられる「事業費」で構成されており，施設の定員数や実際に入所する子どもの現員数に応じて支給される。

　子どもの安全や権利を守るために重要な措置制度であるが，課題もある。措置制度のもとでは，子どもが自ら入所する施設（または里親等）を選べることはほとんどない。多くの場合，児童相談所がそのときどきで空いている施設を探して入所先を決定しているのが実情である。子どもは大人によって決められた施設につれてこられ，そこでの生活に適応せざるをえないのである。

　また措置費によって職員の給料が支払われ，子どもが希望を出して施設を変更することも極めて少ないため，サービスの質に対する向上心が高まらなかったり，職員と子どもの関係が対等になりにくかったりする場合もある。これは，子どもの健全な発達に必要な生活環境が守られなかったり，人権侵害が発生したりするリスクをはらむものである。措置制度のもとではより一層の権利意識と日頃の業務に対する管理体制が必要といえよう。

(2) 職員配置の課題

　児童福祉施設の運営は，入所する子どもの権利や健全な発達を保障するため「児童福祉施設の設備及び運営に関する基準（設備運営基準）」（旧 児童福祉施設最低基準）の中で設備や運営について一定の基準が定められている。特に，働く職員の数を左右する職員配置基準は，サービスの質に大きく関わるものとされ，その動向は常に注目されてきた。

　戦後の児童養護施設は戦災孤児や浮浪児を入所させ，親に代わって衣食住のお世話をすること（代替的養護）が主な役割であった。しかし時代の移り変わりによって子どものニーズは変化し，現在では虐待によって心身に傷を負った子どものケアや家族支援など，役割は確実に拡大し，また高度化してきた。人手不足の問題が顕在化し，職員の配置基準については，施設の多機能化，高機能化に対応する改革が強く望まれてきたのである。

> **戦災孤児**
> 戦争によって保護者を失った子ども。第2次世界大戦終結後には，親や親戚を失った子どもが街にあふれ，犯罪に巻き込まれる子どもも増加したことなどから社会問題化した。

　近年，設備運営基準の改正や予算措置により職員配置は徐々に改善傾向にあり，現状では図表11－1のような配置となっている。今後も施設の小規模化に伴う加算や，子どものケアニーズに応じた加算制度の導入が検討されるなど，数的改善は見込まれる。しかし，施設に必要な機能は今後，より高まっていくことが予想されるため，さらなる改善が望まれる。

図表 11 － 1　児童養護施設・乳児院の職員配置基準

施設種別	～ 2011 年度	2012 年度～ 2014 年度	2015 年度～ ※予算措置
児童養護施設	児童指導員・保育士 　0 歳児：　　1.7：1 　1・2 歳児：　　2：1 　3 歳以上幼児：　　4：1 　小学生以上：　　6：1	児童指導員・保育士 　0・1 歳児：　　1.6：1 　2 歳児：　　2：1 　3 歳以上幼児：　　4：1 　小学生以上：　　5.5：1	児童指導員・保育士 　0・1 歳児：　　1.3：1 　2 歳児：　　2：1 　3 歳以上幼児：　　3：1 　小学生以上：　　4：1 ※小規模ケア加算等とあわせて概ね 3：1 ないし 2：1 相当
乳児院	看護師・保育士・児童指導員 　0・1 歳児：　　1.7：1 　2 歳児：　　2：1 　3 歳以上幼児：　　4：1	看護師・保育士・児童指導員 　0・1 歳児：　　1.6：1 　2 歳児：　　2：1 　3 歳以上幼児：　　4：1	看護師・保育士・児童指導員 　0・1 歳児：　　1.3：1 　2 歳児：　　2：1 　3 歳以上幼児：　　3：1 ※小規模ケア加算等とあわせて概ね 1：1 相当

出所）厚生労働省「第 14 回新たな社会的養育の在り方に関する検討会」参考資料 1 （一部改変）

(3) 安全・安心な生活環境作り

　虐待等によって身体や心に深く傷を負った子どもたちが，ケアされ健全に発達するためには，第一に安全で安心できる生活環境が必要である。施設等に入所する子どもは，壮絶な暴力や性的虐待等による傷つき体験によって，症状が重症化している場合も少なくない。専門的な心理療法や精神科治療が必要な子どもも増えているのが実情である。しかし，その治療効果も安定した日常生活

があってはじめて効果があるともいわれている。日々の安定した生活の中で身体と心が守られ，子どもに「大事にされている」という感覚が芽生えるからこそ，子ども自身の回復力が高まっていくのである。

1）清潔で整えられた生活環境作りと健康管理

子どもの生活空間や身の回り品の衛生状態を保つことは支援の基本である。不衛生では子どもが健康を害したり，インフルエンザやノロウイルスなどの感染症が集団感染したりする場合もある。毎日の掃除洗濯はもちろんのこと，食品管理，健康チェック，子どもへの手洗いうがいの励行などの予防的対応が必要である。また間接的ではあるが，季節にあった衣服や寝具を用意したり，身体の成長に合わせて適切なサイズのものを整えるといった細やかな配慮も，心身の健康増進につながるものである。

子どもが感染症を患ったときには他の子どもと一時的に生活空間を分けるなどの対応策を事前に考えておく必要がある。これらは職員の個人判断に任せるのではなく，予防や発症後の対応について研修を実施したり対応マニュアルを作成したりするなど組織的な取り組みが重要である。

2）安全管理と危機管理

子どもの生活空間に危険なものや構造はないか，壊れている箇所はないかをチェックし必要に応じて改善することは子どもの安全安心を守る上で大切である。年齢の低い子どもや障害のある子どもが発達上の特性から突発的に危険な行動を取ることがあるため，あらゆる状況を想定して安全チェックを行い，危険要素をできる限り取り除く必要がある。

また，交通事故，ケガや病気への対応や保護者との間でトラブルが発生した場合の緊急対応について共通理解を図っておく必要がある。職員一人で対応できないケースもあるため，緊急時の連携方法についてマニュアルを作成し，研修等で周知を図ったりロールプレイなどを用いてトレーニングしたりすることも有効である。

さらに，防災設備や防犯設備を整え，定期的にチェックしたり，避難訓練を実施して実際に事が発生した場合に適切に対応できる準備をしておくことなども，子どもの安全を保障するうえで重要である。

3）死角の管理

子ども間の暴力，いじめ，性的トラブルなどは職員が見ていない場所や時間で発生する場合が多い。たとえば，子どもの居室や浴室，使っていない共用スペース，庭（グラウンド）の倉庫裏など，職員が把握しにくい物理的な死角がある。また職員配置が少なくなる消灯時間後や早番勤務と遅番勤務が交代する時間帯，事務作業や来客対応で職員がホームから離れる時間などの時間的な死角も生じる。これらの死角において事故や事件が発生し，子どもの体や心が傷つけられてしまうケースは少なくない。

ノロウイルス

非細菌性急性胃腸炎を引き起こすウイルスの一種であり，食品を汚染する食中毒とウィルスの保持者によりその身の回りの人を汚染する感染症の両面をもっている。主な症状は，吐気，嘔吐，下痢，腹痛であり，一般に 1 〜 3 日間続く。

ロールプレイ

心理劇の一形式で役割演技と訳される。与えられた役割を演じることは，新しい自己や新しい問題解決の方法を発見することにつながる。セラピーや行動療法だけでなく，個人や集団の指導，教育現場など幅広く用いられている。

　施設の建物や敷地をチェックしたり，職員の行動パターン（宿直者の見回り時間帯など）を振り返ったりすることで，いつ，どこに，どのような死角が存在（発生）しているのかを把握し，職員間で共有しておく。さらに「物理的な死角の少ない設計にする」「死角に入れないように柵を設ける」などハード面の対策や「見回りの方法を取り決める」「隣同士のホームの職員間でサポートする」などソフト面の工夫をしながら死角ケアを行うことが重要である。

　死角への対応は「子どもを被害者にも加害者にもさせない」という考えに立った極めて重要な取り組みである。しかし，子どものプライバシー保護の観点から，過剰な管理によって生活を監視するような体制になってしまわないよう留意されたい。日頃の子どもへの丁寧な関わりやコミュニケーション，職員間の情報共有，子どものSOSや異変に気付く専門性などによって事故や事件を予防する姿勢を忘れてはならない。

(4) 支援の「個別化」を実現するための運営管理

　子どもは主体的な存在であり，人生や日常生活のあり方については子ども自身の意向が尊重されなければならない。これは児童養護施設などの福祉施設における支援についても同様で，子ども一人ひとりに応じた，できる限り「個別化」された支援が提供されることが望まれる。しかし，多くの子どもたちが集団生活する場において，また限られた職員配置のなかで「個別化」を実践することは決して簡単なことではない。組織としての適切な運営管理が必要となる。

「話し合い」の場作り

　集団生活のなかで「個別化」を実現するためには，子ども同士の間で「個を認め合う文化」が作られる必要があろう。職員がいくら個別化を意識したとしても，子どもによっては「ひいき」として感じられる場合もある。個別化された支援とは，言い方を変えれば「子ども一人ひとりへの特別な関わり」であるが，虐待等の不適切な養育環境で，個として認められた経験の少ない子どものなかには，自分への特別な関わりに違和感や抵抗感を覚える者も少なくない。職員の他の子どもへの「特別な関わり」についても同様の感覚である。生活の主役である子どもたちに「個別化」のスタイルが受け入れられるようになることが必要なのである。

　「個を認め合う文化」を育むひとつの方法として「話し合い」の場作りがある。子どもが自分の意見や考えを伝えられる場である。職員と子どもが個別に話し合う場もあれば，子どもたちが集まって話し合う「子ども会議（多くの場合，職員も参加する）」を定期的に実施している施設も多い。生活に関する要望や不満などを取り扱ったり，生活のルールを話し合いによって決めることもある。この話し合いの場において重要なのが，一つひとつの意見が尊重されるような雰囲気作りである。

「話し合い」の目的はさまざまあるが，人はそれぞれ異なる感覚や考えを持っており「違いがあって良い」ことを知ること，自分の感覚や考えを受け止めてもらう体験をすること，を通してお互いの立場を尊重する大切さを学ぶことである。この「違い」を認める文化があってはじめて「個別化」の支援が成り立つのである。話し合いの場を設定し，子どもたちからあがった声（意見）を検討して施設運営に反映させる。その仕組み作りは，子どもの意見表明権が着目されてきている近年ではさらに重要度を増しているといえよう。

ただし，その前提には，日々の生活で一人ひとりが丁寧にお世話され，共感され，意見が大事にされる体験の積み重ねが不可欠であることはいうまでもない。個として大事にされた経験があってこそ，自分とは違う他者を認め，また他者への特別な支援を認めることができるのである。

2　社会的養護と倫理の確立

社会的養護における支援や生活環境のあり方についてはこれまでさまざまな議論がされてきた。一般の家庭でも子育ての方法や養育観がさまざまあるように社会的養護の現場においても千差万別の取り組みがある。しかし，子どもの健全な発達を保障し適切な支援を提供するためには，関係機関および支援にあたる専門職は一定の倫理に基づいた支援を行う必要がある。

（1）子どもの権利と意見表明権

2016年の改正児童福祉法では第1条で「全て児童は，児童の権利に関する条約の精神にのっとり，適切に養育されること，その生活を保障されること，愛され，保護されること，その心身の健やかな成長及び発達並びにその自立が図られることその他の福祉を等しく保障される権利を有する」と明記している。また第2条では「全て国民は，児童が良好な環境において生まれ，かつ，社会のあらゆる分野において，児童の年齢及び発達の程度に応じて，その意見が尊重され，その最善の利益が優先して考慮され，心身ともに健やかに育成されるよう努める」としている。

この法改正では，児童福祉法にはじめて「児童の権利に関する条約」（子どもの権利条約）の精神が盛り込まれ，子どもを「保護の対象」から「権利の主体」と捉えなおしたことが大きなポイントとされている。わが国では，「大人が子どもにとって良い方法を決めてあげよう」というようなパターナリズム（paternalism）の考え方が一般的であった。また，「権利」を得ることは「義務」や「責任」を果たすこととセットでなければならない，という意見も多くあり，今もさまざまな議論がある。しかし権利条約では「子どもの権利」とは，義務を果たすという条件付きで与えられるものではなく，生まれながらにして無条

> **パターナリズム（paternalism）**
>
> 父子（家族）主義，温情主義。父親の子どもに対する権利，義務，責任の関係にみられる権限，干渉，保護，温情等が主義としてあらわれること。またその内容。

件に認められるものとして考えられている。これが児童福祉法に盛り込まれたことはわが国において画期的な変化だったのである。

ただし何事も好き勝手にやって良いという意味ではないであろう。社会で生きる以上，誰かの「権利」と「権利」がぶつかり合うこともあり，相手の権利も認められなければならない。お互いの権利を大切にしようとする精神と営みのなかで，義務や責任は自然と生まれ出てくるものと考える。大切なのは，義務や責任を大人が一方的に決めて課すのではなく，お互いの権利をできうる限り守るためにできることを，子どもの意見をベースとしながら子どもとともに考え調整していく姿勢と丁寧な取り組みであろう。

このような考え方はときに理想論ではないかと揶揄される。確かに，この精神を具現化することは容易なことではない。支援者の権利意識に訴えるだけでなく，子どもの意見（声）を適切に引き出し取り扱うことのできるスキルの向上と，スキルが発揮される環境（仕組み）を整えていくことが重要である。

(2) 倫理綱領と運営指針

専門職が守るべき職業倫理は，各団体の倫理綱領に示されている。たとえば，児童養護施設に関しては図表11－2にあるような「全国児童養護施設協議会倫理綱領」があり，施設職員が守るべき倫理が10項目掲げられている。

また，これらの倫理に基づいた養育支援の内容と運営に関する指針が「児童養護施設運営指針」にまとめられている。さらには，運営指針を掘り下げ事例を交えながら分かりやすく解説した「児童養護施設　運営ハンドブック」が厚生労働省から発刊されている。これらに基づいて，各施設等は運営理念や養育方針を掲げ，実践に落とし込むことでサービスの質を担保しているのである。

しかし，残念ながら子ども支援に関わる専門職が子どもの権利を侵害してしまう事件が発生しており，マスコミ報道にもあがっている。子どもの支援に従事する者は，どの職種であれ倫理を理解し定期的に確認しながら，専門職としての自覚をもって支援にあたらなければならない。

(3) 第三者評価

子どもの権利と健全な発達を保障するために，支援者は倫理や運営指針を理解し常に自己チェックしながら支援にあたらなければならないことは先に述べた。しかし，施設は子どもにとっての守られた空間である一方，閉鎖的な側面を持ち合わせていることから，定期的に第三者の目を入れることが必要となる。

第三者評価は，「社会福祉法人等の提供するサービスの質を事業者および利用者以外の公正・中立な第三者機関が専門的かつ客観的な立場から評価を行うもの」[1] である。社会福祉事業の第三者評価の受審は任意であったが，「社会的養護関係施設については子どもが施設を選ぶ仕組みではないこと，また施設

図表 11 − 2 全国児童養護施設協議会 倫理綱領

1. 私たちは，子どもの利益を最優先した養育をおこないます
   一人ひとりの子どもの最善の利益を優先に考え，24時間365日の生活をとおして，子どもの自己実現と自立のために，専門性をもった養育を展開します。

2. 私たちは，子どもの理解と受容，信頼関係を大切にします
   自らの思いこみや偏見をなくし，子どもをあるがままに受けとめ，一人ひとりの子どもとその個性を理解し，意見を尊重しながら，子どもとの信頼関係を大切にします。

3. 私たちは，子どもの自己決定と主体性の尊重につとめます
   子どもが自己の見解を表明し，子ども自身が選択し，意思決定できる機会を保障し，支援します。また，子どもに必要な情報は適切に提供し，説明責任をはたします。

4. 私たちは，子どもと家族との関係を大切にした支援をおこないます
   関係機関・団体と協働し，家族との関係調整のための支援をおこない，子どもと，子どもにとってかけがえのない家族を，継続してささえます。

5. 私たちは，子どものプライバシーの尊重と秘密を保持します
   子どもの安全安心な生活を守るために，一人ひとりのプライバシーを尊重し，秘密の保持につとめます。

6. 私たちは，子どもへの差別・虐待を許さず，権利侵害の防止につとめます
   いかなる理由の差別・虐待・人権侵害も決して許さず，子どもたちの基本的人権と権利を擁護します。

7. 私たちは，最良の養育実践を行うために専門性の向上をはかります
   自らの人間性を高め，最良の養育実践をおこなうために，常に自己研鑽につとめ，養育と専門性の向上をはかります。

8. 私たちは，関係機関や地域と連携し，子どもを育みます
   児童相談所や学校，医療機関などの関係機関や，近隣住民・ボランティアなどと連携し，子どもを育みます。

9. 私たちは，地域福祉への積極的な参加と協働につとめます
   施設のもつ専門知識と技術を活かし，地域社会に協力することで，子育て支援につとめます。

10. 私たちは，常に施設環境および運営の改善向上につとめます
    子どもの健康および発達のための施設環境をととのえ，施設運営に責任をもち，児童養護施設が高い公共性と専門性を有していることを常に自覚し，社会に対して，施設の説明責任にもとづく情報公開と，健全で公正，かつ活力ある施設運営につとめます。

2010年5月17日 制定

出所）全国児童養護施設協議会ホームページより筆者作成

長による親権代行等の規定もあるほか，被虐待児等が増加し施設運営の質の向上が必要である」[1] ことから，2012年より第三者評価の実施が義務化された。社会的養護関係施設は，3年に1回以上の受審と同様の基準に基づく自己評価を毎年度実施しなければならない。

　ここでしっかりと理解しておきたいのは，第三者評価とは，行政監査のように関係機関が最低基準を満たしていることをチェックするものではなく，「福祉サービスの質のさらなる向上を目指すためのもの」であるということである。適切に活用すれば「自らが提供するサービスの質について改善すべき点を明らかにし，取り組みの具体的な目標が立てやすくなる。また，評価を受ける過程で，職員の自覚と改善意識が高まり，課題の共有化が促進される。」[1] 結果として，子どもからの信頼を獲得し，子どもの権利保障へとつながっていくものと思われる。「義務」になったとはいえ，受け身な捉え方ではなく，積極的に活用すべきツールと捉えるべきであろう。

社会的養護の関係機関に入所する子どもたちの多くは，家庭内における虐待などの権利侵害を体験している。施設等は，いわば奪われた権利を回復するための場であるが，残念ながらその役割を第一義的に担うはずである職員が子どもを虐待してしまうという問題が顕在化してきた。子どもが苛酷な環境のなかで必死に生き延び，ようやく保護されたにもかかわらず，ケアされるべき場所において再び虐待を受けることで負う心の傷の深さは計り知れない。あってはならないことはいうまでもないが，虐待をする職員個人の問題としてのみ捉えるのではなく，構造上の背景に目を向け，適切な運営管理によって予防策を講じることが極めて重要である。

（1）被措置児童等虐待防止の経緯

被措置児童等虐待が日本社会で認識されるようになった発端として，1995年に千葉県の児童養護施設で起こった施設内虐待事件がある。この事件は，当時の施設長らが入所する子どもたちを金属バットで殴る，洗濯機に入れる，包丁で切りつける，さらには強姦（現：強制性交）などの重大な権利侵害を行っていたことが，子どもたちからの訴えによって発覚したものである。この背景には，施設長に認められていた「懲戒権」の濫用があったとされ，その後，「懲戒権濫用の禁止」「児童福祉施設職員による入所児童に対する虐待等の禁止」が相次いで行政文書に明記されるようになった。

しかし，施設等における虐待があとを絶たない状況が続いたため，2008年の児童福祉法改正により「被措置児童等虐待防止」が規定された。従来は「施設内虐待」という名称を使っていたが，施設に措置されている子どものみならず，一時保護中の子どもや里親家庭等も広く虐待防止の対象にしたことから，これを機に「被措置児童等虐待」という名称に変更された。

> **懲戒権**
> 「子どもを監護および教育するために必要な範囲内で子どもを戒めること」を親権者に認めた権利。民法第822条に定められている。昨今の児童虐待問題を受けて「懲戒権」廃止の動きも出ているが，教育上，必要とする声もあり賛否が分かれている。

（2）被措置児童等虐待の定義

「被措置児童等虐待」は児童福祉法第33条の10各号において，図表11－3のように定義されている。

これは，「児童虐待の防止等に関する法律（児童虐待防止法）」に定められている虐待の定義とほぼ同様の内容になっている。第一号は身体的虐待，第二号は性的虐待，第三号はネグレクト，第四号は心理的虐待にあたる。ここで着目すべきは第三号である。施設等において子ども間の暴力やいじめ，その他の権利侵害が生じた際に，施設として適切な対応をとれずに放置された場合についても「虐待（ネグレクト）」と位置付けられることを意味している。職員と子どもの関係のみならず，子ども同士の関係への適切な介入を求めている。

図表 11 － 3　被措置児童等虐待の定義

> 児童福祉法　第 33 条の 10
> 一　被措置児童等の身体に外傷が生じ，又は生じるおそれのある暴行を加えること。
> 二　被措置児童等にわいせつな行為をすること又は被措置児童等をしてわいせつな行為を
> 　　させること。
> 三　被措置児童等の心身の正常な発達を妨げるような著しい減食又は長時間の放置，同居
> 　　人若しくは生活を共にする他の児童による前二号又は次号に掲げる行為の放置その他
> 　　の施設職員等としての養育又は業務を著しく怠ること。
> 四　被措置児童等に対する著しい暴言又は著しく拒絶的な反応その他の被措置児童等に著
> 　　しい心理的外傷を与える言動を行うこと。

出所）厚生労働省「平成 29 年度における被措置児童等虐待への各都道府県市等の対応状況について」
　　　より筆者作成

　また，被措置児童等虐待を受けたと思われる子どもを発見した者への通告義務と，あわせて「通告したことを理由として解雇その他不利益な取り扱いを受けない」ことが規定された。これは，施設等の閉鎖的になりやすい場における利害関係によって，虐待が潜在化してしまうことを防ぐ意味を持つ。

（3）被措置児童等虐待の現状

　2008 年の児童福祉法改正を受けて，2009 年に厚生労働省より通知「被措置児童等虐待対応ガイドライン」が出された。被措置児童等虐待の定義や通告について，また通告があった場合の都道府県等の対応などについて記されている。都道府県等はガイドラインに沿って対応するとともに，虐待の届出等の状況と対応結果について毎年公表することになっている。また，各都道府県等の公表に基づいて，厚生労働省は全国の虐待の状況をまとめ「被措置児童等虐待届出等制度の実施状況」として毎年度公表している。

　「平成 29 年度における被措置児童等虐待届出等制度の実施状況」を概観してみたい。2017（平成 29）年度の全国の被措置児童等虐待の届出・通告受理件数は 277 件で，その内，虐待の事実が認められた件数は 99 件である。虐待の事実が認められた施設等は，「児童養護施設」が 64 件（64.6％），「里親・ファミリーホーム」が 12 件（12.1％），「障害児入所施設等」が 10 件（10.1％），「児童自立支援施設」が 8 件（8.1％）である。児童養護施設の割合が高いが，入所する子どもや職員の数が他の施設等に比べて多いことも考慮に入れなければならないだろう。

　また，虐待を行った職員等の年齢や経験年数で見ると，「29 歳以下」が 38 人（34.2％），「経験年数 5 年未満」が 53 件（47.7％）と高い割合を示している。しかしながら，こちらもそもそも若い職員が多い職種であることを考慮する必要がある。実際に「50 歳以上」についても 27％を占めている。年齢や経験年数を問わず，どの世代でも起こり得る問題と捉えるべきであろう。

　さらに，虐待の種別は「身体的虐待」が 56 件（56.6％），「性的虐待」が 23 件（23.2％），「心理的虐待」が 17 件（17.2％），「ネグレクト」が 3 件（3.0％）である。すべての虐待行為が許されないことであるが，性的虐待の割合が高いこ

とは特に憂慮すべき点である。報告のあった事案には図表11－4のような例
がある。

図表11－4　被措置児童等虐待　報告事例（一部を抜粋：2017年度）

【身体的虐待】
◆ 職員の胸ぐらを掴んできた児童に対して，職員が首を押さえて床に倒し，頭を拳骨で1
発殴った。(児童養護施設)
◆ 職員が，興奮する児童を居室に移動させて，鍵をかけて閉じ込めた。(児童養護施設)
◆ 暴れている児童を抱き上げて声かけをするが，職員の顔や肩を叩くなどして暴れ続けた
ため，児童の右上腕部を噛んだ。(児童養護施設)
◆ 指導に従わず反抗的な態度をとる児童に，足払いして頬を左右1回ずつ叩いた。(児童自
立支援施設)
◆ 里親が，言うことを聞かないことを理由に児童の耳をつまみ，児童の耳にあざができた。
(里親)
◆ 興奮して廊下から動かなくなった児童に対し，職員が両手で髪を掴んで引きずって居室
に入れた。(障害児入所施設)

【性的虐待】
◆ 職員が，施設内の洗面所や脱衣所などで，複数回児童と抱き合ったり，キスをした。(児
童養護施設)
◆ 職員が児童の就寝時や入浴時に性器を触った。(児童養護施設)
◆ 里親が児童に自らの身体を触らせたり，キスをするなど不適切な行為を行った。(里親)
◆ 複数の児童に，性器を触るなどのわいせつな行為を行い，その様子を携帯電話で動画撮
影した。(障害児入所施設)

【ネグレクト】
◆ 児童間の性行為を把握していたにもかかわらず，適切に対応しなかった。(児童養護施
設)
◆ 里親が，児童に長年にわたり同居している他の児童からわいせつな行為を受けていたこ
とを把握できていなかった。(里親)

【心理的虐待】
◆ 職員が，泣いている乳幼児に対し，大声で「うるさい，静かにしなさい。泣き止みなさ
い。」と怒鳴り続けた。(乳児院)
◆「頭がおかしい」などの発言をしたり，他児とは差別的な扱いをした。(児童養護施設)
◆ 児童を注意する際に，大声を出し，持っていたほうきの柄を壁に強く打ち付けた。(児童
自立支援施設)
◆ 児童の言動に苛立ち，職員が「お前は家に帰りたいんだな」，「ここにいなくていいんだ
よ」などの発言をした。(児童相談所一時保護所)

出所）厚生労働省「平成29年度における被措置児童等虐待への各都道府県市等の対応状況について」
　　より筆者作成

（4）発生要因と予防策

　報告書によると，虐待を行った職員等のパーソナリティとして見られたのは
「怒りのコントロールの困難」「衝動性」「養育技術の低さ」などがあげられて
いる。性的虐待の例にあるように，職員個人の身勝手な欲求充足のために行わ
れたと思われる極めて許しがたい行為もあるが，子どもの対応で難しい状況に
立たされた結果，焦りや極度のストレスによって不適切な行為が誘発されたと
思われる事案も散見される。職員個人の資質はひとつの検証事項ではあるが，
虐待行為の裏側にある構造的な背景に目を向け，施設等の運営・支援体制を検
証するとともに改善策，予防策を講じる必要がある。

1）子どもの行動・反応への理解

　施設職員等の支援者は子どもたちに対して何らかの思い，期待を持ちながら
関わっている。身近な大人から寄せられる思いや期待は子どもの育ちにとって
必要なことである。しかし，発達障害，アタッチメント（愛着）障害，被虐待

> **アタッチメント
> （愛着）障害**
> 　広義には，特定の大人と
> の安定・安心した人間関係
> （愛着関係）を築くことがで
> きないために，他者との人
> 間関係の構築が不得手にな
> る，情緒が安定しないなど
> の困難を来すことをさす心
> 理学用語。

トラウマ（trauma）

瀕死の重症を負うような出来事や身体の安全に迫る危険を体験・目撃・直面したことにより，自我にとって耐えがたいような苦痛をともない，とても対処できないような心の傷のこと。

によるトラウマ（trauma）等からくる行動特性により，支援者の期待とは裏腹な行動や反応を示す子どもも多い。予想や期待とは異なる反応があったり，続いたりすることで対応する支援者に焦りや怒りの感情が出てくることは自然なことである。たとえば，担当する子どもに想いを持って日々丁寧に関わろうとしているにもかかわらず，子どもが言うことを聞かなかったり悪態をついたりすると思いが強い分だけショックや苛立ちも高まるだろう。「この子はどうしてこんな反応をするのか…」「なぜ，いうことを聞いてくれないのか」その理由がわからずに悩み，また支援者としての力量に自信が持てなくなり次第に精神的に追い込まれていく場合も少なくない。

　子どもの行動の背景にあるメカニズムが理解できれば，子どもの反応を客観的に捉えられ，焦りや苛立ちが軽減される場合もある。障害や虐待の影響による行動特性をしっかり理解しておくことが必要だろう。また，子どものアセスメントをとり，行動の予後予測をしておくことも有効である。いざ，難しい状況に遭遇した際に冷静に受け止められる助けとなる。

2）子どもをケアする支援者へのケア

　1）で述べたように，子どもを理解することは被措置児童等虐待を予防する上で大切なことである。しかし，日々子どもの理解に努めている支援者による虐待もときに起こっているのである。なぜだろうか。

　支援者は，子どもの生い立ちや発達特性等を理解した上で，子どもに対して受容的に関わりケアすることが大切とされている。支援者は，ときに理不尽と感じられる子どもの反応に対しても，その背景を理解しながら受け止めなければならないことがある。また，ケアの過程で支援者は，子どもが抱えているさまざまな負の感情にさらされたり，子どものトラウマに触れることで心理的な影響を受けたりすることがある。これらが積み重なり抱え込めなくなったときに，冷静な判断ができなくなり虐待行為に至ってしまう場合もある。

　施設等の管理者は子どもを日常的にケアする支援者へのケア体制を整えることが極めて重要である。日々の支援での困りごと，あるいは子どもや仕事に対する素直な感情をシェアできる場を用意しながら，頭と心を整理する機会を作ることも必要であろう。また，施設では心理士が職員のメンタルケアにあたる場合もある。

4　施設小規模化の課題と運営管理

　児童養護施設は，より家庭的な養育環境を目指し，地域小規模児童養護施設（グループホーム）の設置や本体施設の小規模グループケア化など，定員および生活単位を小さくする，いわゆる「小規模化」を進めている（詳細は第 12 章を参照されたい）。

　施設の「小規模化」にはメリットや効果があるが，さまざまな課題も顕在化してきた。ここでは，小規模化を推進する上で必要な施設運営管理について整理していく。

（1）小規模化のメリットとデメリット

　小規模化には，「一般家庭に近い生活体験ができる」「集団生活によるストレスが軽減される」「日課や規則に捉われない柔軟なホーム運営ができる」「子ども一人ひとりに合わせた関わりによって自己肯定感を育みやすい」などのメリットがある。

　一方で「集団内で押さえられていた子どもの感情が表に出やすくなり，落ち着くまでは，衝突も増える」「暴力，非行などの課題の大きい子どもへの対応が難しい」「周囲から見えにくく支援が独善的になりやすい」「新人育成が難しい」などのデメリットがある。

　また，6人前後の小規模なホームで働く職員は，職員配置上，現状では一人勤務であることが多い。子どもの人数は比較的少ないものの，任された時間帯は何事も一人で対応しなくてはならないため，責任やプレッシャーはより重くなる。小さい集団である分，人間関係は濃密化しやすいが，子どもとの関係が悪くなったり，依存欲求が表出して試し行動等が頻出するようになれば職員負担は増加する。周囲から適切なサポートを受けられない場合は，「孤立化」が起こり，職員のバーンアウト（burnout：燃え尽き）や前述した被措置児童等虐待のリスクを高めてしまうのである。これらのデメリットに対応した組織運営が不可欠となる。

（2）情報共有の仕組み作り

　大舎制（中舎制）と比較して地域小規模児童養護施設や小規模グループケア（以下，小規模ホーム）は独立性の高い構造であることから，子どもの様子や支援の状況などが周囲（他ホームの職員や管理者）からは見えにくい。そこで何らかの問題が発生した場合に施設として気付けなかったり，適切なサポートができなかったりすることで問題が深刻化する場合がある。これを予防するためには，日常的に施設全体で情報共有を行うことが必要である。

　情報共有のためには職員相互の積極的なコミュニケーションが欠かせない。これを職員個々が意識し日常業務においてお互いに努力することは大事だろう。しかし，前述のように一人勤務が多いなど意識していてもコミュニケーションが図りにくい構造であることに留意し，組織として意図的な場やツールを用意することが重要である。

　たとえば，職員会議は情報共有の大切な場である。全職員で行う会議とホーム職員で検討する会議，または各ホームの代表者で実施する会議などさまざ

> **バーンアウト（burnout）**
> 仕事熱心で，我を忘れて仕事に打ち込んでいた人が，何らかのきっかけから突然陥る無気力で非活動的な精神状態のこと。抑うつ，全身倦怠，頭痛，不眠，虚脱感などが主な症状としてあらわれる。

な形がある。ただし，会議ばかりをしていて子どもへの関わりがおざなりになっては本末転倒である。限られた時間で効果的に会議を行うために，施設の管理者は適切に会議スケジュールを調整したりファシリテーションを行ったりする必要がある。

ファシリテーション

会議やカンファレンス等の場で参加者の発言を促したり，論点を整理したりすることで相互理解や合意形成をサポートし，参加者の協働や組織の活性化を促す行為。

　現実的に職員が集まる時間をそれほど多く取ることはできない。そこで重要になってくるのが日々の支援記録や自立支援計画である。子どもの様子やホーム内で起こった出来事，支援の進捗等を記録に残し，職員間で確認し合うことが必要である。職員個々の価値観やスキルによって記録の内容にバラつきが出ることがあるため，重要な情報を漏らさず，また正しく残すために記録様式を統一している施設もある。上席者が毎日の記録をチェックし，不明な点を職員に確認したり，記録方法の修正（助言）を行ったりすることも効果的であろう。

　しかしながら，文字情報だけで現場の状況を正確に把握することは困難である。文字や言葉だけでは表すことのできない空気感や困難が現場に存在している場合があるからである。大舎制で複数の職員が同時に現場に入るスタイルとは異なり，職員と子どものやりとりを他職員が直接見る機会が少ないため，記録から具体的なイメージをもつことが難しく誤解も生じ得る。経験値の高い上席者が各ホームを回り，現場のリアルな状況を直接把握し，またサポートする仕組みも必要であろう。

(3) ケースカンファレンスの充実と支援の見える化

　小規模化の意義は「家庭体験」だけでなく支援の「個別化」にある。それぞれの子どもにとって必要な支援あるいは環境（生活）を子どもの声（意見）を聞きながら，ともに創り上げていく過程に意味がある。正に，子どもを権利主体として捉えた支援の実践である。単位は小さくなっても集団であることに変わりはないため，個別化は容易ではないが，専門性と工夫によって実現を目指すべきものである。個別化のためには子どもの生活目標や支援の目的，プランは個別に定められるべきであるが，施設内でサポート体制を組むためには，十人十色に異なる支援の形を担当ホーム（職員）だけでなく施設全体で理解する必要が出てくるのである。

　ケースカンファレンスは，それぞれに異なる子どものニーズや課題を理解し，より良い支援方法を職員間で検討，共有する大事な機会である。しかし，課題やリスクの発見と対策だけが目的ではない。さらに重要なことは，一人ひとりの職員が何を考え，どんな想いで子どもと関わり，日々の努力によってどのような成果が出ているのか，を「見える化」し職員間で共有することである。日々の支援に意義を感じ，支援者としての存在意義を感じられる環境があってこそ，職員間のコミュニケーションが促され，孤立化や独善的な関わりを予防するものと考える。

(4) 小規模化の目的とリスク（デメリット）の共有

　施設は小規模化を推進する上で，その目的やリスクについて十分に議論し，また職員全体で共有しておく必要がある。厚生労働省は小規模化の進め方に関し，建て替えによって一度に小規模化を果たす方法だけでなく，既存の建物の一部を徐々にリフォームしたり，または地域に一戸ずつ地域小規模児童養護施設を設置したりするなどの段階的な移行方法を提示している。小規模ホームの運営のノウハウを蓄積しながら，安定的に小規模化を進める狙いがある。

　しかし，段階的な移行方法であると，同施設内に大舎制（中舎制）ホームと小規模ホームなどのように，形態の異なるホームが混在する形となり，ときに形態の異なるホーム間で支援スタイルや子どもへの評価を巡って誤解や温度差が生まれることがある。小規模ホーム独自の支援スタイルや子どもの反応，抱えやすい困難などを事前に共有しておくことで職員間の相互理解を促し，サポート体制を強化することが重要である。

(5) スーパービジョン体制の構築とミドルマネージャー養成

　これまで述べてきた「情報共有」「支援の見える化」「小規模化の目的・リスクの共有」等は適切なスーパービジョンの下で機能する。スーパービジョンとは，上席者が知識やスキルを後輩職員に伝授したりアドバイスを行ったりする教育的側面だけではない。日頃の密なコミュニケーションによって職員の置かれている状況や支援の流れを理解し，支持的に関わること。必要に応じて他の職員に代弁するなど，職員間の相互理解を手助けすることも必要である。また，会議やケースカンファレンスの運営，不安や不満を吸い上げる場作り，職員の意見やアイデアをしっかり管理する体制作りなど，職員が連携しやすい構造を整えることもスーパービジョンといえるだろう。

　さらに，小規模化によって分散化された構造においては，各ホーム運営の質がより一層問われることになる。各ホームの代表者（主任やホーム長などと呼ばれる）には，ホーム内の統括，他ホームや管理職との情報共有を円滑にするためのパイプ役などの役割が求められる。分散化によりホーム数が増加すれば経験年数10年未満の中堅職員がそのポジションを担うことが想定される。マネジメントのスキルやコミュニケーション力を持った中堅職員，いわゆるミドルマネージャーの養成が今後の施設運営においてより不可欠となるであろう。

　本章では，社会的養護の課題について，施設等の運営管理を中心に説明してきた。社会的養護が家庭養育優先の方向性へと大きく転換している今日，児童養護施設等の施設は一時的，中間的な支援機関へと役割が変わりつつある。しかし，ケアニーズが高く専門的かつ継続的な治療，養育が必要な子どもたちは今後増加していくことが予想される。支援の連続性を担保するためには職員が長く働き続けられる環境が必要である。また，たとえ職員の離職や措置変更に

よって養育者が交代したとしても，養育者間で子どもの歴史や支援の歴史を共有し，積み重ねる必要がある。子どもたちが必死に生きた証を残し，繋いでいくことは正に子どもが主体的に生きるための前提であり，社会的養護を担う専門職としての大きな責務である。施設の運営管理はそういった意味でも大きな意義を持つのである。

注)
1) 全国社会福祉協議会「社会的養護関係施設の第三者評価等について（概要)」

参考文献
厚生労働省「新しい社会的養育ビジョン」2017 年
厚生労働省「平成 29 年度における被措置児童等虐待への各都道府県市等の対応状況について」
厚生労働省「児童養護施設等の小規模化及び家庭的養護の推進のために」2012 年
堀正嗣編著『独立子どもアドボカシーサービスの構築に向けて』解放出版社，2018 年

プロムナード

　社会的養護の現場に「子どもアドボカシー」の風が吹き始めています。連続する痛ましい虐待死事件に対する社会の反省もあり，メディアにも多く登場するようになりました。2019 年 6 月には児童福祉法等改正法が成立し，子どもの意見表明権を保障する仕組みの検討が明記され，子どもアドボカシーに大きな期待が寄せられています。社会的養護の子どもたちにとって，100％子どもの立場に立ち声を聴いてもらえる第三者の存在はとても重要です。子どもアドボカシーの取り組みは大変意義深く，日本社会に広げられるべきでしょう。
　「施設の職員は話をきいてくれない」という子どもたちの「声」がときどきメディアに挙がります。私たちは社会の大人として真摯に受け止めなくてはなりません。しかし，子どもがそう感じる状況があったとき，身近な支援者たちは，「子どもの声」を軽く受け止め，大切に思っていないから声をきけないのでしょうか。「子どもの声」の重みを知っているからこそ，その声を一人では受け止められないでいる方々もいるのではないかと思うのです。子どもの声の重さをみんなで分け合える仕組み作りが今，求められているような気がします。
　子どもの身近にいる大人が安心して子どもの声を受け止められる環境や仕組みが必要です。そして，子どもの目の前で，子どもの権利を必死に守ろうと努力している大人たちの声をきくことも。それが力になり，子どもアドボカシーへの挑戦が始まります。

学びを深めるために

あっくん作『あっくんはたべられない─食の困難と感覚過敏』世音社，2019 年
　舌の感覚過敏のある発達障害当事者が描いた（書いた）絵本。独特の画風で表現された一枚一枚の絵には，当事者が抱えるさまざまな感情や社会に対する強烈なメッセージが込められている。しかし最後には不思議な温もりや光が感じられる。巻末には発達障害や感覚過敏についてわかりやすく解説がされている。多くの方に感じてもらいたい良書である。

第12章

社会的養護の展望

（1）代替養育のための施設の小規模化

　2011年の「社会的養護の課題と将来像（以下この章において「課題と将来像」とする）」には，当時の社会的養護において，施設に措置される子どもが9割であることを指摘し，十数年かけて小規模グループケアの本体施設と，グループホームと，里親及びファミリーホームへの措置される子どもの数の割合を概ね3分の1ずつにしていく事を目標とした。

　2016年の児童福祉法改正により，第3条の2に，国及び地方公共団体の子育てや社会的養護に対する責務が明示された。この条文によると，国及び地方公共団体は，子どもが家庭において心身ともに健やかに養育されるよう，子どもの保護者への支援を行うこととされ，さまざまな事情により家庭での養育が困難又は適当でない場合には，子どもを「家庭における養育環境と同様の養育環境」つまり養子縁組による家庭，里親家庭，ファミリーホームなどにおいて，継続的に養育されるようにすることとした。それも難しい場合は，子どもが「できる限り良好な家庭的環境」つまり地域小規模児童養護施設や小規模グループケアの施設において養育されるよう，必要な措置を講じなければならないとした。これらを具体的なかたちで実現すべく，2017年には「新しい社会的養育ビジョン（以下この章において「養育ビジョン」とする）」で小規模・地域分散化を進めることが提示され，これに合わせて，各施設の役割や機能についても新たな提案をした。

（2）地域小規模児童養護施設や小規模グループケアの増設

　地域小規模児童養護施設や小規模グループケアは，子どもにとってあらゆる面で一般家庭に近い生活体験を持ちやすく，集団生活によるストレスを感じることも少なくなる。職員にとっても子どもの生活に目が届きやすいために，個別の状況に合わせたきめ細やかな対応がとりやすくなる。特に地域に分散配置されている場合などは，子どもは自然な近隣住民とのコミュニケーションの取り方を身をもって知ることになり，地域の自治会や子ども会での交流なども一般家庭と同じように可能である。

　その一方，ひとつのホームに同時に勤務する職員は一人であることも少なくない上に，その職員には，非常に高い力量が求められる。身辺自立や家事といったケアワーク全般に関する事だけではなく，心理的ケアや自立支援，関係機関との連携・協働，地域対応なども行わなければならない。一人勤務体制は職員自身が孤立化しやすい構造になりがちである。子どもに対し，閉鎖的あるいは独善的な関わりになる可能性や，職員が支援を抱え込んでしまい，疲弊してしまうことも起こりかねない。

社会的養護の課題と将来像

　2011年，児童養護施設等の社会的養護の課題に関する検討委員会および社会保障審議会児童部会社会的養護専門委員会が議論した内容を取りまとめたもの。社会的養護について，短期的に解決すべき課題や，中長期的に取り組む将来像について検討した内容になっている。

新しい社会的養育ビジョン

　2017年，新たな社会的養育の在り方に関する検討会における議論をとりまとめたもの。2016年の児童福祉法改正を受けて，「社会的養護の課題と将来像」を全面的に見直したものとなっている。

図表 12 − 1 　地域小規模児童養護施設，小規模グループケアの実施か所数の推移

①地域小規模児童養護施設の推移

	平成24年度		平成25年度		平成26年度		平成27年度		平成28年度		平成29年度	
	施設数	実施数	施設数	実施数	施設数	実施数	施設数	実施数	施設数	実施数	施設数	実施数
合計	186	243	201	269	217	298	230	329	244	354	264	391
1か所実施	141	141	147	147	151	151	148	148	152	152	158	158
2か所実施	36	72	45	90	56	112	71	142	80	160	92	184
3か所以上実施	9	30	9	32	10	35	11	39	12	42	14	49

②小規模グループケア実施状況の推移（児童養護施設）

	平成24年度		平成25年度		平成26年度		平成27年度		平成28年度		平成29年度	
	施設数	実施数	施設数	実施数	施設数	実施数	施設数	実施数	施設数	実施数	施設数	実施数
合計	381	705	396	814	419	928	432	1,042	446	1,141	456	1,352
1か所実施	172	172	154	154	140	140	135	135	123	123	110	110
2か所実施	160	320	170	340	179	358	171	342	176	352	156	312
3か所実施	18	54	20	60	34	102	34	102	36	108	35	105
4か所実施	10	40	20	80	26	104	31	124	39	156	45	180
5か所実施	7	35	12	60	16	80	27	135	30	150	46	230
6か所以上実施	14	84	20	120	24	144	34	204	42	252	64	415

③小規模グループケア実施状況の推移（乳児院）

	平成24年度		平成25年度		平成26年度		平成27年度		平成28年度		平成29年度	
	施設数	実施数	施設数	実施数	施設数	実施数	施設数	実施数	施設数	実施数	施設数	実施数
合計	58	90	64	113	67	128	73	148	76	166	85	210
1か所実施	33	33	34	34	28	28	27	27	23	23	22	22
2か所実施	21	42	22	44	29	58	32	64	34	68	33	66
3か所実施	2	6	4	12	5	15	7	21	9	27	15	45
4か所実施	1	4	0	0	0	0	1	4	4	16	4	16
5か所実施	1	5	1	5	3	15	4	20	4	20	5	25
6か所以上実施	0	0	3	18	2	12	2	12	2	12	6	36

資料：家庭福祉課調べ（各年10月1日現在）
出所）厚生労働省子ども家庭局家庭福祉課「社会的養育の推進に向けて」2019年4月，p.52

　以上を踏まえると，施設の小規模化を進めるためには，職員同士のコミュニケーションを密にし，職務内容の文書化や研修システムの構築を進め，人材育成のあり方を見直すなど，さまざまな工夫が必要であることがわかる。

　図表12−1を見てもわかるように，現在，小規模グループケア化や地域小規模児童養護施設の増設は急速に進んでいる。単に「家庭的な支援」を目指すのではなく，他にはない専門性や，長年の経験に裏打ちされた支援のノウハウ，他の専門機関との連携のしやすさなど，施設の良い特性を生かして，「"施設だからこそできる"家庭的な支援」を進めていくことが大切である。

2 　家庭養護の推進

（1）里親制度の推進

　わが国では，里親の重要性は認識されながらも，長らく施設養護が中心であった。しかし2016年の児童福祉法改正時に，家庭養育を優先する原則が明記され，都道府県のフォスタリング業務が具体的に位置付けられた。

　さらには「養育ビジョン」において，愛着形成の必要性など子どもの発達ニーズから考え，全年齢において里親委託率の向上および質の向上を実現することが提唱された。具体的には，2016年度末当時17.5％であった里親委託率

フォスタリング業務
　里親による養育に関する業務のこと。里親に委託される子どもに対する支援だけではなく，里親そのものに対する支援や，実親に対する支援，関係専門職間の連携に関することなども含まれる。

について，3歳未満については概ね5年以内に，それ以外の就学前の子どもについては概ね7年以内に75％達成を実現し，学童期以降は概ね10年以内を目途に50％を実現することを目標として掲げた。

これらに基づき，現在さまざまな自治体で里親の普及が急激に推進されている。この際，重要なポイントになるのがフォスタリング業務のあり方である。

フォスタリング業務は都道府県，もしくは都道府県から委託された民間機関が児童相談所と連携して実施する。2018年の「フォスタリング機関（里親養育包括支援機関）及びその業務に関するガイドライン」では，フォスタリング業務の成果目標を「委託可能な里親を開拓し，育成すること」「里親との信頼関係を構築し，相談しやすく，協働できる環境を作ること」および「子どもにとって必要な安定した里親養育を継続できる（不調を防ぐ）こと」としている。

里親委託のメリットとして，特定の大人との愛着関係の下で養育されることで，安心感と自己肯定感を育み，基本的信頼感を獲得することができることや，家庭における家族それぞれのライフサイクルにおけるありようを学び，将来家庭を築く上での人生モデルが得られること，人との適切な関係を学び，地域社会のなかで社会性や生活技術を獲得することができることなどがあげられる。

わが国において，里親養護があまり普及していない理由として，2017年の「社会的養育の推進について」では，登録里親の確保の問題（そもそも認知度が低い，希望条件と合わない，里親としての責任への心配等），実親の同意の問題（施設に預けるなら同意するが，里親委託の場合には同意しない等），児童の問題の複雑化（発達障害や被虐待ケースなどで里親への委託が困難であること等），実施体制，実施方針の問題（児童福祉司が忙しく，里親委託への業務に十分対応できない，里親支援体制が整っていない等）等があげられている。

ここ10年で里親等への委託児童数は約2倍に増加したものの，「養育ビジョン」に示された数値目標は，大変高い目標であるといえよう。だからといって単に里親委託率を上げ，目標を達成することを一番の目標にしてしまっては意味がない。大切なことはケースそれぞれに対する支援が，きちんと子どもとその家族の人生に寄りそったものになっているかどうかという点である。

単に里親と子どもを引き合わせれば支援が終了するというものではない。マッチング前からの子どもと家族に対する十分なアセスメントや里親希望者への研修といった委託に向けての支援，それらを踏まえた里親とのマッチング，さらには委託後の専門職連携による委託児童と里親家庭への継続的なチーム支援が欠かせない。子どもを預かった里親家庭への支援が不十分であると，里親と委託児童のミスマッチが生まれやすくなり，里親委託を解除しなければならない時もある。それは同時に，子どもにとって理不尽な別れの経験をいたずらに増やすだけになってしまいかねないのである。

なにより子どもの最善の利益を守るという視点を軸に，永続的解決に向けた

里親希望者への研修

2008年の児童福祉法改正により，養育里親希望者には，里親認定の要件として，養育里親研修を受けることが義務づけられている。里親登録の認定までに受講することが必要な「基礎研修」「認定前研修」と，里親登録後，5年ごとの登録更新時に受講する「更新研修」がある。

支援計画（パーマネンシー・プランニング）を立案，実施していく事が大切である。

図表12－2　社会的養護にある子ども達の推移

年度	里親委託児	ファミリーホーム委託児	児童養護施設入所児	乳児院入所児
2009年	3,836	219	30,594	2,968
2010年	3,876	497	29,114	2,963
2011年	4,295	829	28,803	2,890
2012年	4,578	671	28,233	2,924
2013年	4,636	993	27,465	2,948
2014年	4,731	1,172	27,041	2,876
2015年	4,973	1,261	26,587	2,882
2016年	5,190	1,356	26,449	2,801
2017年	5,424	1,434	25,282	2,706

出所）厚生労働省子ども家庭局家庭福祉課「社会的養育の推進に向けて」2019年4月，p.4をもとに，筆者が作成

> **パーマネンシー・プランニング**
>
> Permanency：不変性，永続性，恒久的に不変であること。いつまでも変わらない，安定した生活環境のなかで過ごすことができるような支援計画の事。

（2）小規模住居型児童養育事業（ファミリーホーム）の推進

　図表12－2にあるように，里親だけではなく，ファミリーホームへの委託児も増加傾向にある。2011年の「課題と将来像」で里親とともにファミリーホームを推進する方向性が打ち出されて以来，その動きは進んでいる。

　2014年には，厚生労働省の「児童養護施設等の社会的養護の課題に関する検討委員会」に設置されたファミリーホームの設置運営の促進ワーキンググループにより「ファミリーホームの設置を進めるために」が出され，ファミリーホームを設置するための手続きや運営についての解説，里親や社会的養護の施設におけるマニュアルの作成，事例の収集などを行った。

　この事業は今後も増加する傾向にあると予想され，その役割が期待されている。

３　施設入所措置・里親委託などを解除した後の支援

（1）児童自立生活援助事業の可能性

　児童福祉法の対象は18歳未満の為，施設や里親の措置は原則的に18歳で終了する。また，高校に進学しない子どもは義務教育終了時の15歳で措置が解除されることが多い。しかし，措置が解除された後の若者たちは，多くの場合，保護者や親戚のサポートが少ない中，概ね一人で生計を立て，生活をしていかなければならない。金銭面だけでなく，精神的な拠り所についても，十分に支援が得られにくい立場であるといえよう。これに加えて高校に進学しない，あるいは高校を中退した子ども等は就職を希望しても，正社員で採用されることなどが厳しいという現実がある。これに加えて何らかの障害があったりコミュニケーションに困難を抱えていたりといった若者には，さらに手厚いサポートが必要である。

　以上を踏まえると，社会人として安定した生活を送れるようになるためには，15 歳や 18 歳で独立自活生活を歩むには困難が多く，もう少し支援が必要なケースもあるということである。

　このようなケースに対応するのが，児童自立生活援助事業（自立援助ホーム）である。義務教育を終了した満 20 歳未満の児童等や，大学等に在学中で満 22 歳になる年度の末日までにある者（満 20 歳に達する日の前日に自立援助ホームに入居していた者に限る）であって，児童養護施設等を退所したもの又はその他の都道府県知事が必要と認めたものに対し，これらの者が共同生活を営む住居（自立援助ホーム）において，相談その他の日常生活上の援助，生活指導，就業の支援等を行う事業である。日々子どもの心身の支えとなったり，子どもが自信を取り戻すことができるようなかかわり方をしたりと，生活に寄りそった全人的な支援を行っている。

　2013 年の調査によると，自立援助ホーム入所者の約 8 割が中卒であり，4 割弱に何らかの障害がある。それぞれの事情を抱えつつ，社会への独立自活に向けてチャレンジする若者たちであるから，色々と失敗することもある。このような時にもまたやり直せるような支援を行い，「失敗する権利」を保障することを重要視している。

　2017 年度からは，社会的養護自立支援事業により，22 歳の年度末まで引き続き必要な支援が受けられるようになった，大学在学中で児童自立生活援助事業を利用している者についても，満 20 歳に達した日から満 22 歳に達する日の属する年度の末日までの間，支援が受けられるようになっている。

(2) ケア・リーバーへの支援

　長らく，社会的養護に係るさまざまな施設や里親は，できる限り措置解除後のケアをしたいと考えてきた。ヒト・モノ・カネの繋がりが比較的弱い若者として社会に出ざるを得ないケア・リーバーは，社会に出てからも仕事上の事故や病気，精神的なストレス，金銭問題，家族との距離感，人間関係の問題などで何らかのダメージを受けた時，回復する力を自らつけていかなければならない。社会で生きていくためには周囲の人びとと支え合い，ルールを守り，義理や礼儀を大切にし，自己表現を適切にするといった当たり前の人間関係の構築が必要だが，適切な他者との関係性を構築することが難しい事もある。

　措置解除後のケアは解除された後からはじまるのではない。措置中から準備を始めることで，より有効なものになる。子どもが抱えるそれぞれの特性や家庭の状況，措置解除後に想定される生活環境を踏まえ，措置後を見越して，地域のなかにソフトランディングできるためには，どのような支援が必要か，その為には地域のなかにどのようなサポート体制を作っておくとよいのか，子どもとその家族とともに一緒に考える。これまで行ってきた支援がなくなるので

> **ケア・リーバー**
> 元児童養護施設入所者や過去に里親委託を受けたことがある等，社会的養護を経験したことのある人のこと。

はなく，これまで行ってきた支援を踏まえて，社会のなかで生きていく方法を一緒に考える事が大切である。

　その際，社会で生きづらい状態になった時に，いつでも相談相手になってくれる場所として，措置されていた施設や里親があり，また地域にケア・リーバーを支援する団体をはじめとした支援体制があることは，彼らにとって大変心強い社会資源になりうる。

　2004年度の児童福祉法改正により社会的養護施設等における退所児童への支援が法定化されてから，（実際にはそれより以前から）各施設は，措置解除後もできるだけ繋がり続ける支援をこつこつと続けてきた。また，退所児童等の生きづらさと，これに対する支援の重要性が徐々に認識されることで，措置解除後の子どもたちを支援するNPO法人や任意団体，当事者団体など，多様な支援主体が地域に生まれてきている。2016年には社会的養護関係の施設等から構成された全国退所児童等支援事業連絡会ができ，2019年には同連絡会は退所支援に特化した実践事例集も出した。

　「養育ビジョン」では，これまで制度的にはほとんど未整備であったケア・リーバーへの支援について，その実態把握をはじめ，自立支援を強化すること，その為の検討の場を設けることなどを提言している。このように，近年では措置解除後についての支援が徐々に広がりを見せてきている。

4　乳児院の専門化・多機能化

　「養育ビジョン」によると，今後，3歳未満の乳児は原則的に家庭養育を中心として支援していく事となっている。就学前の子どもの施設への新規措置入所を原則停止するとしている。

　それでは，入所児の大半が乳幼児である乳児院は，今後なくなっていくのだろうか。厚生労働省が発表したデータ（p.5，図表1-3）を見ると，乳児院の数は2007年からの10年間で，約1.2倍に増加している。その一方で，同じく10年間で乳児院の入所児童数は約1割減少している。子どもの入所児童数が少ない一方で，施設が増えているということは，小規模の施設が沢山できているということになる。児童養護施設と同じく，乳児院も小規模グループ化がすすんでいるのである（図表12-1参照）。

　子どものパーマネンシーを保証する新たな社会的養育システムの構築にあたっては，多くの改革が必要であるが，「養育ビジョン」では，乳幼児の施設養護における多機能化・機能転換が，優先すべき課題のひとつであるとしている。それは，乳児院をなくしていくことを目指しているのではなく，むしろ乳児院が新たな機能を持つことを期待したものである。

　具体的には，各地域の実情に応じて，フォスタリング機関業務や，家庭維持

等予防的介入としての市区町村の児童家庭支援拠点事業との連携，特定妊婦の支援強化，養子縁組機関との連携強化やその実施機関となること等が新たな機能として示されている。現在の家庭養護では提供できない専門性の高い支援，たとえば虐待された子どもや障害のある子どものアセスメントや，緊急一時保護なども，乳児院の特性を踏まえた役割として考えられている。

　また，このようなケアを実現するためには，質的にも量的にもこれまで以上の人員配置や施設定員設定の検討が必要になるとしている。

　「養育ビジョン」から2年後，2019年9月に，全国すべての乳児院が加入している全国乳児福祉協議会から，「『乳幼児総合支援センター』をめざして～乳児院の今後のあり方検討委員会報告書～」が出された。乳児院が自ら高機能化・多機能化について具体的な姿を示すことで，今後の乳児院の社会的役割について提言・要望を図っていくとしている。

　乳児院は乳幼児の保育や看護のプロフェッショナルであるだけでなく，これまで蓄積してきた支援のノウハウがある。これらの実績が根底にあるからこそ，この大きな機能転換を行うことができるのである。

5　家庭的養育の推進に向けた都道府県養育推進計画

（1）家庭的養護計画と都道府県推進計画

　「課題と将来像」に基づいた局長通知により，2012年，各都道府県に，都道府県推進計画の策定が依頼された。

　都道府県推進計画とは，社会的養護を必要とする子どもの数と，これに対する児童養護施設の小規模化・地域分散化および里親やファミリーホームなどの取り組み数と養護可能な子どもの数などについての計画であり，いわば今後社会的養護に見込まれる需要と供給の目標数を設定したものである。2015年度から2029年度までの15年間を通じた目標および5年ごとに前期・中期・後期と3期に区分した各期の目標を設定したものであった。国は，これらの施策を通じて，将来的には，施設養護：家庭的養護（グループホームなど）：家庭養護（里親・ファミリーホームなど）に措置される子どもの割合を1：1：1にすることを目標として掲げた。

　これにともない，都道府県が2014年度末までに都道府県推進計画を策定することができるよう，各施設は，それぞれの実情に応じて，小規模化・地域分散化や家庭養護の支援を進める具体的な方策について書いた「家庭的養護推進計画」を速やかに策定し，都道府県に届け出ることとされた。

　2016年3月末の時点で，全自治体の都道府県推進計画を集計した結果，2015年4月1日現在で，本体施設入所児：グループホーム入所児：里親・ファミリーホーム委託児の割合が76.4％：7.9％：15.8％であったところ，2029年

特定妊婦

　児童福祉法第6条の3には「出産後の養育について出産前において支援を行うことが特に必要と認められる妊婦」とある。精神疾患がある，望まない妊娠をした，経済的に不安定，妊産婦検診をほとんど受けていない等，さまざまなケースがある。

には 44.5％，24.8％，30.8％と見込まれることがわかった。大きな変化が見込まれてはいるが，目標とする 1：1：1 の水準までには及ばない状態であり，また，自治体間の格差も大きいことがわかった。

（2）都道府県推進計画から都道府県社会的養育推進計画へ

「養育ビジョン」は家庭養育優先の原則を提示しており，「課題と将来像」からさらに踏み込んだ形で，社会的養護や代替養育のあり方に言及した。

これに対応するために，従来の都道府県推進計画も，より充実させることとなった。2018 年には「都道府県社会的養育推進計画の策定要領」が出され，これに基づいて各都道府県は都道府県推進計画を見直し，新たに都道府県養育推進計画を立案することが求められた。

都道府県養育推進計画の記載事項は，以下のようになっている。

① 都道府県における社会的養育の体制整備の基本的考え方及び全体像

② 当事者である子どもの権利擁護の取組（意見聴取・アドボカシー）

③ 市区町村の子ども家庭支援体制の構築等に向けた都道府県の取組

④ 各年度における代替養育を必要とする子ども数の見込み

⑤ 里親等への委託の推進に向けた取組

⑥ パーマネンシー保障としての特別養子縁組等の推進のための支援体制の構築に向けた取組

⑦ 施設の小規模かつ地域分散化，高機能化及び多機能化・機能転換に向けた取組

⑧ 一時保護改革に向けた取組

⑨ 社会的養護自立支援の推進に向けた取組

⑩ 児童相談所の強化等に向けた取組

⑪ 留意事項

これらを見ると，以前の都道府県推進計画よりも，かなり多様な分野にわたる内容を扱っていることがわかる。

> **アドボカシー**
> 自分の権利やニーズを自ら主張するのが困難な人に代わってその権利やニーズを主張し，また自分で権利を行使できるように支援すること。（「現代社会福祉用語の基礎知識」p.7 より引用）

6　社会的養護の展望

本章の随所に見られるように，現在さまざまな議論がなされながらも，「養育ビジョン」に書かれている内容が，今後の社会的養育および社会的養護が向かう方向性であると考えられている。「養育ビジョン」は，子どもが権利の主体であることを明確にし，家庭への養育支援から代替養育までを広く視野に入れた社会的養育の充実をうたい，家庭養育優先の原則を達成するという意義を持ったものである。新しく提示された「社会的養育」という概念の対象は「すべての子ども」であり，家庭で暮らす子どもから代替養育を受けている子ども

について，その胎児期から自立に至るまでとされている。

　「養育ビジョン」では，その実現に向けて，社会的養育に対する抜本的な改革を速やかに行うために，「代替養育」「児童相談所改革③市区町村の子ども家庭支援体制の構築」「自立支援」「子ども福祉の評価機構の構築」「子どもの権利擁護」「統計改革，検証，データベース構築及び調査研究」という，7つの項目について工程を示した。今後，社会的養護関係施設において行われる子ども家庭支援や子育て支援も，これらを踏まえた流れのなかで，各々工夫しつつ実施されることとなるであろう。

　以下にこれら7つについて解説する。

(1) 代替養育

　代替養育については，常に永続的解決（パーマネンシーの保障）を意識して行うことが必要とされている。そのために，家庭養育優先の原則が強く意識されており，おおむね5年から10年をかけて，従来よりも高い里親委託率を達成すべく，数値目標を掲げた。これを実行するためにも，里親のリクルートから登録，子どもの委託，措置解除に至るまでの一連の過程及び委託後の里親養育を包括的に行うフォスタリング機関を充実させるとしている。

　一方，代替養育を担う施設は「できる限り良好な家庭的環境」を整えるため，小規模施設における小集団を生活単位とした養育環境を，可能な限り地域のなかに整え，一人ひとりの子どもに合ったケアの個別化の視点を重視しなければならないとしている。各施設には，アセスメント機能，相談・通所機能，在宅支援機能及び里親支援機能など高度で多機能な専門性を有することが求められる。なぜなら，家庭養育優先の原則がある中で，あえて施設に入所するという事は，養育の上で何らかの配慮が必要な状態であることが少なくないためである。複雑な行動上の問題や精神的・心理的な問題の解消・軽減を意識しつつ，生活支援を行うという，治療的養育が必要となるのである。つまり，単なる家庭的環境ではなく，施設養護の専門性を活かした上で，「できる限り良好な家庭的環境」を作っていく必要がある。

　また，通常児童相談所で実施される一時保護についても言及している。2016年の児童福祉法改正で，児童相談所の一時保護は，「児童の安全を迅速に確保し適切な保護を図るため」そして「児童の心身の状況，その置かれている環境その他の状況を把握するため」の2つの機能があることが明記された。つまり危機的な状況から一時的に避難をする場であり，支援方針が決まっていない状態で子どもに関わる場なのである。そう考えると，代替養育において一時保護中は最も手厚いケアが必要であり，児童福祉施設とまた違った，高度な専門性の高いスキルが求められると考えられる。しかし，一時保護で実施されているケアについて，従来は外部からの評価が実施されてこなかった事などから，そ

の質には都道府県間で大きな格差が存在してきた。以上を踏まえて，職員研修の強化，資格要件の設定，外部評価機構の創設，スーパーバイザーの配置といった取り組みにより，一時保護の質を確保していく方向性を示している。

また，「養育ビジョン」は，支援するシステムに合わせて支援を行うのではなく，施設種別や年齢，行動上の問題，心理的問題，医療的ケアの必要性などに基づき，ケアニーズの内容や程度による措置費及び委託費の加算制度を導入する必要があるとしている。つまり，施設類型に子どもを合わせるのではなく，子どものニーズを中心に据え，それに対するケアを提供する，という方向に転換されるということになる。そのためには，国は早急にケアニーズの内容や程度による加算制度に関する検討を開始するべきであるとしている。

その他，代替養育に関しては，「特別養子縁組制度の改革」「子どもが自分の出自を知る権利の保障」「親子での入所機能」「自立に向けた支援」などについても言及している。

(2) 児童相談所改革

子どもの権利が守られ，安心安全に家庭環境で養育されるには，リーガルソーシャルワークの発想が重要だとしている。子どもの安全・安心な家庭的環境での養育を達成するために，児童相談所への弁護士の配置をはじめとした司法の関与の強化と，児童相談所の法的権限の強化についての方針を示している。

また，中核市・特別区が児童相談所を設置できるようにすること，人財育成の充実を図る事その他さまざまな児童相談所改革について言及している。

(3) 市区町村の子ども家庭支援体制の構築

「養育ビジョン」では，全国の市区町村に子ども家庭総合支援のための拠点となる場所を増やし，人材の専門性を向上させることで，全国各地で子どものニーズに合ったソーシャルワークができるような体制を構築するとしている。またこれと同時に，児童家庭支援センターの増加や質の向上，子どもへの直接的支援事業（派遣型）など，具体的な支援メニューを充実させるとしている。

この背景には，2016年度の児童福祉法改正の一環として，市町村の子育てや子どもについての相談支援体制の強化が図られたことが大きい。現在，各市区町村では，子ども家庭総合支援拠点や子育て世代包括支援センターなど，地域における子育ての相談と支援の窓口が整備されつつある。住民に最も身近な相談窓口として，さまざまな社会資源と連携しつつ，より強固に子どもとその家族，さらには妊婦にいたるまでの支援体制を構築していくことになる。

(4) 自立支援 (リービング・ケア，アフター・ケア)

児童福祉法の対象は「18歳以下のすべての者」である。だからといって18

スーパーバイザー

初任者が自らの仕事に対し，熟練者から指導・教育を受けることを「スーパービジョン」という。この一連の流れにおいて，指導・教育をする側の者をスーパーバイザー，自らの支援の状況や行動を話す・あるいは見せる側の者をスーパーバイジーという。

リーガルソーシャルワーク

社会福祉的な視点から，法律的な支援やサービスなど，司法分野と連携したソーシャルワークを行うこと。

子ども家庭総合支援拠点

子どもと妊産婦の福祉に関し，地域を基盤として，実情の把握，情報の提供，相談，調査，指導，関係機関との連絡調整等のソーシャルワークを行うために，各市区町村に設置される拠点。支援対象はその市区町村のすべての子どもとその家庭（里親や養子縁組を含む）および妊産婦。

子育て世代包括支援センター

母子保健法には「母子健康包括支援センター」として規定されている。妊娠初期から子育て期にわたり，妊娠・出産・子育てに関するあらゆる相談に応じる。基本的に対象のリスクの有無にかかわらず，予防的な視点で活動するが，必要に応じて個別に支援プランを策定，地域の関係機関との連携により切れ目のない支援を行う。

歳になれば自動的に支援を打ち切るということは非現実的である。若者期の自立は，数年の時間を要する一連の過程として把握し，代替養育から離れる前後の時期に行う支援であるリービング・ケアや，措置としての支援から離れた後に行う支援であるアフター・ケアなどを通じて，その子どもが十分自立生活を行えるまでは，定期的・継続的な支援をする必要がある。子どもの自尊感情を高め，他者との関係性を構築する能力を身に着け，日々の生活能力を高めることが自立に向けた支援であるといえる。

　「養育ビジョン」では，ケア・リーバーの実態把握をはじめとして，自治体で行う自立支援のガイドラインの策定，各施設の退所者支援やアフター・ケアの評価と強化のあり方の検討，地域生活支援強化のための方策，ケア・リーバーを対象とした自立支援にかかる法制度を整備することなどの目標が掲げられている。

(5) 子ども福祉の評価機構の構築

　「養育ビジョン」では，社会的養護や児童相談所で行われる支援やサービスについて，全国的に統一された評価機構が必要としている。

　具体的には，一時保護所をはじめとして，児童相談所，一時保護を行う施設・里親，代替養護を行う施設・里親，フォスタリング機関などに対して，子ども福祉の評価機構を構築することが目標としてあげられている。

(6) 子どもの権利擁護

　代替的養育においては，子どもの意見表明権の保障が大変重要である。子どもの権利擁護を行う組織の多くが持っている相談機能と，子どもの権利擁護の状況を適切に評価する機能の2つを持った子どもの権利擁護を促進する組織が必要であるとしている。

　その他，未成年後見人支援事業の支援，児童福祉審議会の子どもの権利擁護審査モデル事業の実施，社会的養護を受けている子どもの訪問アドボケイト事業のモデル事業の実施などを提示している。

(7) 統計改革，検証，データベース構築及び研究調査

　どのような分野においても，支援を有効に行うためには，情報を収集して現状を把握し，適切に評価し，その可視化を図っていくことから始めなければならない。

　「養育ビジョン」は，個人情報の保護などに配慮しつつ，適切な統計やデータベースを構築し，それを施策に結びつける解析を行うのみならず，子どもの発達や回復を支援するための適切な養育のあり方を研究すること，またそれらの研究が適切に行える仕組みを創設すべきとしている。

(8) 今後の社会的養護の方向性

　以上が「養育ビジョン」に示されている工程である。この工程に従うと，従来の社会的養護で行われていた支援の方向性が大きく変革していくように見受けられるかもしれない。現在，さまざまな現場の職員や施設長，研究者などが，記載されている内容を吟味し，評価し，これらを実現させるためにはどうすべきか，あるいはよりよく発展させるためにはどうすればよいのか等，大きな議論になっている。特に乳児院の機能転換や，里親委託率の数値目標，一時保護所のあり方など，今一度，根底から考えなければならないトピックが大変多い。

　しかし，子どもの最善の利益を追求するという支援の軸は，今までもこれからも，変わる事がない。それぞれの現場では，子どもやその家族に向き合い，「子どもの最善の利益」とは何かを常に問い続け，その達成に向けてさまざまに機能しながら支援を行っていくのである。

参考文献

　厚生労働省児童養護施設等の社会的養護の課題に関する検討委員会・社会保障審議会児童部会社会的養護専門委員会　「社会的養護の課題と将来像」2011 年

　厚生労働省新たな社会的養育の在り方に関する検討会「新しい社会的養育ビジョン」2017 年

　厚生労働省子ども家庭局「フォスタリング機関及びその業務に関する ガイドライン」厚生労働省，2018 年

　厚生労働省子ども家庭局家庭福祉課「社会的養護の推進について」厚生労働省，2017 年

　厚生労働省子ども家庭局家庭福祉課「社会的養護の推進について」厚生労働省，2019 年

　ファミリーホームの設置運営の促進ワーキンググループ「ファミリーホームの設置を進めるために」厚生労働省，2014 年

　全国乳児福祉協議会　乳児院の今後のあり方検討委員会『「乳幼児総合支援センター」をめざして～乳児院の今後のあり方検討委員会報告書～』全国社会福祉協議会全国乳児福祉協議会，2019 年

　厚生労働省子ども家庭局家庭福祉課「都道府県社会的養育推進計画の策定要領」2018 年

プロムナード

　1997 年の児童福祉法改正で，児童福祉分野に自立支援の概念が導入されてから，社会的養護の支援は子どもの自立支援をその最終的な目標としてきました。しかし近年，「自立とは何をどうすることなのか」と，自立の概念そのものを問い直す動きがあります。
　自分で生活費を稼げるようになったら自立といえるのでしょうか。誰にも頼らず，自分一人で何でもできるようになることが自立なのでしょうか。重度な障害がある人は，一生自立できないのでしょうか。そもそも，生活する中で誰にも何にも支えられずに，生きている人はいるのでしょうか。
　ここ十数年の間に，日本各地で，社会的養護を経験した／現在経験している人たちを支える組織が多く生まれています。これらの多くは，当事者自身が運営に携わっています。困った時に気軽にアクセスできる場所や環境，支え合う仲間がいるからこそ，深刻な事態におちいることなく，日常生活を営んでいくことができるのです。
　この社会において，自立した生き方をするためには，どんな人であっても支えあえる環境や仲間が必要なのではないでしょうか。そのようなつながりがある社会は，社会的養護にあった／ある人達だけではなく，さまざまな人にとっても生きやすい社会だといえるのではないでしょうか。
あなたは，「自立」をどのようなものだと考えますか。少し考えてみてください。そしてさまざまな人と，意見を交わしてみましょう。

学びを深めるために

子どもサポートネットあいち編
『どうしよう　こんなとき !! ―児童養護施設の若き実践者のために』2011 年，三学出版
『どうしよう　こんなとき !! 2 ―社会的養護の若き実践者のために』2017 年，三学出版
　社会的養護分野で働く若手職員の悩みに，ベテラン職員が返答する形で書かれている。現在，大きな変革のなかにある社会的養護ですが，たとえどのような時代であっても，常に子どもと向き合う姿勢が大切なのだと強く感じる本。

索　引

あ 行

ICF　63
アウトリーチ　111
アセスメント　111
アタッチメント障害　155
新しい社会的養育ビジョン　32, 33, 162
アドボカシー　169
アフターケア　59
石井十次　23
一時保護　50
一時保護所　36
糸賀一雄　61
医療型障害児入所施設　83
インクルーシブ教育・保育　81
インテーク　111
インターベンション　111
ウェルビーイング　30
永続的解決（パーマネンシー保障）　32
栄養士　122
NPO　138
エバリュエーション　111
エリザベス救貧法　16
エンパワメント　104
オーエン, R.　18

か 行

家庭支援専門相談員　123
家庭児童相談室　51
家庭養護　87
看護師　122
救護法　23
ギルバート法　17
グループダイナミックス　112
グループの凝集性　113
グループワーク　112
ケア　107
ケア・リーバー　166
ケイ, E.　19
ケースカンファレンス　158
ケースワーク　107, 110
国際養子縁組　12
国連子どもの権利委員会　34
個別対応職員　124
子育て世代包括支援センター　171
子ども家庭総合支援拠点　53, 171
子どもの最善の利益　56
子どもと児童　56
子ども・若者ケアプラン（自立支援計画）ガイドライン　37
コミュニケーション　63
コミュニティワーク　105
コルチャック, J.　21

さ 行

里親　45, 90
里親委託ガイドライン　35
里親・ファミリーホーム　5
里親が行う養育に関する最低基準　48
里親希望者への研修　164
里親サロン　124
里親支援専門相談員　123
里親支援ソーシャルワーカー　123
自己肯定感　69
自己実現　76
施設運営指針　40, 151
児童家庭支援センター　52
児童虐待の防止等に関する法律　26
児童虐待防止法　49
児童憲章　3
児童自立支援施設　59
児童自立支援専門員・児童生活支援員　121
児童自立生活援助事業　39, 45
児童心理治療施設　59
児童相談所　49, 171
児童手当法　47
児童の権利に関する条約　31, 56
児童の権利に関するジュネーブ宣言　20
児童発達支援センター　81
児童福祉司　50
児童福祉施設の設備及び運営に関する基準　48
児童養護（明治期，イギリスやアメリカ）　60
児童福祉法　25
児童養護施設　59
児童養護施設運営ハンドブック　106
自閉症スペクトラム障害　62
社会サービス法　11
社会資源　102
社会的孤立　63
社会的養護の課題と将来像　162
社会福祉基礎構造改革　135
社会福祉主事　52
社会福祉法　46
恤救規則　22
受容・共感　86
障害児入所施設　82, 83
障害者支援施設　127
障害者総合支援法　134
小規模グループケア　73
小規模住居型児童養育事業（ファミリーホーム）　95
少年救護法　6
触法行為　51
職業指導員　124
職権保護　146
嘱託医　122
自立援助ホーム　39, 45, 59, 68

自立支援給付　　134
自立支援計画　　65
自立支援計画票　　110
新救貧法　　17
新生児訪問指導　　52
親族里親　　92
身体障害　　79
心理療法担当職員　　121
スーパーバイザー　　171
スーパービジョン　　105, 159
ステップファミリー　　12
スピーナムランド制度　　17
生活場面面接　　111
精神障害　　80
世界児童憲章　　20
世界人権宣言　　21
全国保育士会　　40
戦災孤児　　147
全体性　　107
選択・契約制度　　132
専門里親　　91, 125
相談支援　　50
ソーシャルアクション　　105, 141
ソーシャルアドミニストレーション　　105
ソーシャル専門職　　104
ソーシャルプランニング　　105
ソーシャルワーク　　77, 104
ソーシャルワークプランニング　　105
措置　　50, 146

た　行

第一種社会福祉事業　　46
大規模施設養護　　58, 60
第三者評価　　151
第二種社会福祉事業　　46
ターミネーション　　111
地域小規模児童養護施設　　73
地域生活支援事業　　134
知的障害　　79
懲戒権　　153
低出生体重児　　51
デンマーク王国の福祉　　9
特定妊婦　　168
特定の保育士との愛着形成を保障する　　65
特別養子縁組　　47
都道府県社会的養育推進計画　　169
トラウマ　　36, 156

な　行

乳児院　　59, 167
ノロウィルス　　148

は　行

バイステック, F.D.　　108
パターナリズム　　150
パーマネンシー・プランニング　　165
バーンアウト　　157
波長合わせ　　113

発達障害　　80
被措置児童等虐待　　153, 154
PTSD　　69
ファシリテーション　　158
ファミリーソーシャルワーカー　　123
ファミリーホーム　　45, 165
ファミリーホーム補助者　　125
ファミリーホーム養育者　　125
フォスタリング業務　　32, 163
福祉型障害児入所施設　　82
普通養子　　47
福祉事務所　　51
プランニング　　111
プレイセラピー　　76
フレーベル, F.　　19
ペスタロッチ　　19
保育士　　120, 127
保育所保育指針　　103
保育所等訪問支援　　81
保育相談支援　　106
放課後等デイサービス　　81
ボウルビー報告　　25
保健所法　　6
母子健康手帳　　52
母子健康包括支援センター　　8, 52
母子支援員　　120
母子生活支援施設　　58
母子保護法　　6
ホスピタリズム　　25
保父　　120

ま　行

マルサス, T.R.　　18
メイヤロフ, M.　　107
民間あっせん機関による養子縁組のあっせんに係る
　　児童の保護等に関する法律　　47
モニタリング　　111
問題行動　　86

や　行

遊戯療法　　76
養育里親　　91, 125
養子縁組　　47
養子縁組里親　　91
要支援児童　　53
要保護児童　　2
要保護児童対策地域協議会（子どもを守る地域ネッ
　　トワーク）53

ら　行

ライフサイクル　　4
リーガルソーシャルワーク　　171
隣保制度　　132
倫理綱領　　103, 151
ルソー, J.J.　　19
レジデンシャルソーシャルワーク　　77
レジリエンス　　69
ロールプレイ　　148

［編著者紹介］

成清美治
なりきよよしはる

兵庫県生まれ

1985年　龍谷大学大学院文学研究科修士課程社会福祉学専攻修了
現　職　神戸親和女子大学客員教授（社会福祉学博士）
主　著　『児童福祉概論』（共編）学文社　2003
　　　　『新版・家族援助』（共編）学文社　2007
　　　　『新版・児童福祉』（共編）学文社　2008
　　　　『家庭支援論・保育相談支援』（共編）学文社　2017
　　　　『保育士のための相談援助』（共編）学文社　2017
　　　　『保育士のための社会福祉』（編）学文社　2020　　　他

真鍋顕久
まなべあきひさ

岐阜県生まれ

1999年　龍谷大学大学院社会学研究科社会福祉学専攻博士後期課程単位取得
　　　　満期退学
現　職　岐阜聖徳学園大学准教授
主　著　『日本社会福祉法制史年表平成編 1990-2003』（共著）港の人　2006
　　　　『援助を求めないクライエントへの対応』（共訳）明石書店　2007
　　　　『子ども家庭のウェルビーイング』（共編著）金芳堂　2011
　　　　『子ども家庭福祉論』（共編著）黎明書房　2011
　　　　『保育士のための相談援助』（共編）学文社　2017
　　　　『家庭支援論・保育相談支援』（共編）学文社　2017
　　　　『保育士のための社会福祉』（共著）学文社　2020
　　　　　　　　　　　　　　　　　　　　　　　他多数

社会的養護

2020年3月10日　第1版第1刷発行　　　　　　　　　　〈検印省略〉

編著者　　成　清　美　治
　　　　　真　鍋　顕　久
発行者　　田　中　千津子
発行所　　㈱　学　文　社

郵便番号　153-0064　東京都目黒区下目黒3-6-1
電話（03）3715-1501（代表）振替　00130-9-98842
https://www.gakubunsha.com

ISBN 978-4-7620-2976-9